1 Haza al-mawzi' īzan ghayr ma'lūm al-
2 Arz al-Turkmāniyyat
5
4 Bilād-i Māvar al-Nahr
razm
6 Bilād-i Mājūj Yājū
7 Sayhūn
8 Bilād-i Qatā
9 Bilād al-Sīn
12
10 Bilād al-Sīn va Bilād
14 Tukhwāristān
15 Bilād al-Sīn
16 Bilād-i Hind
13 Bilād-i Mukrān, Ghūr va
17 Bahr al-Sīn
18 Bilād al-Hind Bahr al-Hind

觀滄海

大航海时代诸文明的冲突与交流

林梅村 著
By Lin Meicun

CONFLICT AND INTERCHANGE AMONG CIVILIZATIONS DURING THE AGE OF GREAT VOYAGE

上海古籍出版社

林梅村

北京大学考古文博学院教授，1956年4月生，祖籍广东，生长于北京。1977—1982年，就读北京大学考古专业。毕业分配至中国文物研究所，历任助理研究员、副研究员。1994年，受聘于北京大学考古系（今称"考古文博学院"），历任副教授、教授、博士生导师。2012年联合国教科文组织国际古迹遗址理事会（ICOMOS）会员。1984年至今，在英国《伦敦大学东方与非洲学院院刊》（BSOAS）、《古物》（*Antiuity*）、德国《中亚杂志》（CAJ）、日本《古代文化》、中国《考古学报》、《文物》、《考古》等海内外学术刊物发表论文百余篇，出版学术专著14部。

前　言

　　自古以来，中国就是一个以农耕文化为主导的内陆国家。尽管中国大陆海岸线长达18 000多公里，但历代统治者却遵从儒家"重农抑商"的传统思想，没有充分开发利用海洋资源。公元前2世纪，张骞开启了丝绸之路。明代以前中国主要以中亚粟特商人为中介，经丝绸之路沙漠路线与西方交往。大航海时代以后，中国才开始与欧洲直接进行经济文化交流，而葡萄牙、西班牙、荷兰在海上丝绸之路贸易中扮演了重要角色。尽管明王朝实施"片板不许入海"的严厉海禁政策，但是未能阻止景德镇青花瓷和龙泉窑青瓷走私中东伊斯兰世界。挑战朝贡贸易的主要是中国东南沿海地区的穆斯林海商，他们还积极参与明代景德镇窑厂青花瓷设计制造，并对正德朝皇家艺术产生重要影响。17世纪初，郑芝龙成为台湾海峡最具实力的海盗之王。1628年就抚明王朝，实际上仍保持极大独立性。1633年料罗湾大捷，郑芝龙击败荷兰舰队，以台湾北港为中心，建立郑氏海上帝国。鼎盛时期，出入长崎港的郑芝龙商船数远超荷兰商船。葡萄牙人、荷兰人、西班牙人、英国人、日本人都是其生意伙伴，每年收入数以千万计，富可敌国。令人遗憾的是，清王朝未能利用郑芝龙或其子郑成功海上生力军开拓疆土，中国失去了争夺海洋霸权的最后一个机会。

　　东临碣石，以观沧海。本书借用曹操《观沧海》为书名，探讨大航海时代西方天主教、中东穆斯林和明王朝的冲突与交流。例如：葡萄牙人首航中国的登陆地——屯门岛于今何处？16世纪全球贸易的中心——双屿（Liampo）究竟在什么地方？景德镇外销瓷通过什么途径运往欧洲，并对16—17世纪欧洲文明产生过什么影响？当然，本书并非仅限于考古学，而是以考古学为依据，在艺术、文学、科学等领域全面探讨大航海时代中外经济文化交流。

Abstract

Historically China has been a state categorized by agrarian culture. Although China has a coastline of more than 18,000 kilometers, resources from the sea were never fully taken advantage of due to the traditional ideas of pro-agriculturalism and anti-commercialism. In the second century B.C.E., Zhang Qian (164−114 B.C.E.) opened up a route to the West that was later designated as the Silk Road. Before the Ming dynasty, the Silk Road was the route for China to communicate with the West, mainly through Sodgian merchants as the middlemen. It was not until the time of Great Voyage that China started direct economic and cultural interactions with Europe. At that time, Portugal, Spain, and the Dutch in succession played important roles in maritime trade. Even though Ming China imposed a policy to ban all maritime shipping, it did not prevent smuggling of Jingdezhen blue-and-white porcelain and Longquan celadon into the Islamic world. It was the Muslim merchants in the southeastern coast of China who mostly challenged the trade-and-tributary system of the Ming dynasty. They were not only actively involved in the design and production of blue-and-white porcelain in Jingdezhen during the Ming dynasty but also had certain influence over the royal porcelain style during the Zhengde era of the Ming (1506−1521 C.E.). In the early 17th century, Zheng Zhilong (also known as Nicholas Iquan Gaspard) became the most powerful pirate in the Taiwan Strait area. He decided to join the Ming Navy in 1628 but still remained highly independent. In 1633 he defeated an alliance of Dutch vessels in the Battle of Liaoluo Bay. As a result, he built his maritime empire centered at Beigang in Taiwan. During his peak, Zheng owned more ships conducting trade with Nagasaki than the Dutch did. He dealt with merchants from Portugal, Spain, Britain, Japan, and the Dutch, becoming one of the richest men at that time. Unfortunately the Qing dynasty did not take advantage of this maritime foundation built by Zheng Zhilong and his son Zheng Chenggong. China thus lost its last chance to compete with other countries for maritime supremacy.

To quote a famous line from Cao Cao (155–220 C.E.): "I come to the stony hill on the east, to view the wild blue sea." By taking part of this quote as the title of this book, I discuss questions pertaining to the conflict and interactions among Ming China, Catholicism of the West and Islam of the Middle East during the Age of Great Voyage. For instance, I will inquire in this book the first landing place of the Portuguese, historically named Tamão Island. Where is the center for global trade in the 16th century, historically named Liampo port? How was the porcelain of Jingdezhen shipped to Europe, and what kind of impact Chinese porcelain had on the 16–17 century Europe? Based on, but not limited by, archaeological discoveries, this book fully examines the economic and cultural communications between China and the other civilizations during the Age of Great Voyage.

目 录 Contents

1
东临碣石　以观沧海 / 1
I
The Chinese History of Marine Navigation

2
中国与伊斯兰世界的经济文化交流 / 15
II
On the Economic and Cultural Exchanges between China and Islamic World

3
大航海时代中国与西方的冲突与交流 / 33
III
On the Conflict and Communications between China and the West during the Age of Great Voyage

4
明帝国宫廷制图师考 / 53
IV
A Study on the Court Cartographers of the Ming Empire

5
澳门开埠以前葡萄牙人的东方贸易 / 79
V
On their Oriental Trade before Portuguese occupied Macao

6
寻找双屿港 / 97
VI
In Search for the Liampo Port

目 录
Contents

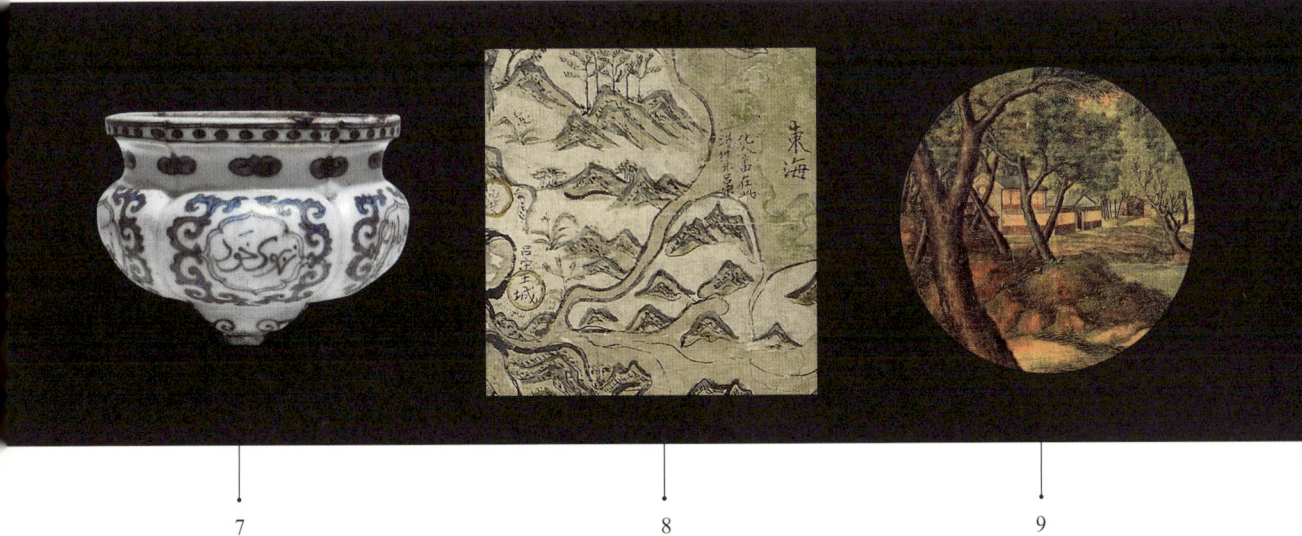

7
大航海时代泉州至波斯湾航线 / 115
VII
On the Marine Route between Quanzhou and Persian Gulf during the Age of Great Voyage

8
郑芝龙航海图 / 133
VIII
On the Nautical Chart of Zheng Zhilong (Selden Map of China)

9
野墅平林图考 / 157
IX
On the Liaoning Museum's Ming Landscape Painting Concerning Matteo Ricci

10
大航海时代的忽鲁谟斯岛 / 175
X
Hormuz Island at the Age of the Great Voyage

11
普陀山访古 / 189
XI
An Archaeological Survey on Putuo Mountain

12
尚蒂伊的中国花园 / 213
XII
The Chinese Garden of Chantilly

主题索引 / 223
Subject Index

参考文献目录 / 231
Bibliography

后记 / 251
Postscript

1

东临碣石　以观沧海

> 东临碣石，以观沧海。
> 水何澹澹，山岛竦峙。
> 树木丛生，百草丰茂。
> 秋风萧瑟，洪波涌起。
> 日月之行，若出其中；
> 星汉灿烂，若出其里。
> 幸甚至哉，歌以咏志。
>
> ——曹操《观沧海》

古罗马哲学家西塞罗有一句名言，"谁控制了海洋，谁就控制了世界"。1890年美国海军战略思想家马汉（Alfred T. Mahan）在《海权对历史的影响1660—1783》一书提出：海权是决定世界强国兴衰的根本原因，也是影响历史进程的重大因素。16世纪以来，葡萄牙、西班牙、荷兰、英国乃至当今美国在世界上占据优势，皆以海权为基础。[1]大航海时代开始后，葡萄牙舰队绕过好望角，达·伽马开辟了通往印度和中国的东方新航线。新航线的开辟使欧洲与中国直接建立了经济文化联系，而地处丝绸之路要冲的埃及、波斯等千年古国则从文明中心沦为文明的边缘。本书将探讨大航海时代东西方文明之间的冲突与交流。在开始我们的讨论之前，有必要回顾一下两千多年来中国远洋航海史。

---

[1] Alfred T. Mahan, *The Influence of Sea Power Upon History: 1660-1783*, Boston: Little, Brown and Company, 1890. 关于马汉海权论的评述，参见吴征宇：《海权的影响及其限度——阿尔弗雷德·塞耶·马汉的海权思想》，《国际政治研究》2008年第2期，第97—107页。

自古以来，中国就是一个以农耕文明为主导的国家。尽管中国大陆海岸线长达18 000多公里，但历代统治者却遵从儒家"重农抑商"的传统思想，没有充分开发利用海洋资源。中国最早尝试开发海洋的是一个地方政权——公元前2世纪称雄岭南地区的南越国。秦始皇三十三年，秦军平定百越，在岭南设立南海郡、桂林郡、象郡三郡，任嚣为首任南海郡尉；下设博罗、龙川、番禺、揭阳四县，治番禺（今广州）。赵佗任龙川县令，后升南海郡尉。秦朝灭亡前夕，赵佗起兵，兼并桂林郡和象郡及越南北部地区，在岭南地区建南越国。公元前183年，赵佗成功抗击汉朝后，夜郎等西南夷诸国纷纷投靠南越国，并保持一种松散的役属关系。[1]

元鼎五年（公元前112年）秋，汉武帝调遣罪人和江淮以南水兵共10万人，兵分五路，攻打南越国。翌年，伏波将军路博德、楼船将军杨仆等率师平定南越之乱。西汉五路大军南下，利用岭南交通道路系统，完成了军事征服，也推进了文化融合。[2]汉武帝在平定南越后，将原来的南越国属地置交趾刺史部，下设南海、苍梧、郁林、合浦、交趾、九真、日南、珠崖、儋耳九郡。日南郡，班固《汉书·地理志》本注曰："故秦象郡，元鼎六年开，更名……属于交州。"[3]其实，秦象郡和汉日南郡不在一地，日南是南越国新开拓的疆土。秦象郡治临尘，在今广西崇左；汉日南郡治西卷县，在今越南河东，新莽改为"日南亭"，东汉恢复"日南郡"旧名。西汉交趾、九真、日南三郡在今天越南北方，皆为南越王新开拓的疆土。[4]全盛时期，南越国疆土包括中国广东、广西大部分地区，福建一小部分地区，海南、香港、澳门以及越南北部、中部大部分地区。20世纪70年代，在广州象岗山发掘的南越王墓，是南越国第二代国王赵眜的陵墓。[5]墓中出土越南东山文化青铜提梁桶、非洲象牙、阿拉伯乳香、波斯银盒（图1-1），说明南越国与印度支那半岛、阿拉伯半岛乃至波斯湾地区有一定规模的海上贸易。[6]

《汉书·地理志》记载："自日南障塞、徐闻（今广东徐闻县）、合浦（今广西合浦县）船行可五月，有都元国；又船行可四月，有邑卢没国；又船行可二十余日，有谌离国（今马来半岛克拉地峡）；步行可十余日，有夫甘都卢国。自夫甘都卢国船行可二月余，有黄支国；民俗略与珠崖（今海南岛）相类。其州广大，户口多，多异物。自武帝以来皆献见。

---

[1] 冼剑民：《南越国边界考》，《广东社会科学》1992年第3期，第85—90页。
[2] 王子今：《秦汉时期南岭道路开通的历史意义》，《中国社会科学报》2012年12月28日第A06版。
[3] 《汉书·地理志》，北京：中华书局，1962年，第1630页。
[4] 敬轩：《本世纪来关于秦汉古象郡的争论》，《中国史研究动态》1995年第4期，第9—12页。
[5] 广州象岗汉墓发掘队：《西汉南越王墓发掘初步报告》，《考古》1984年第3期，第222—230页；广东省文物管理委员会等编：《南海丝绸之路文物图集》，广州：广东科技出版社，1991年，第24页。
[6] 王元林：《秦汉时期番禺等岭南港口与内地海上交通的关系》，《中国古都研究》第二十三辑，西安：三秦出版社，2007年，第151—174页。

图1-1　广州南越王墓出土波斯银盒与广西合浦汉墓出土九真铭陶罐

有译长,属黄门,与应募者俱入海市明珠、璧流离、奇石异物,赍黄金杂缯而往。所至国皆禀食为耦,蛮夷贾船,转送致之。亦利交易,剽杀人,又苦逢风波溺死,不者数年来还。大珠至围二寸以下。……黄支之南,有已程不国(Serendiva,今斯里兰卡),汉之译使自此还矣。"[1]黄支国在今印度东海岸康奇普拉姆(Kachipuram),那么,长安城黄门译长应该懂泰米尔语。《汉书·地理志》记载:"今之苍梧、郁林、合浦、交阯、九真、南海、日南,皆粤分也……处近海,多犀、象、毒冒(玳瑁)、珠玑、银、铜、果、布之凑,中国往商贾者多取富焉。番禺(今广州),其一都会也。自合浦徐闻南入海,得大州(今海南岛),东西南北方千里。"[2]汉武帝兼并南越国以前,今雷州半岛南端的徐闻县属于南越国,那么,随黄门译长前往黄支国的"应募者"或为熟悉印度洋贸易的南越国遗民。已程不国源于阿拉伯—波斯语Serendiva,意为"僧伽罗岛",是今斯里兰卡的别称。可知西汉使者远洋航海最远至斯里兰卡岛。

三国纷争时期,曹操《观沧海》一诗写得气势磅礴,但曹魏政权对海洋开发毫无贡献,反倒是曹操的对手孙权在建安(今福州)设立典船校尉官邸,以便海上远征和探险。《三国志·吴书》记载:"(黄龙)二年(230年)春正月……遣将军卫温、诸葛直将甲士万人浮

---

[1]《汉书·地理志》,第1671页。
[2]《汉书·地理志》,第1669—1670页。据考证,"果布"源于马来语Kapur Barus,意为"龙脑香"(韩槐准:《龙脑香考》,《南洋学报》第2卷第1辑,1941年)。

海求夷州及亶州。亶州在海中……所在绝远，卒不可得至，但得夷洲数千人还。"[1]一般认为，夷州即台湾，而亶州指菲律宾。东吴黄武五年（226年），交州刺史吕岱还派中郎将康泰、宣化从事朱应出使南海诸国，远至印度支那半岛的林邑（今越南）、扶南（今柬埔寨）等国。康泰撰写《吴时外国传》，朱应著《扶南异物志》一卷，分别记述他们出使扶南等国的见闻。东吴亡国时，晋军缴获吴船多达5 000余艘，可见吴国造船业之兴盛。[2]

东晋葛洪《抱朴子内篇·论仙》记载："外国作水精碗，实是合五种灰以作之，今交广多有得其法而铸作之者。"[3]交广指今天广西、广东和越南一带，可见东晋时期两广和越南等地就从外国引进造玻璃碗的技术。其实，东吴时期西方玻璃乃至玻璃制作技术已传入中国。东吴万震《南州异物志》记载："琉璃本质是石，欲作器，以自然灰治之。自然灰状如黄灰，生南海滨。亦可浣衣，用之不须淋，但投之水中，滑如苔石，不得此灰，则不可释。"[4]由于世界各地烧造玻璃所用助溶剂不同，地中海东岸、波斯、古罗马为钙钠玻璃，古代中国为铅钡玻璃，而两广和越南玻璃器则为印度钾玻璃。[5]

20世纪50年代，湖北鄂城五里墩121号西晋墓出土了一些玻璃碗残片。据安家瑶考证，这件透明度颇高的玻璃碗或为萨珊波斯烧造的。不过，王仲殊认为，这个玻璃碗也许属于帕提亚王朝玻璃碗，可能是东吴从海路传入长江流域的。[6]这个西晋玻璃碗经黏合（图1-2右），器型和纹样确实与帕提亚晚期蜂窝纹玻璃碗（图1-2左）相似。刘宋僧人竺枝根据亲身经历写成《扶南记》一书。该书介绍："安息去私诃条国（今斯里兰卡）二万里，国土临海上……户近百万，最大国也。"[7]安息即伊朗历史上的帕提亚王朝，灭于萨珊波斯。当时中国人对印度洋的知识主要来自在华传教的印度高僧。

继西汉黄门译长之后，在印度洋航海的中国人是法显。他从斯里兰卡乘外国商船回国。《法显传》记载：这条商船采用牵星术导航，"大海弥漫无边，不识东西，唯望日、月、星宿而进"。[8]牵星术是古代印度洋航海家的一大发明，利用仪器观测天体高度确定船舶在海上的位置。明代李诩《戒庵老人漫笔》提到的"苏州马怀德牵星板"，就是阿拉伯航海家所用牵星术导航工具。[9]中国古代舟师不懂远洋航海的牵星术，因此，西汉使者出访南

---

[1]《三国志·吴书·吴主传第二》，北京：中华书局，1959年，第1136页。
[2] 钱江著，亚平、路熙佳译：《古代亚洲的海洋贸易与闽南商人》，《海交史研究》2011年第2期，第2—3页。
[3] 王明：《抱朴子内篇校释》增订本，北京：中华书局，1986年，第22页。
[4] [东吴]万震：《南州异物志》；[宋]李昉：《太平御览》卷八〇八《珍宝部七》，北京：中华书局影印本，1960年，第3591页下。
[5] 熊昭明、李青会著：《广西出土汉代玻璃的考古学与科技研究》，文物出版社，2011年，第115—146页。
[6] 王仲殊：《试论鄂城五里墩西晋墓出土的波斯萨珊朝玻璃碗为吴时由海路传入》，《考古》1995年第1期，第81—87页。
[7] 转引自刘迎胜：《丝路文化·海上卷》，杭州：浙江人民出版社，1995年，第32页。
[8] 章巽：《法显传校注》，上海古籍出版社，1985年，第167页。
[9] 严敦杰：《牵星术——我国明代航海天文知识一瞥》，《科学史集刊》第九期，北京：科学出版社，1966年，第77—88页。

印度,要乘"蛮夷贾船,转送致之"。[1]

中国古代科技史专家王振铎先生早年将指南针的发明定在先秦两汉。不过,据中国国家博物馆孙机先生近年考证,我国堪舆罗盘最早见于北宋杨维德《茔原总录》。航海罗盘最早载于北宋朱彧《萍洲可谈》。江西临川北宋朱济南墓出土的手持罗盘之"张仙人"瓷俑更可视为实物证据。因此,罗盘在我国的发明不晚于11世纪,应用于航海不晚于12世纪初。而磁针在欧洲文献中最早见于英人尼坎姆(A. Neckman)于1190年间的记载,已经是12世纪末叶了。故罗盘无疑是我国最先发明的。[2]换言之,唐代尚未发明罗盘,亦未用于航海,那么,唐代不可能有中国海舶远航波斯湾。唐代杜佑《通典》卷一九一记载:"族子(指杜环)随镇西节度使高仙芝西征,天宝十载(751年)至西海。宝应初(762年),因贾商船舶,自广州而回。"[3]据《大唐西域求法高僧传》记述,义净"于时咸亨二年坐夏扬府(今扬州)。初秋,忽遇龚州使君冯孝诠,随至广府(今广州)与波斯舶主期会南行。复蒙使君令往岗州(今广东新会)"。[4]故知唐代波斯湾至广州航线并无中国商船,阿拉伯史料所谓"中国海船",实乃运送中国货的外国商船。

2003年,印度和英国联合考古队在南印度西海岸发现了一条中世纪沉船(图1-3),出土地点在科罗拉邦科钦市南边的泰加勒·迦达克拉帕里。这条沉船长达22米,今称"泰加勒沉船"(Thaikkal Shipwreck)。这条海船为平底船,带有密封防水舱,并大量使用铁钉,明显有别于阿拉伯—波斯或印度缝合木船。水密隔仓在中国的运用始于唐代,如1973年在江苏如皋发现的唐船就有九个水密隔舱,[5]比欧洲早了1 100多年,故泰加勒沉船必为中国海船无疑。据碳14年代数据,此船沉没于11世纪初,说明北宋年间中国海船已开始参与争夺印度洋海上霸权。[6]

南宋泉州人根据阿拉伯尖底船创制了世界上最先进的船种——福船。1974年泉州湾后渚港遗址发掘出这样一艘南宋时代尖底海船,残长24.2米,宽9.15米。复原之后,它的长度可达36米,宽11米,载重量达200吨以上,是南宋泉州所造中型货运海船。从它的剖面模型上,可以见到它有13个水密隔仓(图1-4)。[7]

---

[1] 《汉书·地理志》,第1671页。
[2] 孙机:《简论"司南"兼及"司南佩"》,《中国历史文物》2005年第4期,第9页。
[3] [唐]杜佑:《通典》卷一九一《边防典》,上海商务印书馆影印本,1935年,第1029页。
[4] [唐]义净:《大唐西域求法高僧传》,王邦维校注,北京:中华书局,1988年,第152页。
[5] 福建省泉州海外交通史博物馆:《泉州湾宋代海船发掘与研究》,福州:海洋出版社,1987年,第63页。
[6] Victoria Tomalin et al., "The Thaikkal-Kadakkarappally Boat: an Archaeological Example of Medieval Shipbuilding in the Western Indian Ocean", *The International Journal of Nautical Archaeology* 33.2, 2004, pp.253–263;林梅村:《丝绸之路考古十五讲》,北京大学出版社,2006年,第245—249页,图11-23。
[7] 本书图1-4泉州湾后渚港遗址宋代海船复原图,引自福建省泉州海外交通史博物馆:《泉州湾宋代海船发掘与研究》,第17页,图十。

图 1-2　帕提亚玻璃碗与湖北鄂城五里墩西晋墓出土玻璃碗

图 1-3　南印度西海岸宋代沉船发掘现场

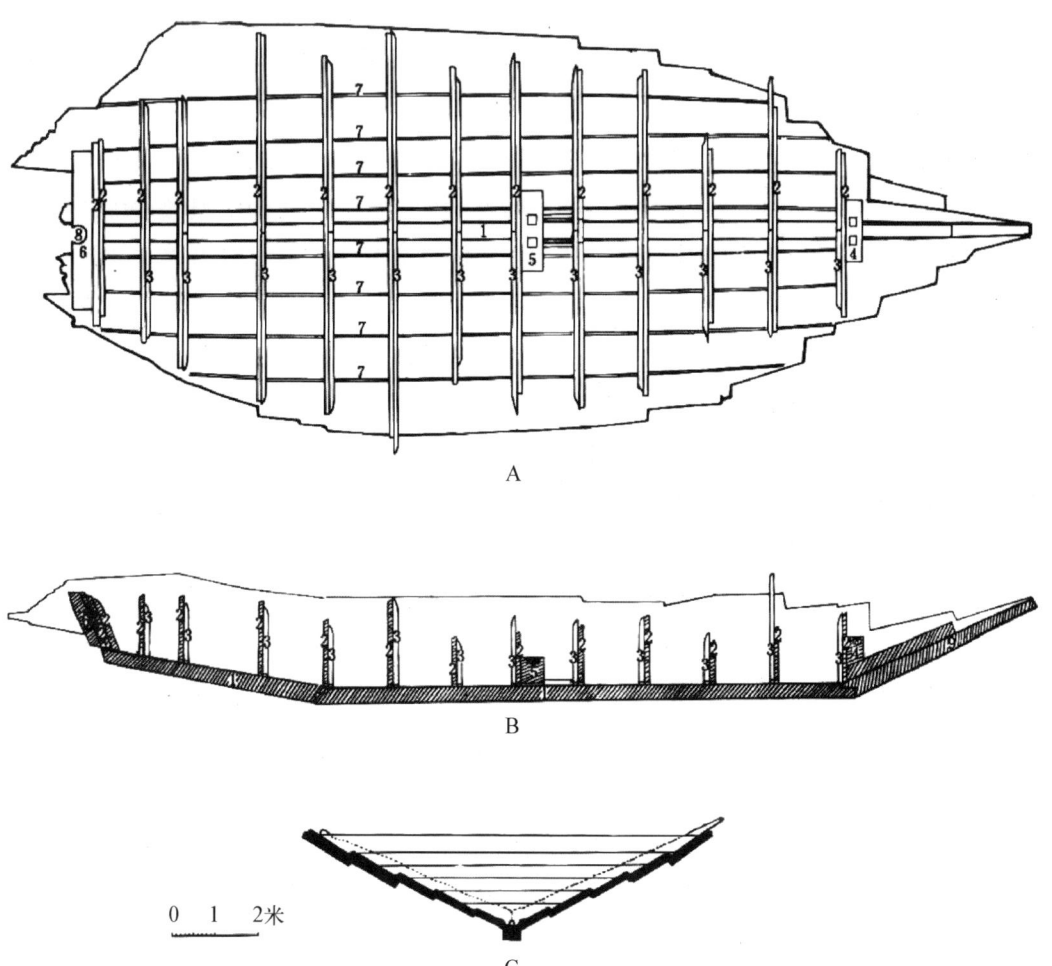

A.平面图、B.纵剖面图、C.横剖面图(第八隔舱)
1.龙骨、2.隔舱板、3.肋骨、4.头桅座、5.中桅座、6.桅承座、7.船壳板、8.舵孔、9.艏柱

图1-4 泉州湾后渚港遗址南宋海船复原图

无论是航行规模，还是造船和航海技术方面，元代远洋航海都远超唐宋时代。元代海舶可以承载千余人，有十余道风帆。元顺帝至元六年（1346年），摩洛哥旅行家伊本·白图泰出访中国。他在游记中说：泉州和广州制造的船舶，"大船有十帆，至少是三帆。帆系用藤篾编织的，其状如席"，"其中海员六百，战士四百……船上造有甲板四层，内有房舱、官舱和商人舱。官舱的住室附有厕所，并有门锁，旅客可以携带妇女、女婢，闭门居住……并在木槽内种植蔬菜鲜姜"。[1]

汪大渊先后两次（1330—1390年）从泉州出发，航海远游，行踪遍及南海、印度洋，远达阿拉伯半岛及东非沿海地区。[2]汪大渊在《岛夷志略》一书记述的国名、地名多达96处。该书还提到南印度东海岸有一个中国佛塔："土塔。居八丹之平原，赤石围绕，有土砖甃塔，高数丈。汉字书云：'咸淳三年（1267年）八月毕工。'传闻中国之人其年贩彼，为书于石以刻之，至今不磨灭焉。土瘠，田少。气候半热，秋冬微冷。俗好善，民间多事桑香圣佛，以金银器皿事之。男女断发，其身如漆。系以白布。有酋长。地产绵布、花布、大手巾、槟榔。贸易之货，用糖霜、五色绢、青缎、苏木之属。"[3]据调查，八丹土塔在印度南部东海岸讷伽帕塔姆（Negapatam）西北约1英里处。[4]1846年，这座佛塔还残存三层，有砖檐相隔，内部荡然无存，直通塔顶（图1-5）。令人遗憾的是，1867年，这座千年佛塔行将坍塌，讷伽帕塔姆的耶稣会传教士经英印殖民政府同意，将其拆毁。[5]

元代远洋航运的发展还促进了国际贸易港的繁荣，尤其是泉州港，在元代达到历史上最辉煌的时代，不仅是中国重要的对外贸易港和东方第一大港，而且是世界上最著名的国际贸易港，史称"刺桐港"。摩洛哥旅行家伊本·巴图塔作了生动的描述："该城的港口是世界大港之一，甚至是最大的港口。我看到港内停有大艟克约百艘，小船更多得无数。这个港口是一个伸入陆地的巨大港湾，以至与大江会合。该城花园很多，房舍位于花园中央，这很像我国希哲洛玛赛城的情况。"[6]

元代末年，张士诚以江浙沿海地区为基地，举兵反元，试图建立海上帝国。张士诚本"以操舟运盐为业"，元末举兵起义，成为抗元起义军领袖之一；袭据高邮，自称诚王，建国号大周，建元天祐。张士诚割据的地盘，南到绍兴，北超徐州，到达济宁金沟；西边占据汝宁府（河南汝南县）、颍州（安徽阜阳）、濠州（安徽凤阳东北）、泗州（江苏盱眙），东边直

---

[1] （摩洛哥）伊本·白图泰：《伊本·白图泰游记》，马金鹏译，银川：宁夏人民出版社，1985年，第486页。
[2] 刘迎胜：《汪大渊两次出洋初考》，《"郑和与海洋"学术研讨会论文集》，北京：中国农业出版社，1988年，第301—312页。
[3] ［元］汪大渊：《岛夷志略校释》，苏继庼校释，北京：中华书局，1981年，第285页。
[4] 陈佳荣等编：《古代南海地名汇释》，北京：中华书局，1986年，第1003页。
[5] 耿引增：《中国人与印度洋》，郑州：大象出版社，2009年，第141页。
[6] 伊本·白图泰：《伊本·白图泰游记》，第545页。

到大海,纵横两千余里。[1]元至正二十三年(1363年)九月,张士诚自立为吴王,按照王的身份地位设置属官,在苏州城另造府第,让弟弟张士信任浙江行省左丞相。控制江苏昆山、太仓、澉浦等海港后,他迫切希望从海外贸易获得更多收入。太仓娄江港(后来讹称"刘家港")始建于元代初年,由归顺元朝的江洋大盗朱清、张宣开创。太仓港不仅是元朝海道漕运的起点,而且还是海外贸易重要码头之一,时称"六国码头"。[2]至正二年,元朝正式在太仓设庆元等处市舶分司。至正十六年,张士诚占领苏州。"次年筑城太仓,即毁(隆福寺)像改市舶司"。[3]2008年全国第三次文物普查时,在江苏太仓市城厢镇南郊发现元末明初海运仓遗址,由两个长方形土台组成,总面积11万平方米以上。海运仓遗址发现元末明初龙泉窑瓷片,与张士诚吴国统治海运仓年代一致。[4]

元末从事海外贸易的主要人物,是投靠张士诚的陈宝生、孙天富和朱道山等泉州海商。为了躲避亦思巴奚战乱,陈宝生、孙天富、朱道山等泉州海商纷纷投奔张士诚,在娄江港从事海外贸易长达十年之久。[5]王彝《泉州两义士传》记载:"孙天富、陈宝生者,皆泉州人也。天富为人外沉毅而含弘,宝生性更明秀,然皆勇于为义。初宝生幼孤,天富与之约为兄弟,乃共出货泉,谋为贾海外……两人相让,乃更相去留,或稍相辅以往。至十年,百货既集,犹不稽其子本。两人亦彼此不私有一钱。其所涉异国,自高句骊(今朝鲜半岛)外,若阇婆(今印尼爪哇)、罗斛(今泰国华富里),与夫东西诸夷,去中国无虑数十万里。其人父子君臣,男女衣裳,饮食居止,嗜好之物,各有其俗,与中国殊。方是时,中国无事,干戈包武库中,礼乐之化,焕如也。诸国之来王者且骊蔽海上而未已,中国之至于彼者如东西家然。……天富字惟善,宝山字彦廉,今居吴之太仓,方以周穷援难为务。"[6]至正二十七年(1367年),张士诚割据政权灭于朱元璋,他所推行的民间海外贸易亦戛然而止。

在元末农民战争中失败的张士诚、方国珍余部逃遁海上,与倭寇勾结。明朝初年,正值日本南北朝分裂时期,在内战中失败的武士以及一部分浪人和商人得到日本西南部一些封建诸侯和大寺院主的资助,经常驾驭海盗船只到中国沿海武装掠夺骚扰,史称"倭

---

[1]《明史》记载:"当是时,士诚所据,南抵绍兴,北逾徐州,达于济宁之金沟,西距汝、颍、濠、泗,东薄海,二千余里,带甲数十万。以士信及女夫潘元绍为腹心,左丞徐义、李伯升、吕珍为爪牙,参军黄敬夫、蔡彦文、叶德新主谋议,元学士陈基、右丞饶介典文章。又好招延宾客,所赠遗舆马、居室、什器甚具。诸侨寓贫无籍者争趋之。"(《明史·张士诚传》,北京:中华书局,1974年,第3694页。)
[2] 李金明:《明初泉州港衰落原因新论》,《海交史研究》1996年第1期,第57—61页。
[3] 高荣盛:《元代海外贸易的管理机构》,《元史论丛》第七辑,南昌:江西教育出版社,1999年,第87—96页。
[4] 江苏太仓市普查组:《江苏太仓海运仓遗址》,《2008年第三次全国文物普查重要新发现》,北京:科学出版社,2009年,第64页。
[5] 陈高华:《元代泉州的舶商》,《陈高华文集》,上海辞书出版社,2005年,第543—545页。
[6] [明]王彝撰:《王常宗集续补遗》,《王常宗集(二)》,台湾商务出版社,1969年,第5—6页。

图1-5 《岛夷志略》所记南印度八丹土塔

患"。故明朝政府实施"片板不得入海"的海禁政策。[1]不过,中国与波斯之间的民间贸易往来并未中断,洪武年间仍有泉州海商远航波斯湾。嘉靖六年十月廿六日(1527年11月19日),明代哲人李贽生于福建泉州府南门外。李贽原名林载贽,为避皇帝朱载垕名讳,恢复始祖李姓,更名李贽,号卓吾。一世祖林闾,字君和,元末明初在海外经商。[2]《清源林李宗谱》记载:"公讳驽……洪武十七年(1384年),奉命出航西洋忽鲁谟斯(今波斯湾霍尔木兹岛)。等教不一,为事不谐。行年卅,遂从其教,受戒于清净寺教门。号顺天之民,就娶色目婢女,归于家。卒年四十六。"[3]英国考古学家威廉姆森在忽鲁谟斯岛发现许多元末明初龙泉青瓷,[4]或为洪武年间李贽先祖从泉州泛海运往波斯湾的。明代官方国际码头在南京附近太仓刘家港,李贽祖先在洪武年间从泉州港远航忽鲁谟斯显然不是"奉命"出洋。中国东南沿海地区居民,尤其是泉州人世世代代以下海通番为生,因此私自泛海贸易屡禁不绝。李贽祖先在洪武十七年(1384年)远航忽鲁谟斯,当是泉州海商的一次私人海外贸易,比永乐十年(1412年)十一月郑和舰队首航忽鲁谟斯早二十八年。

尽管明初朱元璋多次派外交使团或僧团下西洋,但明朝海外贸易与张士诚的海外贸易有着本质的不同。后者传承了宋元时代以来中国海商在印度洋建立的自由市场经济贸易,而明朝海外贸易则为朝贡贸易。永乐、宣德年间,郑和七下西洋将朝贡贸易推向极致,彻底摧毁了中国民间海外贸易网。但郑和下西洋一结束,明朝在印度洋沿岸设立的"官厂"以及中国官方垄断的国际贸易网便顷刻瓦解。

大航海时代开始后,中国海商本来可以像达·伽马一样远航印度古里(今科泽科德),或者像哥伦布一样发现美洲新大陆。由于明朝政府实施严厉的海禁政策,中国海商不得不躲在中国近海一些荒岛上从事走私贸易。在海外贸易巨大利益的驱使下,中国东南沿海地区走私贸易屡禁不绝,广州铁局港出土明代四爪大铁锚就是那个时代的产物(图1-6)。据明朝安边馆事都指挥黎秀报告,福建沿海"军民趋利忘害,而各处轻生之徒,攘臂向前,私通贸易。……其船皆造于外岛而泊于内澳,或开驾以通番,或转售于贼党。而嵩屿、渐尾、长屿、海沧、石马、许林、白石等澳,乃海贼之渊薮也"。[5]明代抗倭名将俞

---

[1] 任世江、何孝荣:《明代"倭患"问题辨析》,《历史教学》2008年第5期,第5—6页。
[2] 陈泗东:《李贽的家世、故居及其妻墓碑——介绍新发现的有关李贽的文物》,《文物》1975年第1期,第34—43页。
[3] 参见《清源林李宗谱》,清嘉庆十二年刊本(转引自陈泗东:《李贽的世系及先世改姓探原》,《福建师大学报》1980年第4期,第96页)。
[4] Seth M.N. Priestman, *Settlement & Ceramics in Southern Iran: An Analysis of the Sasanian & Islamic Periods in the Williamson Collection*, Durham University: M.A. Thesis, 2005.
[5] [清]周学曾等纂修:《晋江县志》上册,福州:福建人民出版社,1990年点校本,第97页。

大猷亦站在"重农抑商"的立场上,对福建海商横加指责。他在《呈福建军门朱公揭》写道:"此村有林、田、傅三大姓,共一千余家。男不耕作,而食必粱肉;女不蚕织,而衣皆锦绮。莫非自通番接济为盗行劫中得来,莫之奈何。"[1]

隆庆元年,明廷不得不开放海禁,允许民间私人远贩东西二洋,但对日本仍采用海禁政策,以防倭患,史称"隆庆开关"。从此中国民间私人海外贸易获得了合法地位,中国东南沿海各地民间海外贸易进入了一个新时期。明朝出现了一个全面开放的局面。于是,美洲白银大量流入中国,促成晚明中国白银货币化。玉米、红薯、烟草、辣椒等美洲作物相继引进中国并得以推广,极大丰富了中国的食品结构。西方天主教传教士与中国士大夫进行交流合作,天主教开始在中国民间广为流行。中国外销瓷、丝绸、茶叶等中国产品大批出口海外,并对文艺复兴时期的欧洲产生巨大影响。

17世纪,泉州南安石井镇海商郑芝龙以走私为业,发迹于日本平户,后来离开日本到台湾建立新根据地。郑芝龙不仅拥有一支实力强大的私人海军,而且效仿明朝在台湾设官建置,形成初具规模的地方割据政权。明王朝无力剿灭郑芝龙便转而招安,1628年,郑芝龙接受明廷招抚,官拜都督同知,与明朝政府合作,兼并其他海盗集团。崇祯六年六月,料罗湾大捷,郑芝龙击败素有"海上马车夫"之称的荷兰舰队。西班牙传教士帕来福在《鞑靼征服中国史》记述:"这个海盗(指郑芝龙)烧毁了八艘他们(指荷兰人)最好的海船,一次三艘,另一次五艘。他们最后被迫向郑芝龙纳税,每年三万埃库斯(一埃库斯相当于十至十二法郎)。因此,彼此相安无事,荷兰人得到了从台湾进入中国的完全自由,并成为郑芝龙的朋友。荷兰人向郑芝龙,而不是向北京派遣使节,给他种种荣誉,向他贡献各种礼物。有一次甚至贡献了王杖一枝,金冠一顶,企图引起他自立为王的欲望。"[2]中国国家博物馆藏郑芝龙题款《日本印度洋地图卷》(图1-7),生动展示了郑和下西洋结束两百年后,郑芝龙重建中国海上霸权的雄心壮志。1661年,郑芝龙之子郑成功收复台湾,在东起长崎、西至马六甲建立了一个庞大的海上帝国。然而,在清王朝残酷打击下,郑氏海上帝国最终功亏一篑。

郑成功之后,中国海军屡战屡败,究其原因就是中国人严重缺乏海权意识。19世纪美国海军专家马汉的海权论传入中国以前,中国人对海洋的认识是:海洋可以兴渔盐之利,可以通舟楫之便。[3]至于海洋可以作为通往世界的要道,可以作为国家对外贸易的重要途径,以及海洋可以作为军事上重要的战略基地,控制敌国海岸以保障本国海上贸易

---

[1] [明]俞大猷:《正气堂集》卷二《呈福建军门朱公揭》,收入《四库未收书辑刊》第5辑第20册,北京出版社,1997年,第111页上。
[2] (西)帕莱福等著:《鞑靼征服中国史》,何高济译,北京:中华书局,2008年,第62—64页。
[3] 吴珊珊、李永昌:《中国古代海洋观的特点与反思》,《海洋开发与管理》2008年第12期,第15—16页。

顺利进行等观念，中国人从来没有。[1] 1903年，梁启超在日本版《新民丛报》上发表《论太平洋海权及中国前途》一文，表达了他对马汉海权论的崇敬和钦佩。梁启超在文中写道："所谓帝国主义者，语其实则商国主义也。商业势力之消长，实与海上权力之兴败为缘，故欲伸国力于世界，必以争海权为第一义。"他还认为太平洋海权问题，是20世纪第一大问题。[2]

郑和下西洋时代，西方帆船无论在规模、船舶性能、载重量等方面远不如中国发达。不过，两个世纪后，中国帆船不断受到禁海令的限制和打击，日趋衰落，完全丧失了与西方海船的竞争力。19世纪初，一种高速帆船在美国出现，通称"飞剪式帆船"。19世纪40年代，美国人驾驶这种高速海船到中国从事茶叶和鸦片贸易。以后美国西部发现金矿而引起淘金热，飞剪式帆船得以迅速发展。1853年美国人建造的"大共和国"号，长93米，宽16.2米，深9.1米，排水量3 400吨，主桅高61米，全船帆面积3 760平方米，航速每小时12～14海里，横越大西洋只需13天，标志着帆船的发展达到顶峰。

1807年，美国机械工程师富尔顿（Rober Fulton）发明轮船，采用蒸汽机为动力，航速最高可达22节。轮船不仅克服了帆船必须候风的低效率缺点，而且大大降低了船员的劳动强度，鸦片战争前夕就有近20艘英国轮船在广州海域从事海上运输活动。1869年，苏伊士运河允许轮船通航后，西方来华航程比好望角航程缩短了一半。19世纪70年代以后，轮船在远洋航海取得绝对优势，永远结束了海上传统交通帆船的时代。[3]

---

[1] 周益锋：《"海权论"东渐及其影响》，《史学月刊》2004年第4期，第39页。
[2] 梁启超：《论太平洋海权及中国前途》，《新民丛报》第26号，1903年（转引自周益锋前揭文，第39页）。
[3] 席龙飞等主编：《中国科学技术史　交通卷》，北京：科学出版社，2004年，第233页。

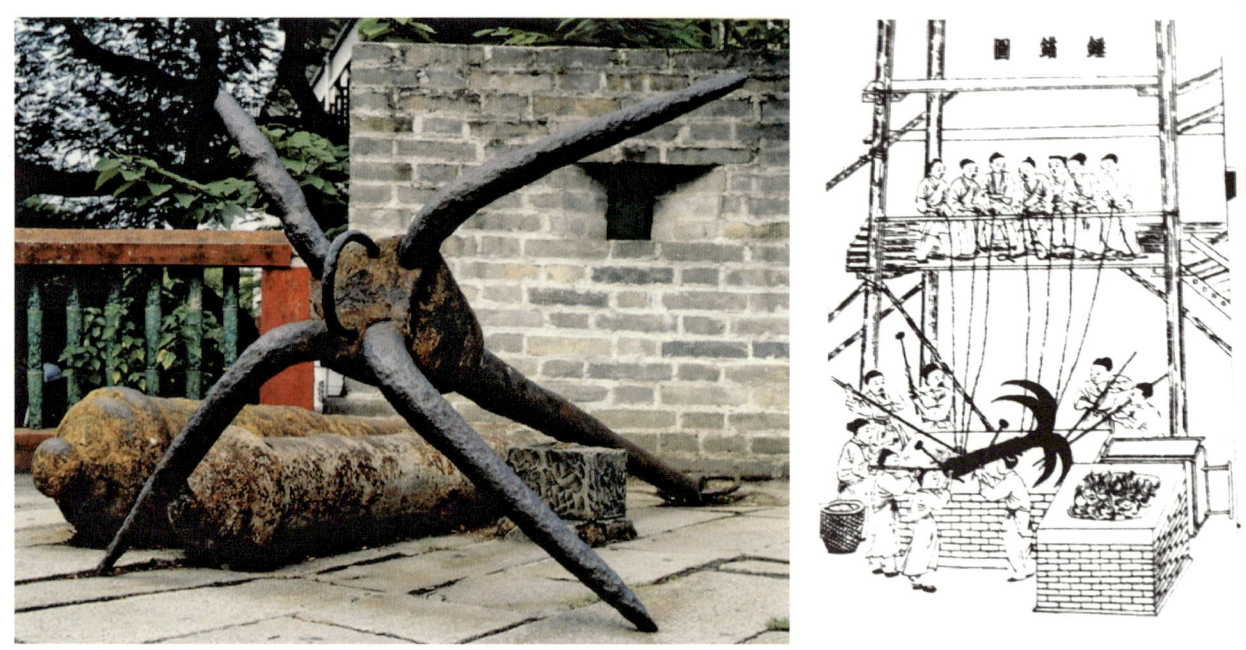

图1-6　广州铁局港出土明代四爪大铁锚与《天工开物》中的锤锚图

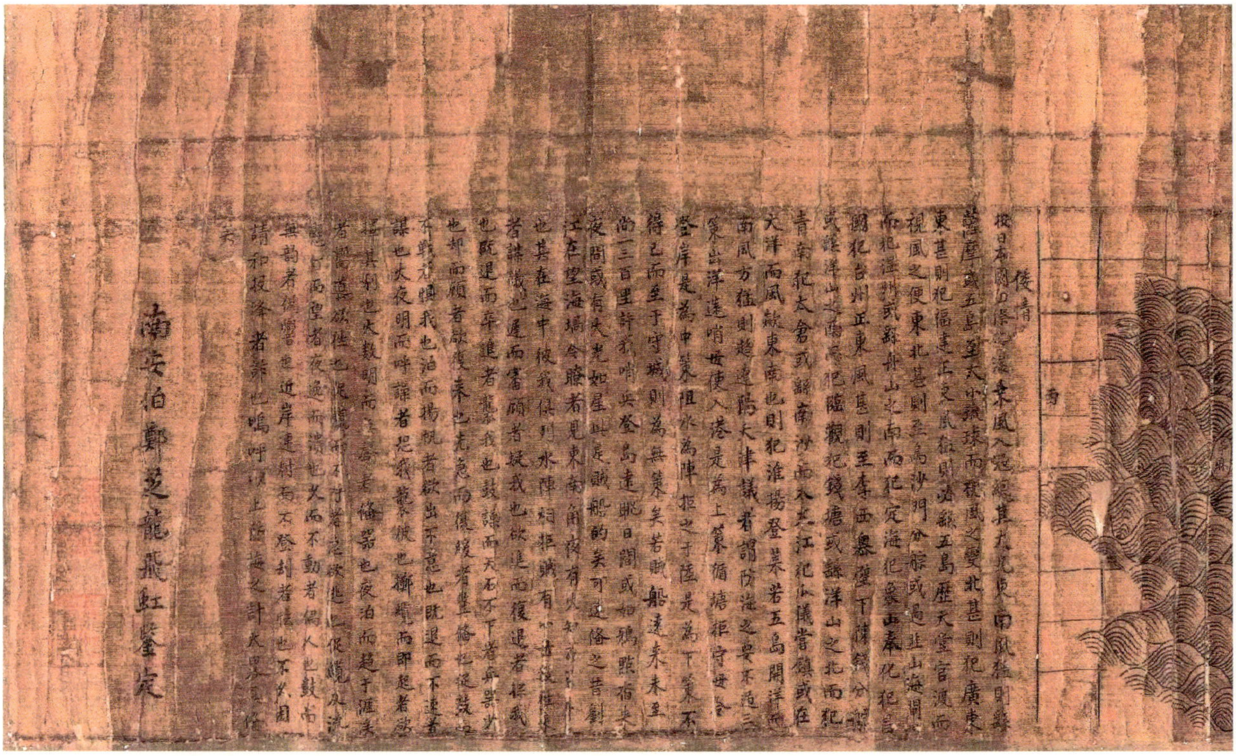

图1-7　中国国家博物馆藏《日本印度洋地图卷》之郑芝龙题款

2

中国与伊斯兰世界的经济文化交流

15—16世纪，中国东南沿海地区的穆斯林纷纷下海通番。不仅如此，他们至少在弘治年间（1488—1505年）就直接参与了景德镇民窑明青花的设计制造，在菲律宾、文莱、叙利亚相继发现穆斯林工匠在弘治年间设计烧造的伊斯兰风格的明青花。正德年间景德镇民窑烧造的伊斯兰风格的瓷种，甚至对明朝皇家艺术产生一定影响。另一方面，景德镇瓷器输入中东伊斯兰世界后，不仅成为奥斯曼帝国苏丹宫廷珍藏的对象，而且对波斯细密画艺术产生重要影响。

一、挑战朝贡贸易的穆斯林海商

中国东南沿海地区大规模走私贸易活动的产生，有这样一个历史背景。郑和下西洋活动结束不久，河西走廊有大批穆斯林迁入中国东南沿海地区。正统三年（1438年）八月，"命给江浙观海诸卫新徙回回月粮，时回归回回二百二人，自凉州（今武威）徙至浙江"。[1]正统四年七月，又有回回编制于漳州。[2]正统六年元月，"徙甘州（今张掖）、凉州寄居回回于江南各卫，凡四百三十六户，一千七百四十九口"。[3]河西"回回"的祖先是中亚撒马儿罕的粟特人，有着与生俱来的经商天赋。汉唐时代粟特人一直充当丝绸之路中间商的角色。7世纪阿拉伯人大举东进，中亚各地逐渐伊斯兰化。粟特人皈依伊斯兰教

---

[1]《明英宗实录》卷十八正统元年六月乙卯条，第362页。
[2]《明英宗实录》卷四十五正统三年八月戊辰条，第875页。
[3]《明英宗实录》卷五十七正统四年七月辛未条，第1098页。

后,继续扮演丝绸之路中间商的角色。明代河西"回回"讲波斯语,而波斯语不仅是丝绸之路通商用语,而且也是南海贸易的国际交际语。永乐七年(1409年),郑和锡兰山布施碑采用三种语言,其中一种就是波斯语。[1]

成化二十三年(1487年)发生了这样一件事。《明孝宗实录》记载:"暹罗(今泰国)国王国隆勃刺略坤尤地亚,遣使臣江悦等",携"金叶表文入贡谢恩。且言:'旧例,本国番字与'回回字'互用。近者,请封金叶表文及勘合咨文间有同异。国王凝(疑)国人书写番字者之弊,乞赐查辩。'"这是说,暹罗以前与明朝往来,有时用暹罗文,有时用波斯文。由于明朝暹罗文译员水平不高,导致暹罗人读不了明廷回赐的表文和勘合文件,暹罗方面要求明朝追查此事。明朝暹罗文译员不仅暹罗番字写不好,就连暹罗国入贡表文也"难于辩识"。于是明廷下令以后只许用波斯文为暹罗国写表文及勘合文件,"不得写难识番字(指暹罗文),以绝弊端"。[2]

正统初年迁入中国东南沿海地区的穆斯林,不久就以自由商人的姿态下海通番。正统九年二月,"潮州府民滨海者,纠诱傍郡亡赖五十五人私下海,通货爪哇国"。[3]正统十年三月,"福建缘海民有伪称行人正使官,潜通爪哇国者"。[4]正统十一年四月,"福建都指挥佥事薛诚提督海道,奸民通番不能防捕"。[5]

正统十四年(1449年)明廷重申禁海令,而中国东南沿海走私贸易却屡禁不绝。《明英宗实录》卷一七九引明朝福建巡海佥事董应轸之言:"濒海居民私通外夷,贸易番货,泄漏事情,及引海贼劫掠地者,正犯极刑,家人戍边,知情故纵者,罪同。比年民往往嗜利忘禁,复命申明禁之"。[6]1458年,广东珠江口再次出现大规模走私贸易活动。《香山县乡土志》记载:"天顺二年(1458年)三月,海贼四百余犯香山千户所,烧毁备边大船。备倭都指挥张通坐失机,上令杀贼赎罪。七月,海贼严启盛来犯。先是启盛坐死,囚漳州府,越狱聚徒,下海为盗,敌杀官军。至广东,招引蕃舶,驾至邑沙尾外洋。巡抚右佥都御史叶盛廉其实,会同镇守左少监阮能、巡按御史吕益,命官军驾大船冲之,生擒启盛,余党悉平。十二月,以获海贼故,升张通一级。"[7]

大航海时代始于明孝宗弘治年间,一个新兴的景德镇瓷器消费市场在欧洲逐渐形成,而景德镇陶冶业却在这个时期一派萧条。据上海博物馆古陶瓷专家陆明华分析,"明孝

---

[1] 刘迎胜:《海路与陆路——中古时代东西交流研究》,北京大学出版社,2011年,第93—95页。
[2] 《明孝宗实录》卷二成化二十三年九月己酉条,第36页。
[3] 《明英宗实录》卷一一三正统九年二月己亥条,第2278页。
[4] 《明英宗实录》卷一一七正统十年三月乙未条,第2542页。
[5] 《明英宗实录》卷一四〇正统十一年四月丁卯条,第2782页。
[6] 《明英宗实录》卷一七九正统十四年六月壬申条引,第3476页。
[7] 清宣统《香山县乡土志》卷三《兵事录·明代诸寇》,中山市地方志编纂委员会办公室,1988年影印本,第5页。

宗当政十八年，对监烧瓷器内官的遣召谕旨减烧是十分频繁的，其间仅罢免、召回烧造内官的次数就至少有五六次，而减烧、蠲免的事例也时有出现，这种撤而复遣，遣而复罢的做法，在许多朝代皆有，但在弘治朝显得特别多，而且别的朝代往往是监烧者不力，烧造质量下降而遭朝廷训斥或贬谪；但弘治朝则是宦官'骚扰百姓'等原因造成。凡此种种，对御器厂的正常生产影响很大，于是产量剧减，多种品种取消，质量有下降趋势。"[1]《明史·食货志》在叙述正德朝瓷器时统计："自弘治以来，烧造未完者三十余万器。"[2]计划内的三十余万件没有完成任务，这主要是由于朝廷采取了上述一系列限制措施后逐渐拖欠积压的。

中国东南沿海地区的穆斯林海商就在这个时期乘虚而入，不仅积极推动景德镇瓷器外销，而且直接参与了景德镇瓷器设计制造。模仿伊斯兰金属器或玻璃器烧造的明青花计有：带盖豆、花浇、双耳绶带瓶、抱月瓶、军持、天球瓶、大扁壶、灯笼瓶、卧足碗、执壶、笔盒等。1997年，在菲律宾东北部巴拉望的利纳浅滩发现一条弘治三年沉没的民间商船，船上载有大批安南、素可泰陶瓷和景德镇民窑青花瓷，今称"利纳沉船"（Lena Cargo）。[3]这条沉船内发现许多伊斯兰风格的青花壶和波斯风格的青花笔盒（图2-1）。这种笔盒不是为中国文人设计的，其原始造型来自波斯细密画家使用的一种金属笔盒。波斯细密画虽受宋元工笔画影响，但是画幅小，所用毛笔细小，耗墨量不大，因此波斯笔盒往往与调色盘合二为一，采用混合多层式设计。

据芝加哥大学教授卡斯威尔调查，大约200多件景德镇弘治窑青花被走私到美索不达米亚北部的叙利亚，其中包括荷塘纹青花碗、孔雀纹青花盘、缠枝纹青花碗（图2-2）、伊斯兰风格的青花执壶以及波斯风格的青花笔盒（图2-3：2）。[4]这件青花执壶为黎巴嫩私人藏品（图2-3：1），与菲律宾明代沉船发现的伊斯兰风格的青花执壶完全一样，说明至少在弘治三年穆斯林海商就参与了景德镇青花瓷的设计制造。香港竹篙湾外销瓷遗址出土穿花孔雀纹青花盘（图2-3：3），与叙利亚发现穿花孔雀纹青花盘（图2-3：2）如出一辙，说明这批弘治窑青花应也是从香港竹篙湾走私出境的。

16世纪中叶至19世纪初，丝绸、茶叶、陶瓷等中国商品一枝独秀，在海外形成巨大市场。中国十大商帮亦在明代中叶应运而生。除了福建商帮之外，江苏洞庭商帮也积极开

---

[1] 陆明华：《明弘治景德镇官窑：瓷业的衰落》，刘新元主编：《景德镇陶瓷》1986年第2期，第53—36页。
[2] 《明史·食货志》，第1999页。
[3] Goddio, Franck *et al., Sunken Treasures: Fifteenth-century Chinese Ceramics from the Lena Cargo*, London: Periplus Publishing, 2000.
[4] John Carswell, *Blue and White: Chinese Porcelain around the World*, London: British Museum, 2000, pp.131-134. 最近上海博物馆收购了这批叙利亚发现的明青花，参见故宫博物院、上海博物馆编：《明清贸易瓷》，上海书画出版社，2015年，第58—90页。

图2-1 菲律宾利纳沉船出水波斯风格的青花笔盒

图2-2　叙利亚发现的弘治窑青花瓷

图2-3　叙利亚出土弘治窑青花笔盒、青花执壶和香港竹篙湾遗址出土弘治窑青花盘

辟海外贸易市场。[1]弘治—正德朝大学士李东阳在《怀麓堂集》介绍说：洞庭东西山人"散而商于四方，踪迹所至，殆遍天下"。[2]明代小说家凌濛初《初刻拍案惊奇》有一篇白话小说，名曰"转运汉巧遇洞庭红"，描写明成化年间东山商人文若虚在经商屡遭失败后，陷入穷困破产的境地。后来朋友到海外经商顺便邀他同往，开船前他用了一两银子买了一篓太湖特产洞庭红橘子准备在路上自己享用。不料到了海外吉零国后，这一篓红橘竟然卖出1 000多两银子。他在返程途中捡到一只大海龟（玳瑁），在福建登陆后被一位波斯商人当作稀世珍宝，用5万两银子买去。后来文若虚用海外贸易赚来的钱在沿海地区重置家业，娶妻生子，家道殷富不绝。[3]吉零即吉令（Klang）的别译，《郑和航海图》称作"吉令港"（图2-4），乃今马来半岛西岸吉令河口的巴生港。[4]这篇话本小说反映了明代中叶商业发达，中国商人纷纷下海经商的生活场景。

明代东洞庭山人张本笔记小说《五湖漫闻》记载了洞庭商帮另一则传奇故事。其文曰："东洞庭傅永纪，正德初商游广东，泛海被溺，获附舟木，三日夜流至孤岛。惟叠石磥砢，偏无纤草。所服之衣，啮吞殆尽。度不能存，呼天泣曰：'居于山饥必至死，附于木或可得生'。乃复附木出没波涛，七日至海滨，见一渔翁张网独立，乃拜，书询为某处。渔翁书示曰：'机郎佛国'。永纪又书：'我夏人也，覆舟随波至此，赖君可以生乎？'渔翁遂允为馆谷。久之意气弥笃，以女妻之。永纪善为纸竹扇，一扇鬻金钱一文，不二年至于巨富。机郎王召见，授以爵。正德末年，机郎太子以永纪为通事（翻译），进刀钏于华夏。武宗礼遇优渥，永纪遂勿复去。嘉靖初年，罪其私通，乃致之瘐死，时年四十八。"[5]机郎佛国即佛郎机国，指1511年后葡萄牙人统治下的马六甲。有学者认为，傅永纪就是葡萄牙使团的翻译火者亚三。[6]这个说法不一定正确，因为史籍明载火者亚三为江西浮梁（今景德镇）穆斯林。[7]显然，《五湖漫闻》把火者亚三的一些故事附会到傅永纪身上，不足为信。

正德年间，许多穆斯林活跃于景德镇或江西地区。《明史·外国传》记载："满剌加，在占城南。顺风八日至龙牙门，又西行二日即至。……正德三年（1508年），使臣端亚智等入贡。其通事亚刘，本江西万安人萧明举，负罪逃入其国，赂大通事王永、序班张字，谋往浡泥索宝。而礼部吏侯永等亦受赂，伪为符印，扰邮传。还至广东，明举与端亚智辈争

---

[1] 范金民、夏爱军：《洞庭商帮》，合肥：黄山书社，2005年。
[2] [明]李东阳：《怀麓堂集》卷三十二《南隐楼记》，收入《影印摛藻堂四库全书荟要》集部第64册，台北：世界书局印行，1985年，第357页上。
[3] [明]凌濛初：《初刻拍案惊奇》，天津古籍出版社，2004年，第5页。
[4] 向达整理：《郑和航海图》，北京：中华书局，1961年，图16。
[5] [明]张本：《五湖漫闻》清抄本，虞山周氏学佛盦，1915年，第26b页。
[6] 金国平、吴志良：《"火者亚三"生平考略：传说与事实》，中国社会科学院历史研究所明史研究室编：《明史研究论丛》第十辑，北京：紫禁城出版社，2012年，第226—244页。
[7] P. Pelliot, "Le Hoja et le Sayyid Husain de l' histoire de Ming", *T'oung Pao* 39, 1949, pp.193–208.

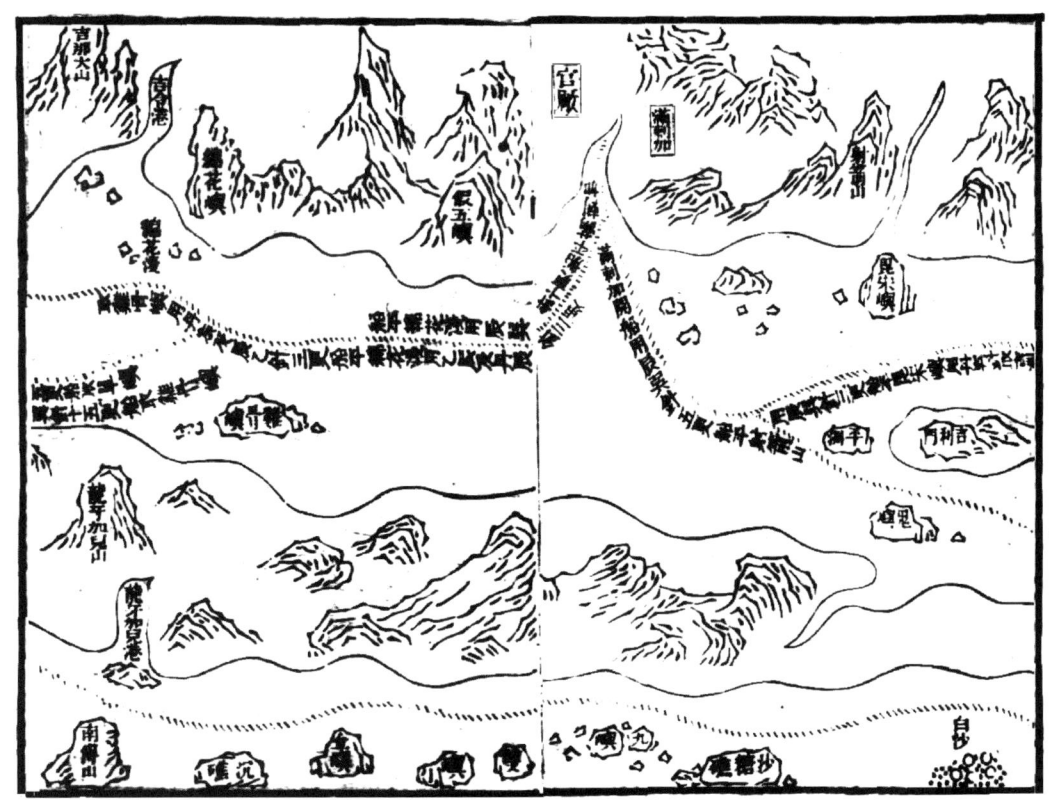

图2-4 《郑和航海图》所标吉令港

言,遂与同事彭万春等劫杀之,尽取其财物。事觉,逮入京。明举凌迟,万春等斩,王永减死罚米三百石,与张宇、侯永并戍边,尚书白钺以下皆议罚。刘瑾因此罪江西人,减其解额五十名,仕者不得任京职。"[1]这位"亚刘"就是江西万安县的穆斯林,汉名"萧明举"。"回回人"通晓波斯语,故满剌加使团聘请亚刘当通事(翻译)。

除了萧明举之外,在满剌加从事贸易活动的还有前文提到的火者亚三,葡萄牙使团首次访华时被聘为通事。《殊域周咨录》记载:"正德十四年(1509年),佛郎机大酋弑其国主,遣加必丹末等三十人入贡请封。有火者亚三,本华人也,从役彼国久,至南京,性颇黠慧。时武宗南巡,江彬用事,导亚三谒上。喜而留之,随至北京。入四夷馆,不行跪礼,且诈称满剌加国使臣,朝见欲位诸夷上。"[2]《殊域周咨录》言简意赅,未载火者亚三的籍贯。在广州负责接待葡萄牙使团的是海道副使顾应祥。他在《静虚斋惜阴录》一书披露:"正德间,予任广东按察司佥事,时巡海副使汪鋐进表赴京,予带管海道。蓦有番舶三只至省

---

[1] 《明史·外国传》,第8601页。
[2] [明] 严从简:《殊域周咨录》,北京:中华书局,2009年,第320页。

城下,放铳三个,城中尽惊。盖前此番舶俱在东莞千户所海澳湾泊,未有径至城下者。市舶提举吴洪赐禀,予亲至怀远驿审视。其通事乃江西浮梁人也,禀称此乃佛郎机国遣使臣进贡,其使臣名加必丹,不曾相见。"[1]可知这位葡萄牙使团的"回回"通事原来是浮梁人,也即明代烧造陶瓷的中心——江西景德镇人。

二、伊斯兰文化对正德朝皇家艺术之影响

伊斯兰文化"尊奉独一的真主安拉,反对偶像崇拜",所以清真寺以植物纹或几何图案为装饰,而无人物、动物画像或雕像。阿拉伯艺术家还独具匠心,利用阿拉伯文美术字装点清真寺。这种装饰工艺被穆斯林工匠应用于景德镇明青花。明代以"回回字"为饰始于永乐青花,以后宣德、天顺、成化、正德、嘉靖等朝御窑厂均有烧造,但景德镇御窑厂大批烧造"回回字"青花瓷却是在正德朝。有学者认为正德窑瓷器大量出现"回回字",与明武宗及其宠妃信奉伊斯兰教密切相关。[2]不过,据史书记载:"武庙乐以异域事为戏,又更名以从其习。学鞑靼言,则自名曰忽必列;习回回食,则自名曰沙吉敖烂;学西番刺麻僧教,则自名为太宝法王领占班丹。"[3]景德镇珠山明代御窑厂遗址出土的正德窑瓷片中,除了"回回字"之外,还有八思巴文和藏传佛教金刚杵图案,很难说明武宗独尊伊斯兰教。[4]况且,伊斯兰风格的青花瓷在弘治年间就出现了,显然是中国东南沿海穆斯林海商出于外销的需要,在弘治年间直接参与了明青花的设计制造,这种新型的图案设计后来对正德朝皇家艺术产生重要影响。

元代至明朝初年的"回回字"皆为波斯文(阿拉伯字母拼写波斯语),正德窑青花瓷开始用阿拉伯文(阿拉伯字母拼写阿拉伯语)"回回字",尤其是《古兰经》一般都用阿拉伯文抄写。北京东四清真寺保存一件明代青花瓷牌屏,上书阿拉伯文美术字"清真言",读作:"万物非主,只有安拉,穆罕默德是安拉的使者"。这件青花屏风现为伦敦戴维德基金会藏品。近年景德镇珠山发现许多正德官窑"回回字"青花瓷片(图2-5)。[5]北京故宫收藏的正德官窑"回回字"青花瓷多达20余件。据李毅华介绍,北京故宫藏品以

---

[1] [明]顾应祥:《静虚斋惜阴录》,《四库全书存目丛书》子目第84册,济南:齐鲁书社,1997年影印本,第207页。
[2] 纳巨峰:《明武宗回教信仰考》,《世界宗教研究》2012年第2期,第143—157页。
[3] [明]蒋一葵:《尧山堂外纪》卷九十四《毅皇帝》,《四库全书存目丛书》子部第148册,济南:齐鲁书社,1995年影印本,第437页。
[4] 正德窑底款八思巴文青花碗残片,参见香港大学冯平山博物馆、景德镇市陶瓷考古研究所编:《景德镇出土五代至清初瓷展》,香港大学冯平山博物馆,1992年,图253。
[5] 香港大学冯平山博物馆和景德镇市陶瓷考古研究所,前揭书,第138页和第254页彩色图版。

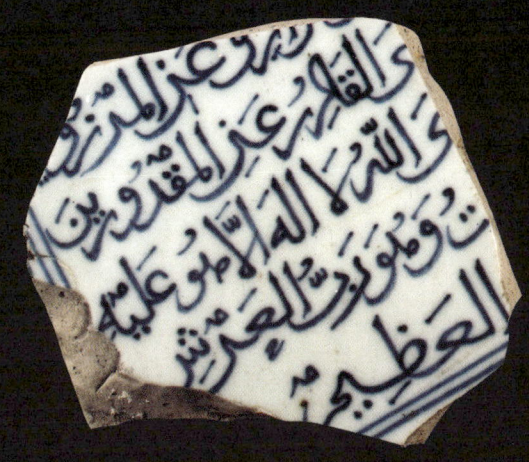

图2-5 景德镇珠山明代御窑厂遗址出土正德窑"回回字"青花瓷片

图2-6 北京故宫博物院藏正德窑"回回字"款瓷器

碗、盘为主，亦有炉、盒、烛台、笔山、深腹罐等。一件正德朝"回回字"青花碗，是典型的官窑器，碗底写有"大明正德年制"青花双圈六字楷款。碗呈鸡心式，器型规整，胎釉皆精细（图2-6：2）。内外白沿饰回纹边一周，外壁饰以六个双圈圆形开光，其间隙辅饰花卉图案，碗足绘饰卷枝花边，整个器物给人以稳重、古朴的感觉。六圆开光内分别书写波斯文单词，按顺序释为"政权"、"君王"、"永恒"、"每日"、"在增加"、"兴盛"，意为："政权君王永恒（王权永恒）"、"兴盛与日俱增"。这里的"王"可作"皇帝"或"君主"释。碗的内底书写阿拉伯文字句，环以双圈线之内的卷叶纹饰。碗心释文为"感谢他（真主）的恩惠"。

  北京故宫还有一件"回回字"款矾红瓷盘，盘内以三周双线圆圈简单装饰。第二层圈内四个以阿拉伯文书写的字句，读作："清高尊大的真主说"。盘心所书三行阿拉伯文抄自《古兰经》第17章第29节下半段经文，读作："你不要把手完全伸开（或你不要铺张），以免你变成悔恨的受责备者"。盘外壁同样以双线圆圈为饰，上书《古兰经》经文读作："清高尊大的真主说，行尘埃大的善事者，将见其善报；做尘埃大的恶事者，将见其恶报"。底款用阿拉伯和波斯文混合书写，共有三行文字。中间一行为阿拉伯文，上下两行为波斯文，读作："迪麦尼可汗即阿曼·苏来曼沙"。所谓"可汗"或"沙"，是波斯或中亚穆斯林国家对最高统治者的称号，那么这件矾红瓷器是为中亚或中东伊斯兰教国家君主订烧的。吐鲁番、撒马儿罕的穆斯林讲波斯语，天方国讲阿拉伯语。这件正德窑"回回字"矾红瓷碗书写阿拉伯文，本来是为天方国使团烧造的，不知什么原因留在了宫里。

  台北故宫博物院还收藏了4件正德窑波斯文青花瓷和一件波斯纹矾红盘。第一件为波斯文番莲纹尊（图2-6：1），波斯文读作："噢，神！保护他的管辖者，消灭他的敌人"；第二件为波斯文番莲纹七孔花插（图2-6：3），波斯文读作："噢，神！保护他的国家和他的子民"；第三件为波斯文梅花罐，波斯文读作"一个睿智的领导者，能使顽强难制者及谋叛者，聚齐一堂而相安无事"；第四件为青花莲花盘，底款为"大明正德年制"，盘心波斯文为"丰盛"，外壁波斯文读作："依德而行，免于陷恶"。那件矾红盘在盘心写有波斯文，读作："噢，最慷慨的神啊！尔可让拜火教徒与基督徒分享尔的丰富宝藏，尔难道会宽容敌人，而不更加善待尔的信徒吗！"外壁波斯文读作："拥有此盘者，自始至终皆吉祥幸福。"[1]

---

[1]　陈擎光：《从宗教性纹饰探讨十七至十八世纪中国贸易瓷供需之问题》，《中国古代贸易瓷国际学术讨论会论文集》，台北历史博物馆，1994年，第284页。

三、苏门达腊——明代"回青"的贸易中心

由于缺乏烧造青花的钴料"回青",景德镇在正德年间面临生产危机,因此正德御窑厂一度烧造了大批红绿彩或矾红瓷器。《窥天外乘》记载:"回青者,出外国。正德间,大珰(指太监)镇云南,得之,以炼师为伪宝,其价初倍黄金。已知其可烧窑器,用之果佳。"[1]由此可知,正德年间镇守云南的太监将大批"回青"从云南运往景德镇,以解决明朝御窑厂的钴料危机。

在明代,"回青"从南海和西域两条路线输入中国。吕坤上奏万历皇帝说:"今天下之苍生贫困可知矣。自万历十年以来,无岁不灾……至饶州磁器,西域回青,不急之须,徒累小民敲骨。陛下诚一切停罢,而江南、陕西之人心收矣。"[2]不过,明代从西域贡道进口"回青"始于嘉靖三十三年(1554年)。《大明会典》土鲁番条记载:"嘉靖三十三年,进贡回回青三百一十斤八两。"[3]此前,"回青"皆从南洋苏门达腊进口,有三条相关史料。

其一,《明史·外国传》记载:"苏门答剌,在满剌加之西。顺风九昼夜可至。……永乐二年……遣使朝贡。五年至宣德六年屡遣使来贡……十年复封其子为王。……贡物有宝石、玛瑙、水晶、石青、回回青、善马、犀牛、龙涎香、沉香、速香、木香、丁香、降真香、刀、弓、锡、锁服、胡椒、苏木、硫黄之属。货舶至,贸易称平。"[4]

其二,万历十七年(1589年)王世懋《窥天外乘》记载:"宋时窑器,以汝州为第一,而京师自置官窑次之。我朝则专设于浮梁县之景德镇。永乐、宣德间内府烧造,迄今为贵。其时以棕眼甜白为常,以苏麻离青为饰,以鲜红为宝。"[5]

其三,万历十九年(1591年)高濂《遵生八笺》亦载:"余意,青花成窑不及宣窑五彩,宣庙不及宪庙。宣窑之青,乃苏浡泥青也,后俱用尽。至成窑时,皆平等青矣。宣窑五彩,深厚堆垛,故不甚佳。而成窑五彩,用色浅淡,颇有画意。"[6]

有学者认为,"苏麻离青"与"苏渤泥青"表示两种不同钴料。其实,二者只是译名不同。顾名思义,"苏麻离青"或"苏渤泥青"意为"来自苏门达腊的钴料",那么,苏门达腊当系明代"回青"贸易中心,专门为安南、云南和景德镇等青花窑厂提供伊斯兰世界出产

---

[1] [明]王世懋:《窥天外乘》,《丛书集成初编》第2810—2811册,上海商务印书馆,1937年,第20页。
[2] 《明史·吕坤传》,第5938页。
[3] [明]徐溥等纂修:《大明会典·礼部·给赐三·外夷下》,收入《续四库全书》卷七九一《史部·政书类》卷一一二,上海古籍出版社,第136页。
[4] 《明史·外国传六》,第8421—8422页。
[5] 《窥天外乘》,第20页。
[6] [明]高濂:《遵生八笺》,收入《四库全书珍本九集》卷十四第13册,台北:商务印书馆,1935年,第50页。

的钴料"回青"。15世纪中叶，朝鲜李朝在京畿道广州官窑开始烧造青花瓷，因钴蓝颜料稀有，所以朝鲜早期青花瓷非常珍贵，考古发掘的朝鲜早期青花瓷亦十分有限。《慵斋丛话》卷十记载：李朝"世宗朝御器，专用白磁，至世祖朝，杂用彩磁。求回回青于中国，画樽罍杯觞，与中国无异，然回青罕贵，求中国亦未多得。朝廷议曰：'中国虽穷村茅店，咸用画器，岂皆回青所画，应有他物可画者。'访于中国，则皆曰此土青也。然所谓土青者，亦未求得，由是我国画磁器甚少"。[1]可知朝鲜李朝是从中国进口"回青"。

1433年郑和下西洋结束后，明廷仍从苏门达腊进口"回青"，如宣德十年（1435年）苏门答腊国贡物中就有"回回青"。《明史·外国传六》记苏门达腊国曰："成化二十二年，其使者至广东，有司验无印信勘合，乃藏其表于库，却还其使。别遣番人输贡物京师，稍有给赐。自后贡使不至。"[2]实际上，苏门达腊国与明朝只是在成化二十二年后停止官方贸易，两国民间贸易从未中断。云南为了烧造建水青花，一直与苏门达腊保持密切联系。正因为如此，镇守云南的太监才能在正德年间从云南得到"回青"，缓解了景德镇御窑厂的"回青"危机。至于"回青"究竟产自伊斯兰世界的什么地方，目前学界尚无明确的结论。

《明史·外国传》记载：满剌加国"自为佛郎机所破，其风顿殊。商舶稀至，多直诣苏门答剌。然必取道其国，率被邀劫，海路几断"。[3]据葡萄牙史料记载，葡萄牙人占领马六甲第二年（1512年），几乎没有任何外国商船在马六甲停泊。[4]在印度尼西亚发现了许多正德窑青花瓷，现藏雅加达国家博物馆。其中一件缠枝番莲"长命富贵"款玉壶春瓶（图2-7：1），与香港竹篙湾遗址出土正德窑穿花凤纹盘的部分纹饰相同，必属同一时代。印度尼西亚出土正德窑明青花，如荷塘纹青花盘、麒麟望月青花盘等（图2-7：2—5），以及喜盈门青花盘、番莲纹青花盘（图2-8：1—2）、正德窑应龙纹青花罐（图2-8：3），就是这个时期从中国东南沿海地区运到爪哇或苏门达腊的。

16世纪末，苏门达腊国更名"哑齐国"。《明史·外国传》记载："迨万历间，国两易姓。……贡物有宝石、玛瑙、水晶、石青、回回青、善马、犀牛、龙涎香、沉香、速香、木香、丁香、降真香、刀、弓、锡、锁服、胡椒、苏木、硫黄之属。货舶至，贸易称平。地本瘠，无麦有禾，禾一岁二稔。四方商贾辐辏。华人往者，以地远价高，获利倍他国。其气候朝如夏，暮如秋，夏有瘴气。妇人裸体，惟腰围一布。其他风俗类满剌加。篡弑后，易国名曰哑

---

[1]（朝）成俔：《慵斋丛话》卷十，《韩国汉籍民俗丛书》第3册，台北：万卷楼图书股份有限公司，2012年，第250页。
[2]《明史·外国传六》，第8421页。
[3]《明史·外国传六》，第8419页。
[4]金国平编译：《西方澳门史料选萃（15—16世纪）》，广州：广东人民出版社，2005年，第32页。

图2-7 雅加达国家博物馆藏正德窑玉壶春瓶、正德窑青花盘

图2-8 雅加达国家博物馆藏正德窑青花盘和应龙纹青花罐

齐。"[1]哑齐，即今苏门达腊岛北端的亚齐。为了和葡萄牙人争夺马六甲，奥斯曼帝国苏丹曾经派舰队到亚齐建立海外军事基地。

据葡萄牙史料记载，奥斯曼帝国苏丹曾在16世纪将500名土耳其人以及大型石炮和大量军需物资送给亚齐的苏丹，用以支持亚齐国攻打葡萄牙人占领的马六甲。这个500人的土耳其海外兵团，由枪手、翻砂工和军械工程师组成。尽管迟至嘉靖四十五年（1566年）或隆庆元年（1567年），这支奥斯曼帝国舰队才有两艘船抵达亚齐，但这只是奥斯曼帝国派往苏门达腊岛的第一批军火运输船队。在一份万历十三年（1585年）写成的葡萄牙文献中，详细记述了各种口径的土耳其青铜炮、枪支以及海军人员和能够增强和保卫要塞的军械工程师。土耳其人不仅教授亚齐人制造火枪，而且也把已拥有优势的火枪型号传给他们在亚齐的穆斯林伙伴。在亚齐铸造的一门大炮给葡萄牙人留下深刻印象，以至于他们把它作为一件礼品赠送给西班牙国王。到17世纪早期，亚齐苏丹伊斯坎达·穆达号称有一个约2 000件武器的军火库。[2]

四、奥斯曼帝国宫廷艺术的中国文化因素

奥斯曼帝国，史称"鲁迷国"或"日落国"。前者源于波斯语Rum（罗马），赵汝适《诸蕃志》作"芦眉"。日落国，阿拉伯语作Djabulsa；《诸蕃志》译作"茶弼沙国"，泛指欧洲或拜占庭帝国。永乐年间始有拜占庭使者来明朝。《明史·西域传》记载："日落国，永乐中来贡。弘治元年（1488年），其王亦思罕答儿·鲁密·帖里牙复贡，使臣奏求纻、丝、夏布、瓷器，诏皆予之。"[3]《续通典》亦有相同记载。[4]关于永乐年间"日落国"来朝年份，清初谈迁《国榷》说："永乐二十一年（1423年）二月辛酉，鲁迷入贡。"[5]

1453年，奥斯曼帝国攻克君士坦丁堡，灭东罗马帝国。于是，该城被奥斯曼帝国苏丹更名为伊斯坦布尔城，而城中东正教索非亚大教堂则改建为大清真寺。既然如此，那么，永乐二十一年来朝的"日落国"当为拜占庭帝国，而弘治元年来朝的"日落国"则为奥斯曼帝国。亦思罕答儿之名译自波斯语Iskanderih，其名源于希腊拉丁语Alexandria（亚历山大城）。这位奥斯曼帝国使臣或许是一个入仕奥斯曼帝国的罗马人。鲁迷属于西域之

---

[1]《明史·外国传六》，第8419页。
[2]（澳）尼古拉·塔林主编：《剑桥东南亚史》第1卷，贺圣达等译，昆明：云南人民出版社，2003年，第314页。
[3]《明史·西域传六》，第8601页。
[4]［清］嵇璜、刘墉等奉敕撰，纪昀等校订：《续通典》卷一四九《边防三》，杭州：浙江古籍出版社，2000年，第2010页。
[5]［清］谈迁编修：《国榷》卷十七第2册，张宗祥校点，北京古籍出版社，1958年，第1200页。

国,按明朝法律规定,鲁迷贡使须走西域贡道。《大明会典》卷一〇七记载:"鲁迷,嘉靖三年(1524年)自甘肃入贡。"明朝法律还规定,西域使团大部分人要在甘肃嘉峪关从事贸易活动,所以这个鲁迷国使团只有一少部分人允许入京朝贡。在京城期间,西域使者入住会同馆北馆,并且只能在京城会同馆南馆附近乌蛮驿从事贸易活动。

沈德符《万历野获编》记载:"余于京师,见北馆伴……馆夫装车,其高至三丈余。皆鞑靼、女真诸房,及天方诸国贡夷归装所载。他物不论,即瓷器一项,多至数十车。予初怪其轻脆,何以陆行万里。既细叩之。则初买时,每一器内纳少土,及豆麦少许。叠数十个,辄牢缚成一片。置之湿地,频洒以水。久之则豆麦生芽。缠绕胶固。试投之荦确之地,不损破者。始以登车。临装驾时,又从车上掷下数番,其坚韧如故者,始载以往。其价比常加十倍。盖馆夫创为此法。无所承受。"[1]据万历年间刊刻《北京城宫殿之图》标注,明代会同馆北馆在今北京城王府井大街东侧,而乌蛮驿在明代北京城崇文门内,即今崇文门大街西北(图2-9)。[2]

尽管景德镇御窑厂在洪武、永乐年间烧造了大批釉里红、青花瓷,但是很大程度上是模仿前朝艺术。明朝皇家艺术实际上是宣德窑创立的,所以景德镇明清窑厂皆模仿宣德窑器型、花纹乃至仿写宣德年款。宣德窑瓷器还通过丝绸之路陆路传入帖木儿帝国。托普卡比宫收藏的15世纪波斯细密画《画册》中,有一幅《队列图》(图2-10),表现穆斯林商人在丝绸之路上运送明青花。[3]在纽约大都会艺术博物馆(图2-11:1)、上海博物馆(图2-11:2)收藏有类似的明青花,皆为景德镇宣德窑烧造。[4]

瓷器太重而且易碎,难以从陆路长途贩运,所以唐宋至元明时代中国陶瓷外销主要靠海路。因此,明代穆斯林商人一直谋求从海路将景德镇瓷器运往奥斯曼帝国。弘治年间,叙利亚已在奥斯曼帝国统治之下,而叙利亚发现的200多件弘治窑青花,显然是穆斯林商人从海路走私到奥斯曼帝国的。此外,景德镇弘治窑青花还被远销到奥斯曼帝国首府——伊斯坦布尔城。例如:伊斯坦布尔城托普卡比宫收藏了三件穆斯林喜爱的弘治窑青花大盘。第一件为牡丹纹青花大盘,第二和第三件为缠枝番莲纹青花盘,在里斯本桑托斯宫天花板明青花中,有一件弘治窑缠枝番莲纹青花盘,与托普卡比宫的第二件弘治窑青花盘几乎完全相同。

明朝与奥斯曼帝国民间贸易往来活动在正德朝达到高潮,托普卡比老王宫收藏了

---

[1] [明]沈德符:《万历野获编》卷三十,北京:中华书局,1959年,第780页。
[2] 此图现藏日本宫城县东北大学图书馆,参见孙果清:《最早的北京城古代地图——〈北京城宫殿之图〉》,《地图》2007年第3期,第106~107页。
[3] (日)杉村栋编:《世界美术大全集 东洋编》第17卷,东京:小学馆,1999年,图版154。
[4] 陆明华:《明代官窑瓷器》,上海人民出版社,2007年,第28页。

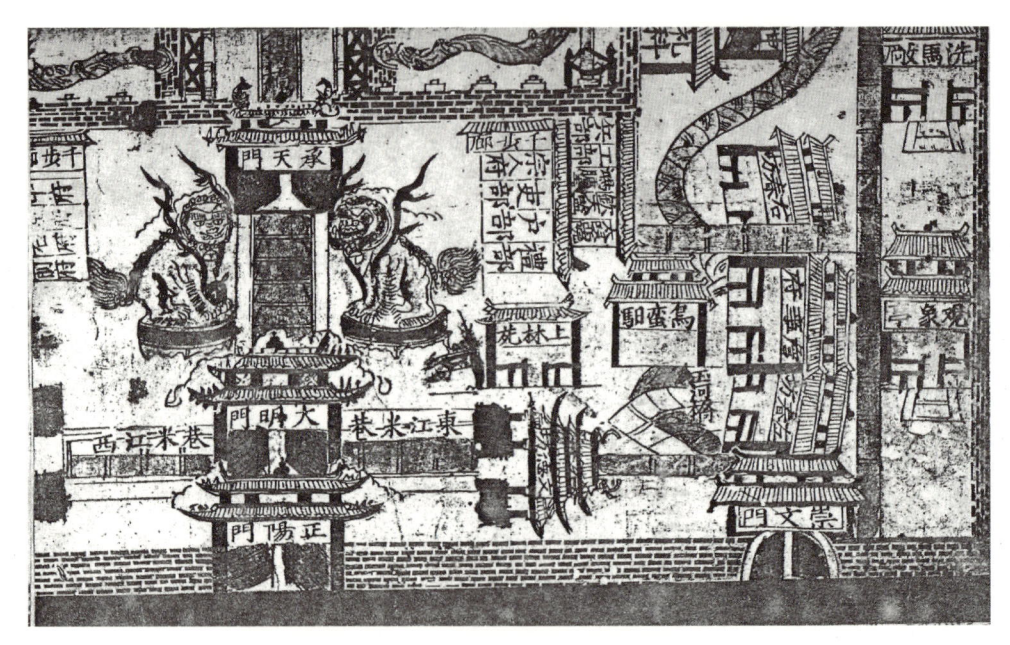

图2-9 《北京城宫殿之图》之乌蛮驿

图2-10 托普卡比宫藏15世纪波斯细密画《画册》局部

图 2-11 纽约大都会艺术博物馆和上海博物馆藏宣德窑青花

图 2-12 托普卡比宫藏正德窑"回回字"青花碗、狮子斗牡丹纹红绿彩大盘和内青花外红绿彩碗

许多正德窑青花瓷和红绿彩瓷,其中不乏精品瓷种。[1]据考证,"明代正德朝罕见的矾红回回文瓷器确实与较多数量的青花回回文瓷器,属于两种不同的体系";"以存世数量而言,近百件的正德青花回回文瓷器远远多过仅有8件完整的矾红回回文瓷器,后者应以陈设精品为目的,故量少而制作精良,基本都是官窑烧造的"。骆爱丽曾对正德朝9件矾红"回回文"瓷器和40余件青花"回回文"瓷器上的铭文进行文字考释,认为内容多为《古兰经》、《圣训》及文学名句。[2]伊斯坦布尔城托普卡比宫收藏了2件正德窑波斯文青花碗。第一件为穿花龙纹青花碗,底款为"大明正德年制",口沿内侧、碗心、碗内壁四个开光处写有波斯文祝词,但讹误甚多。研究者认为,此碗写了一段波斯文Shi'ite祷词,可知是为波斯人烧造而不是为土耳其或埃及市场制作的。第二件为波斯文青花碗,口径12.5厘米,底款为"正德年制",碗心、外壁和内壁都写有波斯文款(图2-12:3)。碗心波斯文读作:"我在祈祷"。外壁波斯文读作:"神祝福尊贵的穆罕默德,并祝福其家族"。内壁4行波斯文读作:"安拉是唯一的真神,穆罕默德是安拉的先知。"[3]

托普卡比宫还收藏了2件正德年间烧造的伊斯兰风格的大盘。第一件为正德窑卷草纹青花大盘,盘心写有梵文咒语。第二件为正德窑红绿彩大盘,盘心饰狮子斗牡丹纹,内壁饰穿花凤纹(图2-12:1)。[4]由于景德镇"回青"面临危机,正德窑烧造了许多红绿彩瓷和青花红绿彩瓷,以节省钴料。在香港竹篙湾外销瓷遗址不见任何红绿彩瓷片,而在广东上川岛外销瓷遗址却发现大批正德窑红绿彩瓷,可见景德镇正德窑大批烧造红绿彩在1514年竹篙湾遗址废弃之后。托普卡比宫还藏有一件景德镇正德窑内青花外红绿彩瓷碗(图2-12:2),[5]在广东上川岛外销瓷遗址发现了许多明代青花红绿彩瓷,说明托普卡比宫收藏的青花红绿彩瓷碗的年代当在正德朝后期。

---

[1] Regina Krahl and Nurdan Erbahar, *Chinese Ceramics in the Topkapi Saray Museum, Istanbul: A Complete Catalogue*, London: Sotheby's Pubns., 1986.
[2] 骆爱丽:《十五—十六世纪的回回文与中国伊斯兰教文化研究》,台北:文史哲出版社,2008年,第167—168页。
[3] 波斯文青花碗照片,引自(土耳其)爱赛·郁秋克主编,欧凯译:《伊斯坦布尔的中国宝藏》,伊斯坦布尔:阿帕设计出版印刷公司,2001年,第76页。
[4] 正德窑红绿彩大盘照片,引自爱赛·郁秋克,前揭书,第85页。
[5] 景德镇正德窑内青花外红绿彩瓷碗,引自Topkapi Palace Museum Porcelain (http://www.transanatolie.com/English/Turkey/In%20Brief/Museums/Topkapi/Porcelains/74a.jpg)。

3

大航海时代中国与西方的冲突与交流

明朝开国不久,朱元璋就颁布了"片板不许下海"的禁海令,严禁中国百姓从事海外贸易。[1] 明朝海外贸易唯一合法方式是"朝贡贸易",也即外国与明廷进行有时间、地点规定的官方贸易。外国商船载贡品、土特产来华,明廷收取贡品等物后,以赏赐方式回酬外商所需中国货物。各国贡期有三年、五年、十年不等,如规定琉球、高丽一年一贡,爪哇、暹罗、安南、占城三年一贡,日本十年一贡,满剌加和古里不定期。西域诸国须走西域贡道,而西洋诸国则走南海贡道。贡舶须持明廷颁发的"勘合"(执照签证),亦称"勘合贸易"或"贡舶贸易"。《大明会典·朝贡通例》记载:"凡勘合号簿,洪武十六年(1383年)始给暹罗国,以后渐及诸国。每国勘合二百道,号簿四扇。如暹罗国暹字号勘合一百道及暹罗字号底簿各一扇,俱送内府。罗字勘合一百道及暹字号簿一扇,发本国收填。罗字号簿一扇,发广东布政司收比余国亦如之。每改元,则更造换给,计有勘合国分:暹罗、日本、占城、爪哇、满剌加、真腊、苏禄国东王、苏禄国西王、苏禄国峒王、柯支、浡泥、锡兰山、古里、苏门荅剌、古麻剌。"[2] 大航海时代开始后,葡萄牙殖民者为代表的欧洲天主教文明,穆斯林海商为代表的中东伊斯兰文明与中国文明之间的冲突与交流,最初是围绕"朝贡贸易"展开的。

一、明朝海禁的恶果

1405—1433年,郑和下西洋将明帝国朝贡贸易推向极致。郑和舰队在马来西亚满剌加(今马六甲)、印度尼西亚苏门答腊、孟加拉国吉大港、印度古里(今科兹科德)、波斯湾

---

[1]《明史·朱纨传》记载:"初,明祖定制,片板不许入海"(《明史》,第5403页)。
[2][明]徐溥等纂修:《大明会典·礼部六十六·朝贡四·西戎下》,《续修四库全书》,上海古籍出版社,2002年,第106页。

忽鲁谟斯岛（今伊朗霍尔木兹岛）建立了一系列海外基地（史称"官厂"），[1]印度洋一度成了中国的内海。殊不知，这种官方垄断贸易摧毁了宋元海商在印度洋开辟的自由市场经济型贸易网，除了印度、波斯王宫珍藏的明帝"赐赉瓷"之外，印度洋沿岸港口几乎见不到永乐、宣德民窑瓷器。

郑和下西洋一结束，明朝在印度洋的诸多官厂和中国官方垄断的国际贸易网便顷刻瓦解。明朝海禁的恶果令人始料不及。宋元时代远销埃及、威尼斯的龙泉窑青瓷，埃及福斯塔特遗址出土的龙泉窑瓷片，土耳其伊斯坦布尔城托普卡比宫所藏龙泉窑瓷器，年代皆在宋元至明初，[2]由于找不到销路，龙泉窑在明代中期被迫停产。深受伊斯兰世界喜爱的景德镇青花瓷亦外销无门，在正统、景泰、天顺三朝进入了漫长的黑暗时代，古陶瓷学家称之为"空白期"。[3]

20世纪90年代，在马来西亚海域发现了五条明代沉船，包括洪武三年图灵号、洪武十三年南洋号、建文元年龙泉号、天顺四年皇家南海号以及弘治十三年会安号。这五条民间商船运载的货物，大部分是暹罗素可泰仿龙泉及釉下黑彩瓷、[4]安南青花等东南亚陶器。中国瓷器罕见，只在图灵号和龙泉号沉船内发现为数不多的龙泉窑青瓷盘和盖罐，而在皇家南海号沉船内只有一件景德镇天顺民窑月梅纹青花碗。[5]据《中国古瓷在非洲的发现》一书介绍，东非的基尔瓦和麻林迪（肯尼亚古海港）发现了明代早期青花瓷片，计有：锦地纹青花碗（内壁有璎珞纹）、八宝莲花纹青花碗、缠枝牡丹纹碗、缠枝牡丹福字碗，牡丹菊纹碗、松竹梅纹碗等等。[6]肯尼亚格迪博物馆亦展出了麻林迪出土的明青花（图3-1）。[7]

---

[1] 郑和在满剌加、苏门答腊和古里所设官厂见《郑和航海图》（向达整理：《郑和航海图》，北京：中华书局，2000年，第50、53、58页）。关于孟加拉吉大港官厂的考证，参见周运中：《明初张璇下西洋卒于孟加拉国珍贵史料解读》，《南亚研究》2010年第2期，第123—133页。
[2] （日）三上次男著：《陶瓷之路》，李锡经等译，北京：文物出版社，1984年，第13—14页和55—56页。据报道，威尼斯博物馆藏有意大利海底沉船内打捞的元代龙泉窑印花大盘残片（叶兢民：《意大利所藏中国古陶瓷考察记略》，《故宫博物院院刊》2000年第3期，第11—12页）。
[3] 耿宝昌：《明清瓷器鉴定》，北京：紫禁城出版社，1993年，第69页。
[4] 暹罗素可泰陶瓷又称"宋加洛陶瓷"，参见王建保：《宋加洛瓷器的磁州窑风格》，《收藏》2014年第8期，第52—53页。
[5] Roxanna Brown and Sten Sjostrand, *Maritime Archaeology and Shipwreck Ceremics in Malaysia*, Kuala Lumpur: Department of Museum and Antiquities, 2004. 龙泉窑牡丹纹青瓷盖罐，参见该书第15页，图6；景德镇天顺民窑月梅纹青花碗，参见该书彩版117图。
[6] 马文宽、孟凡人编：《中国古瓷在非洲的发现》，北京：紫禁城出版社，1987年，图版壹拾肆至壹拾陆。
[7] 图3-1肯尼亚麻林迪出土的景德镇弘治—正德窑明青花瓷片，引自胡廷武、夏代忠主编：《郑和史诗》，昆明：云南人民出版社，2006年，第314页。

图3-1 肯尼亚麻林迪出土的景德镇弘治—正德窑青花瓷片

图3-2 香港竹篙湾出土景德镇弘治—正德窑青花瓷片

据我们研究，这些东非出土明青花并非明代早期之物。从该书图版看，锦地纹青花碗、如意头纹盘、缠枝牡丹纹盘、缠枝菊纹盘，皆为景德镇弘治民窑典型器；[1]而八宝莲花纹青花碗、缠枝牡丹纹青花碗、缠枝牡丹福字碗、牡丹菊纹青花碗、松竹梅纹青花碗、梵文青花碗，则为景德镇正德民窑典型器。[2]在香港竹篙湾外销瓷遗址发现许多类似的明青花瓷片，如竹篙湾出土弘治窑龟背锦纹青花碗和岁寒三友纹青花碗（图3-2：1和3）亦见于东非出土的明青花瓷片（图3-1）；竹篙湾出土正德窑狮子滚绣球青花盘（图3-2：2）的边饰，与东非出土缠枝莲纹青花碗（图3-1上中）边饰相同。总之，东非出土的明青花瓷片的年代当在15—16世纪，也即弘治—正德时期。[3]

1453年，奥斯曼帝国攻克君士坦丁堡（今伊斯坦布尔城），灭东罗马帝国，控制了经地中海通往东方的要冲，极大影响了东西方贸易的发展。开辟通往东方的新航路，成为西欧国家的强烈要求。15世纪末，伊比利亚半岛的葡萄牙和西班牙摆脱了摩尔人的统治，首先开展了探索新航线和在海外进行殖民掠夺的活动。为了寻找《马可·波罗游记》提到的东方香料和黄金，哥伦布向西航行，1492年发现美洲新大陆；同时，葡萄牙人向东航行，1488年抵达非洲南端的好望角。这一系列地理大发现，标志着人类开始进入大航海时代。1498年，在摩尔水手伊本·马基德的导航下，达·伽马从麻林迪横穿印度洋，首航印度西海岸古里（今科兹科德）。当达·伽马船队返回里斯本时，船上满载丝绸、瓷器、香料等东方物产，其价值相当于费用的60倍。

1501年，第二次远航印度的葡萄牙舰队将两位景教徒从古里带回里斯本。其中一位名叫若泽，曾前往罗马和威尼斯觐见教皇和执政官。1502年6月，若泽在威尼斯的讲演被整理成书，1507年以《若泽论印度航行》为题在威尼斯出版发行。据该书记载，"印度的百货在此（指古里）汇集。以前契丹人在此贸易时尤甚。契丹人是基督徒，像我们一样白，十分勇敢。80或90年前，他们在古里有一个特殊商站。古里王曾侮辱他们。一怒之下，他们集合了一只庞大的船队来古里，摧毁了它。从那时至今，他们从未来此贸易，但是他们到了一个属于那罗辛哈王、名叫马六甲的城市。该城沿印度河东行1 090海里可至。这些人名叫马六甲人。他们运输来各种丝绸、铜、铅、锡、瓷器及麝香，换取完全加工过的

---

[1] 菲律宾利纳浅滩明代沉船内发现如意头和锦地纹青花器，年代在弘治三年（1490年），参见 Franck Goddio, *Sunken Treasures (Fifteenth Century Chinese Ceramics from the Lena Cargo)*, London: Periplus Publishing, 2000。
[2] 关于景德镇正德窑典型器，参见耿宝昌，前揭书，第111—123页。
[3] 图3-2弘治窑龟背锦纹青花碗、正德窑狮子滚绣球纹青花盘，引自香港城市大学中国文化中心陶瓷下西洋研究小组编：《陶瓷下西洋——十三至十五世纪中国外销瓷》，香港城市大学出版社，2003年，第41页，图87—89；图3-2正德窑岁寒三友纹青花碗，引自中港考古研究室：《竹篙湾遗址2001年考古抢救发掘主要收获》网络版（http://www.archaeology-hongkong.org/main.php）。

珊瑚及香料。"[1]1405年顷，郑和舰队在马六甲和古里先后设立过明帝国两个官厂，那么葡萄牙东来之前80或90年远航马六甲、古里的中国船队，正是郑和率领的明帝国舰队。

就目前所知，东非出土的明青花，年代皆在1498年达·伽马首航古里之后，想必是葡萄牙人从事东方贸易的遗物。换言之，达·伽马开辟东方新航线后不久，一个新兴的景德镇瓷器消费市场于15—16世纪在欧洲形成。

二、朝贡贸易的崩溃

洪武三年，明朝在浙江、福建、广东三地设市舶司，负责对外通商贸易，并规定："宁波通日本，泉州通琉球，广州通占城、暹罗、西洋诸国。"[2]史载："明市舶提举司署在府城外西南一里即宋市舶亭海山楼故址。"[3]广东市舶司故址在今广州市北京南路和东横街交界处。明廷规定："凡外夷贡者，我朝皆设市舶司以领之……许带方物，官设牙行与民贸易，谓之互市。是有贡舶即有互市，非入贡即不许其互市。"[4]外国贡船在广州城西南珠江边蚬子步（今广州市西关十七甫路）停泊；外国贡使则入住怀远驿（今广州市十八甫路怀远驿巷）。怀远驿其内建有房舍120间，雕梁画栋，由市舶提举司负责管理（图3-3）。[5]按《大明会典》规定：赴京进贡者只能是外国使团中一少部分人，大部分人只能留在广州从事贸易活动。[6]

在谈到爪哇国穆斯林使用中国瓷器时，随郑和下西洋的马欢说：他们"用盘满盛其饭，浇酥油汤汁，以手撮入口中而食……一般国人最喜中国青花磁器……"[7]为此，永乐和宣德帝赐予穆斯林国家君主许多景德镇御窑厂特制的青花大盘，在伊朗阿尔德比勒灵庙和托普卡比宫皆有收藏。郑和下西洋结束后，通往印度洋的陶瓷之路亦中断，但是穆斯林国家君主却欲罢不能，他们已养成了消费中国瓷器的嗜好。明代《回回馆译语》有一篇中亚撒马儿罕国使臣向明廷乞求瓷器的"来文"。其文曰："撒马儿罕地面奴婢塔主

---

[1] 金国平：《葡萄牙史料所载郑和下西洋史事探微》，陈信雄、陈玉女编：《郑和下西洋国际学术研讨会论文集》，台南：稻乡出版社，2003年，第330—331页。
[2] 《明史·食货志五》，第1980页。
[3] [清]史澄：《光绪广州府志》卷八十四《古迹畧二》，光绪五年刊本（《中国方志丛书第一号》，《广东省广州府志（2）》，台北：成文出版社影印本，1966年，第452页；王元林：《明代初期广东沿海贡舶贸易港考》，《中国历史地理论丛》2003年第1期，第57页。
[4] [明]王圻：《续文献通考》卷三十一《市籴考》，《四库全书存目丛书》子部第185册，济南：齐鲁书社，1997年影印本，第477页。
[5] 此图引自中共广州市委宣传部、广州市文化局编：《广州文化遗产》文献辑要卷，北京：文物出版社，2008年，第189页，图五六。
[6] 李庆新：《明前期市舶宦官与朝贡贸易管理》，《学术研究》2005年第8期，第102—148页。
[7] [明]马欢著：《瀛涯胜览校注》，冯承钧校注，上海商务印书馆，1935年，第11—15页。

丁皇帝前奏：今照旧例赴金门下叩头，进贡玉石五十斤、小刀五把，望乞收受。朝廷前求讨织金段（缎）子、磁碗、磁盘等物，望乞恩赐，奏得圣旨知道。"[1]瓷器和丝绸不一样，难以通过陆路交通长途贩运，所以中亚撒马儿罕国商人亦推波助澜，积极加入到南海贸易活动中。

为了从中国得到更多的丝绸和瓷器，撒马儿罕国使臣费尽心机，他们想到的一个招数是贡狮。狮子为中国所不产，作为一种珍禽异兽，东汉以来西域诸国时以为贡。狮子的威仪尤为永乐帝喜爱，每当西域诸国贡献狮子时，往往厚加赏赐。群臣纷纷咏诗作赋，成为永乐朝一大盛事。由于贡狮回报最高，撒马儿罕国不断向明廷贡狮。成化十四年至弘治三年，撒马儿罕使臣一共七次向明廷贡狮。[2]北京国家博物馆藏万历己酉年《皇都积胜图》上有一幅贡狮图（图3-3），描绘的正是成弘治之际撒马儿罕使臣贡狮的喧闹场面。[3]

太监韦眷时任广东市舶司提举，以为外国使臣往满剌加国市狮可以牟取暴利，便利用番禺私商黄肆、王凯父子召集撒马儿罕等国夷商，下海通番。黄肆等人怙势杀人、惊扰地方，被番禺县知县高瑶遣兵搜没番货巨万。此事申报广东左布政陈选后，得到行文嘉奖。不料，韦眷勾结朝中太监，恶人先告状。陈选反而被夺职，押送京城。高瑶亦落职，而韦眷升任镇守巡抚两广等处太监。[4]三年之后，印度洋至广州的海上通道被撒马儿罕使臣怕六湾开通。《明实录》记载，弘治二年十一月，撒马儿罕"阿黑麻王遣使从满剌加国取路进狮子、鹦鹉等物至广州，两广总镇等官以闻"。[5]倪岳《止夷贡疏》亦载：撒马儿罕使臣罕扎呼逊由满剌加国前来贡狮。到广州后，韦眷将贡狮、鹦鹉支给官钱，买办喂养，并差人报送至京。皇帝下令礼部处理此事。礼部左侍郎倪岳认为南海非西域贡道，请却之。皇帝采纳了这个意见，但是没追究广东镇巡官的罪过。[6]

撒马儿罕使臣不死心，这次贡狮不成，三年后再次从海路朝贡方物。弘治五年九月，"虎剌撒国回回怕鲁湾等从海道至京，贡玻璃、玛瑙等方物。上却之，命给口粮、脚力遣还。"[7]虎剌撒国，即撒马儿罕西部呼罗珊，[8]而怕鲁湾即成弘之际贡狮的撒马儿罕使臣怕六湾。撒马儿罕国从海路朝贡违反了西域使者须走西域贡道的规定，再次遭到明廷却贡。

---

[1] [日]本田实信著：《回回馆译语》，胡军译，北京：中央民族大学东干研究所，2005年，第241—242页。
[2] 张文德：《明与帖木儿王朝关系史研究》，北京：中华书局，2006年，第130—131页。
[3] 图3-4《皇都积胜图》之贡狮图，引自郑和下西洋六百周年筹备领导小组等编：《云帆万里照重洋》，北京：中国社会科学出版社，2005年，第152页。
[4] [明]严从简：《殊域周咨录》，余思黎点校，北京：中华书局，1993年，第485—486页。
[5] 《明孝宗实录》卷三十二，第717页。
[6] [明]倪岳：《青溪漫稿》，收入《四库明人文集丛刊》，上海古籍出版社，1991年，第145—148页。
[7] 《明孝宗实录》卷六十七，第1276—1277页。
[8] 本田实信，前揭书，第174页。

图3-3 明末清初广州怀远驿

此后,正史再无撒马儿罕使臣从海路朝贡的记录。[1]

韦眷不仅私下通番,还阻挠其他番商来华贸易,史载"成化二十三年,其国(天方国)中回回阿力以兄纳的游中土四十余载,欲往云南访求。乃携宝物钜万,至满剌加,附行人左辅舟,将入京进贡。抵广东,为市舶中官韦眷侵克。阿力怨,赴京自述……时眷惧罪,先已夤缘于内。帝乃责阿力为间谍,假贡行奸,令广东守臣逐还,阿力乃号泣而去"。[2]天方国在沙特阿拉伯的麦加,不在《大明会典》规定的朝贡贸易国之列,故阿力请满剌加人帮忙入京朝贡。韦眷"与海外诸番相贸易,金缯宝玉犀象珍玩之积,郿坞如也"。[3]这位天方国富商的到来自然影响韦眷的生意,因此他对阿力百般刁难。

韦眷后来被大臣参劾,死在京城,尸体运回广州下葬。1964年,广州东山附近铁路工人文化宫发现一座古墓,墓旁石碑镌刻"大明弘治八年十一月初五日吉……钦命总镇两广内官监韦公之墓"等碑文,可知是成化至弘治年间广东市舶司太监韦眷之墓。他曾在

---

[1] 张文德:《明与帖木儿王朝关系史研究》,北京:中华书局,2006年,第130—131页。
[2] 《明史·西域四》,第8622页。
[3] [明]黄榆撰:《双槐岁抄》卷九《奖贤文》,北京:中华书局,1999年,第195页。

广州建东山寺,俗称"太监寺"。韦眷墓就建在东山寺旁,用红砂岩砌筑墓室,内分前室和主室两部分,全长7.44米。前有竖穴式墓道,石室两壁券墙和后壁石墙厚达1米多。前部券拱5重,后部券拱4重。石室之外有厚达半米的三隅砖壁衬护。尽管如此,韦眷墓还是被人盗掘,劫后残余只有外国银币3枚、圆形素面薄金片1枚、残断珊瑚1支、宋钱3枚和南汉铅钱1枚。[1]

韦眷墓出土三枚外国银币中,有两枚是孟加拉国(明史称"榜葛剌")银币。据夏鼐考证,皆为孟加拉国王陪巴克沙(Ruku al-din Barbak)发行的(图3-5:2和4)。韦眷墓出土第三枚外国钱币是威尼斯银币。夏鼐委托意大利学者调查,认为是威尼斯总督马利皮埃罗(Pasquale Malipiero)发行的。威尼斯城保护神圣马可在钱币正面图案右边,威尼斯总督马利皮埃罗在左边(图3-5:1和3)。[2]这种带十字架图案的西方银币或称"克鲁扎多"(Cruzado),每枚约合明代白银一两。[3]

据牛津大学教授怀特豪斯调查,埃及马木鲁克苏丹阿布勒费特·哈麦特曾于1461年赠予威尼斯总督马利皮埃罗20件中国瓷器。这批瓷器是目前所知最早传入欧洲的明代瓷器之一。[4]古代东西方海上交通的西方航线一直在威尼斯人操控之下,元初来华的马可·波罗就是其中之一。韦眷墓出土威尼斯银币、孟加拉国银币和红珊瑚,皆为韦眷私下"与海外诸番相贸易"的证据。凡此表明,葡萄牙人开辟东方新航线以前,中国与欧洲的经济文化交流是中国海商、穆斯林海商、威尼斯商人以接力方式进行的。

中国东南沿海大规模走私贸易在15世纪80年代形成第一个高潮。我们查到三条相关史料。其一,《东西洋考》记载:"闽在宋、元俱设市舶司。国初因之,后竟废。成、弘之际,豪门巨室间有乘巨舰贸易海外者。奸人阴开其利窦,而官人不得显收其利权。初亦渐享奇赢,久乃勾引为乱,至嘉靖而敝极矣。"[5]其二,《闽书》卷四七《文艺志·漳州府》记载,成化年间,漳州月港九龙江口海湾地区的"湖海大姓私造舰,岁出诸番市易,因相剽杀"。[6]其三,《明实录》记载,成化七年十月,"福建龙溪(今漳州龙溪)民丘弘敏与其党,泛海通蕃。并令其妻冯氏谒见番王夫人,受珍宝等物"。[7]所谓"番王夫人",指满剌加王

---

[1] 广州市文物管理处:《广州东山明太监韦眷墓清理简报》,《考古》1977年第4期,第280—283页。
[2] 图3-5韦眷墓出土孟加拉国与威尼斯银币,引自广东省文物管理委员会等编:《南海丝绸之路文物图集》,广州:广东科技出版社,1991年,第102页。
[3] 夏鼐:《扬州拉丁文墓碑和广州威尼斯银币》,中国社会科学院考古研究所编:《夏鼐文集》下卷,北京:社会科学文献出版社,2000年,第117—126页。
[4] David Whitehouse, "Chinese Porcelain in Medieval Europe", *Medieval Archaeology*, vol.16, 1973, p.75.
[5] [明]张燮著:《东西洋考》,谢方点校,北京:中华书局,1981年,第131页。
[6] [明]何乔远:《闽书》第2册,厦门大学古籍整理研究所历史系古籍整理研究室点校:福州:福建人民出版社,1995年,第1215页。
[7] 《明宪宗实录》,第1850页。

后。至此,漳州海商完全开通了马六甲海峡以东的中国传统的东亚贸易航线。[1]

1997年,在菲律宾东北部巴拉望的利纳浅滩发现一条弘治三年(1490年)沉没的民间商船,船上载有大批越南、泰国陶瓷以及景德镇民窑青花瓷,今称"利纳沉船"。[2] 1999年,法国石油公司钻探海底石油时在文莱海域发现另一条明代沉船,船上亦载有上万件景德镇民窑青花瓷和东南亚陶器。2006年夏,我们在文莱首府斯里巴加湾市国家博物馆考察时,见到文莱沉船所出明青花,大多数为弘治民窑青花瓷,少数为景德镇仿龙泉窑产品。

为什么菲律宾和文莱明代沉船内有许多东南亚陶器呢？这是因为景德镇青花瓷价格昂贵,船主买不起那么多,所以到安南、暹罗买一些价格低廉的陶器压仓,否则就得用石头压仓渡海去菲律宾或文莱。

中国东南沿海大规模走私活动在弘治六年迎来第二个高潮,"广东沿海地方,多私通蕃舶,络绎不绝"。[3]弘治六年十一月,"南京锦衣卫指挥使王锐言：'又有贪利之徒,治巨舰,出海与夷人交易,以私货为官物,沿途影射。今后商货下海者,请即以私通外国之罪罪之。'都察院覆奏,从之。"[4]看来,东非基尔瓦、麻林迪出土弘治窑青花瓷片,以及达·伽马在古里购买的中国瓷器,都是弘治六年以来从中国东南沿海地区走私出境的。

《明史·外国传》记载："满剌加,在占城南。顺风八日至龙牙门,又西行二日即至。……正德三年,使臣端亚智等入贡。其通事亚刘,本江西万安人萧明举,负罪逃入其国,赂大通事王永、序班张字,谋往浡泥(今文莱)索宝。而礼部吏侯永等亦受赂,伪为符印,扰邮传。还至广东,明举与端亚智辈争言,遂与同事彭万春等劫杀之,尽取其财物。事觉,逮入京。明举凌迟,万春等斩,王永减死罚米三百石,与张字、侯永并戍边,尚书白钺以下皆议罚。刘瑾因此罪江西人,减其解额五十名,仕者不得任京职。"[5]这个记载表明,广东海域至文莱的走私贸易活动一直持续到正德三年(1509年)。

三、香港竹篙湾明代走私港

既然中国东南沿海大规模走私贸易始于成弘之际,那么当时的走私港口又在什么地方呢？考古表明,这个走私港就在香港大屿山东北海滨竹篙湾。1975年,竹篙湾发现一处明代景德镇青花瓷外销遗址,今称"竹篙湾遗址"(Penny's Bay Site)。1981年,皮考克

---

[1] 杨国桢：《闽在海中》,南昌：江西高校出版社,1998年,第53—67页和第195页。
[2] Franck Goddio, *Sunken Treasures: Fifteenth Century Chinese Ceramics from the Lena Cargo*, London: Periplus Publishing, 2000.
[3] 《明孝宗实录》卷七十三,第1367页。
[4] 《明孝宗实录》卷八二,第1553页。
[5] 《明史·外国传六》,第8418—8419页。

图3-4 《皇都积胜图》之贡狮图

图3-5 广州韦眷墓出土孟加拉国与威尼斯银币

图3-6　香港大屿山竹篙湾

(B.A.V. Peacock)研究了竹篙湾出土的青花瓷,推测为16—17世纪中国外销货物,认为是运输船只在竹篙湾作短暂停留时遗弃的。[1]据金国平考证,葡萄牙人首次来华登陆地Tamão(屯门)就在香港大屿山。[2]如果皮考克的说法成立,那么葡萄牙人最初在中国从事走私贸易的"屯门"就在竹篙湾。1987—1992年,香港古陶瓷专家林业强对竹篙湾出土青花瓷做了更为深入的年代学研究,他将竹篙湾遗址与景德镇窑址出土青花瓷进行对比研究,推断竹篙湾青花瓷主要来自景德镇民窑,年代约在15—16世纪。[3]换言之,竹篙湾遗址的年代约在成化至正德初年,早于葡萄牙人开辟东方新航线时代。

由于香港特区政府要在竹篙湾填海建迪斯尼乐园,香港考古学会和古物古迹办事处对竹篙湾进行了多次考古发掘。中港考古研究室对竹篙湾三次发掘(1986—1992年)的青花瓷片做了分类和拼对整理,并修复了部分器物。据统计,这三次发掘共出土了可复原的青花瓷500余件,碎片20 000余片。器型主要是碗、盘等餐具,可辨认器形的有大碗、中

---

[1] James Hayes, "Archaeological Site At Penny's Bay, Lantau", *JHKAS*, XI, 1984-1985, pp.95-97.
[2] 金国平编译:《西方澳门史料选萃(15—16世纪)》,广州:广东人民出版社,2005年,第32页。
[3] Peter Y.K. Lam, "Ceramic Finds of the Ming Period from Penny's Bay-An Addendum", *JHKAS*, XIII, 1989-1992, pp.79-90.

碗、大盘、中盘、小盘。其他还有少量杯、罐和器盖等。器物腹部或底部往往绘有人物、龙凤、孔雀、狮子以及山水、花草等数十种图案。这些青花瓷大多数胎质细腻精白，釉厚而平滑，透明度高，蓝色纹饰清晰艳丽。大部分属于明代中期景德镇民窑青花瓷，还有一些外龙泉釉内青花瓷盘残片。只有少数成化窑青花瓷档次较高，不见明代中期流行的红绿彩、斗彩、五彩等高档瓷种。

在发掘竹篙湾遗址时，发掘者在靠近海边的遗址区域还发现了两处护坡石堤及阶梯形平台遗迹。护坡石堤现存约9米，约为东西向，沿上层平台的边缘修建。石堤材料为灰色的砾岩和红色的砂岩，部分石堤特意用灰、红两色岩石相间修成。上下两级平台都为黄色土铺垫于沙滩上，因沙丘起伏不平，较低处还用石块垫高，以保持黄土面的水平。石堤和平台都是部分残存。原始平台分布遍及河道北岸，面积在数百平方米。根据石堤上下层位的包含物判断，石堤及平台年代在明代中期，与竹篙湾遗址所出大批明青花同时代，可知竹篙湾遗址是一个15—16世纪的海港码头。发掘者认为，"更为重要的是，遗址中发现了使用圆形瓦当建筑，这些建筑根据用瓦当制度以及明代大屿山一带有朝廷的军事驻防的记载，有可能是负责管理海上贸易或海防之用的官府设置"。[1]

由于明朝以"怀柔远人"、"厚往薄来"的原则进行朝贡贸易，往往以高于"贡品"数倍价值的货物"赏赉"朝贡国。这样一来，朝贡越多明廷财政负担就越重，明廷不得不对朝贡贸易国的贡期、贡道、贡船、贡品和人数等进行调整和限制，后来又在广东珠江口外设置了一批属于外港性质的码头，准许非朝贡商船入广东贸易。这件事的起因是：正德四年，暹罗民间商船遭遇风暴，漂流到广东海域。镇巡官按规定，"以十分抽三，该部将贵细解京，粗重变卖，留备军饷"，准其贸易。[2]翌年（1510年），明廷礼部默许了这种做法，只是认为"泛海客商及风泊番船"不属于朝贡船，因此不在市舶司职权范围，理应由镇巡及三司官兼管。[3]既然准许非朝贡商船入境贸易，那就从根本上违背了明朝原来制定的"有贡舶即有互市，非入贡即不许互市"的朝贡贸易原则。此事遭到布政司参议陈伯献和巡抚广东御史高公昭等官员的反对，但广东右布政使吴廷举巧辩兴利，以"缺少上供香料及军门取给"为理由，奏请广东仍保持"不拘年份，至即抽货"的做法，遂使广东对外贸易呈现出一派"番舶不绝于海澨，蛮夷杂于州城"的繁荣景象。[4]

问题是，正德四年才准许非朝贡商船入境贸易，而竹篙湾最早的明青花属于成化窑。

---

[1] 中港考古研究室：《竹篙湾遗址2001年考古抢救发掘主要收获》网络版（http://www.archaeology-hongkong.org/main.php）。
[2] [明]顾炎武：《天下郡国利病书》原编第卅三册《交趾西南夷》，收入《续修四库全书》，上海古籍出版社，2013年，第2013页。
[3] 《明史·食货志五》，第1981页；《明武宗实录》卷六十五正德五年四月壬午条，第1430—1431页。
[4] 《明武宗实录》卷一九四正德十五年二月己丑条，第3630—3631页。

例如：竹篙湾出土的成化窑莲池水藻纹杯的纹饰，亦见于景德镇珠山出土成化官窑青花瓷。[1]因此，我们认为竹篙湾遗址恐非"负责管理海上贸易或海防之用的官府设置"，而是"成弘之际，豪门巨室间有乘巨舰贸易海外者"的走私码头。

明代在广东贸易的外国商船分两种形式：葡萄牙舰队和阿拉伯商船皆为尖底船，而满剌加国、暹罗国则采用中国造平底船，葡萄牙史料称作"中国式帆船"。关于满剌加商船在广东珠江口外停泊的码头，葡萄牙史料记载："上述满剌加中国式帆船泊于屯门岛。如前所述，该岛距广州20里格。这些岛屿至南头陆地的海面距离为1里格（约3英里）。在那里，满剌加中国式帆船泊于屯门澳，暹罗的中国式帆船则下碇葵涌（Hu Cham）港。较之暹罗人的港口，我们的港口距中国更近3里格。货物先到暹罗人的港口，然后再至我们的港口。南头老爷见到中国式帆船前来，马上向广州报告中国式帆船进入各岛情况。广州派来估价员对货物估价，课税。以实物抽份。"[2]这里有四个地名需要讨论。

其一，屯门岛：这个"距广州20里格"的"屯门岛"，明清文献称"大蚝山"或"大奚山"，即今香港大屿山。清代卢坤辑《广东海防汇览》卷三《舆地二》记载："大奚山，一名大屿山。……孤悬海外，为夷船必经之所。"[3]

其二，南头：葡萄牙史料或称"南头要塞"。其文曰："从交趾尽头至中国沿岸近海南岛处要塞密布。……有南头要塞，广州要塞，漳州等等。其中以广州要塞为首，为那一带的贸易中心。……它位于一大河河口。涨潮时，水深三四托。从河口可望见该城。它坐落于一平川之上，无山丘。其房屋均为石质建筑。据说，其城墙宽达7哞，高度亦达多哞。据到过该城的吕宋人说，墙的内侧是石砌的。有许多大中国式帆船为该城巡逻，城门关闭。我们前面讲过的国王的大使在城中贸易需有印。否则，只能在距广州30里格处交易。广州人将货物运往该处。"[4]据调查，"南头位于深圳经济特区西部，地处珠江口东岸，南临深圳湾，同香港九龙新界隔海相望。南头半岛紧接南头城，沿西南方向伸出在珠江口的前海和后海之间，南北长8公里，东西宽2—7公里。"[5]深圳南头古城距大屿山不远，两地距离相当于葡萄牙史料所记"1里格"（约3英里）。

其三，葵涌（Hu Cham）：金国平先生将该地名译作"东涌"，不一定正确。我们认为当为香港新界南部的"葵涌"，正德四年后成为暹罗商船停泊的码头。

---

[1] 关于竹篙湾成化窑青花照片，参见香港城市大学中国文化中心陶瓷下西洋研究小组编：《陶瓷下西洋——十三至十五世纪中国外销瓷》，香港城市大学出版社，2003年，第42页，图91—92。
[2] 金国平，前揭书，第23页。
[3] 马金科主编：《早期香港史研究资料选辑》上册，香港：三联书店，1998年，第76页。
[4] 金国平，前揭书，第21页。
[5] 参见《南头风情》，深圳：海天出版社，1990年，第1页。

其四，屯门澳：《苍梧总督军门志》亦称"屯门澳"，指大屿山东北海滨竹篙湾。[1] 所谓"澳"，屈大均《广东新语·地语》说："凡番船停泊，必以海滨之湾环者为澳。澳者，舶口也。"[2] 施存龙认为，"《苍梧提督军门志》中的'屯门澳'与《粤大记》中的'大蚝山'则名异而实同地"，均指香港大屿山。大蚝山即大屿山是正确的，但是"屯门澳"实际上仅指大屿山东北海滨竹篙湾。成弘之际这里是中国东南沿海走私贸易中心，正德四年后被市舶司指定为满剌加国商船停泊码头。葡萄牙史料所谓"我们的港口"显然出自满剌加商人之口，亦指大屿山（葡萄牙史料称"屯门岛"）东北的竹篙湾。正如施存龙指出的，明代广东珠江口外许多港口称"屯门"，但是它们并非同一地点。[3]

1510年葡萄牙第二任印度总督阿尔布奎克占领印度西海岸果阿，并以此作为葡属亚洲殖民地首府。1511年，阿尔布奎克发兵占领马六甲，此后仍有满剌加商船来广东贸易。《明实录》记载："广东布政使司参议陈伯献奏：'岭南诸货出于满剌加、暹罗、爪哇诸夷，计其产，不过胡椒、苏木、象牙、玳瑁之类，非若布帛、菽粟民生一日不可缺者。近许官府抽分，公为贸易，遂使奸民数千驾造巨舰，私置兵器，纵横海上，勾引诸夷，为地方害，宜亟杜绝。'事下礼部议：'令抚按等官禁约番船，非贡期而至者，即阻回，不得抽分以启事端，奸民仍前勾引者，治之。'报可。"[4]

2008年，我们在香港古迹办公室文物库房内考察过竹篙湾出土明青花瓷片，年代最早的属于成化年间。例如：竹篙湾出土的成化窑缠枝秋葵纹青花碗残片（图3-7），与1981年5月20日香港苏富比拍卖会一件拍品完全相同。不过，竹篙湾发现的绝大多数明青花瓷片为弘治民窑产品，年代最晚的在正德初年。例如：穿花凤纹青花盘、狮子滚绣球青花盘、缠枝莲花托宝纹碗和团花青花碗等，皆为景德镇正德民窑典型器。[5] 明武宗诏令治理广东沿海走私贸易之事就发生在正德九年（1514年）六月，而竹篙湾遗址最晚的青花瓷亦为正德民窑产品。这个满剌加人停泊的码头，显然是随满剌加国的灭亡而逐渐废弃的，最终废弃于1514年。[6]

---

[1] [明] 应槚等纂：《苍梧总督军门志》，台湾：学生书局，1970年影印本，第90页。
[2] [清] 屈大均：《广东新语》，北京：中华书局，1985年，第36页。
[3] 施存龙：《葡人入居澳门前侵入我国"南头"考实》，《中国边疆史地研究》1999年第2期，第51—63页。
[4] 《明武宗实录》卷一一三正德九年六月丁酉条，第2297页。
[5] 这次考察得到香港古物古迹办事处孙德荣先生的热情帮助，谨致谢忱。
[6] 香港竹篙湾遗址不见正德中期以后流行的红绿彩瓷，年代当在正德中期以前。据复旦大学刘朝辉调查，该遗址还发现零星嘉靖早期景德镇青花瓷片（刘朝辉：《明代瓷器外销与沿海贸易港口：香港竹篙湾出土器及相关问题研究（摘要）》，郑培凯主编：《逐波泛海——十六至十七世纪中国陶瓷与物质文明扩散国际学术研讨会论文集》，香港城市大学中国文化中心，2012年，第43—44页）。最近有学者引用香港竹篙湾出土十字形符号青花瓷片，说明葡萄牙人首航中国在大屿山（吉笃学：《上川岛花碗坪遗存年代等问题新探》，《文物》2017年第8期，第59—68转84页）。其实，这些发现说明竹篙湾遗址废弃之后还偶尔使用，不足以说明大屿山即葡萄牙史料提到的贸易岛。

图3-7　竹篙湾出土景德镇成化民窑青花瓷残片

四、桑托斯宫的明青花

1499年，达·伽马率葡萄牙舰队从古里返回里斯本，并献给葡萄牙王唐·曼努埃尔和王后伊莎贝拉一批从古里带回的中国瓷器。[1]这是通过东方新航线运回里斯本的第一批明代瓷器。在里斯本桑托斯宫金字塔式天花板上，镶嵌有261件中国青花瓷（图3-8），其年代从弘治年间直迄明末（1498年—17世纪中叶）。1909年以后，桑托斯宫成为法国大使馆。[2]有些明青花被永久性借到巴黎吉美亚洲艺术博物馆展览，如展品中壶腹绘道教炼丹图、底款为"大明嘉靖年造"的青花执壶，就是桑托斯宫之物。[3]这批明青花中有两件景德镇弘治民窑产品。第一件为弘治窑缠枝莲应龙纹青花盘（图3-9：1），在竹篙湾遗址发现类似的弘治窑青花盘残片（图3-9：3），第二件为弘治窑缠枝莲麒麟望月纹青花

---

[1] David Whitehouse, "Chinese Porcelain in Medieval Europe", *Medieval Archaeology* 16, 1973, p.75.
[2] 金国平、吴志良：《流散于葡萄牙的中国明清瓷器》，《故宫博物院院刊》2006年第3期，第104页。
[3] Daisy Lion-Goldschmidt, "Les porcelaines chinoises du palais de Santos", *Arts Asiatiques*, Extrait du tome XXXIX-1984, pp.3-70.

盘（图3-9：2），器型和花纹与第一件十分相似，只是应龙纹改为麒麟望月纹，在篙湾遗址发现过几乎完全一样的麒麟望月纹青花盘残片（图3-9：4）。这两件弘治民窑青花盘，很可能是1499年（弘治十二年）达·伽马从古里带回里斯本的。[1]

弘治六年（1493年）十一月己卯，"南京锦衣卫指挥使王锐言：'又有贪利之徒，治巨舰，出海与夷人交易，以私货为官物，沿途影射。今后商货下海者，请即以私通外国之罪罪之。'都察院覆奏，从之。"[2]从时间看，非洲东部的基尔瓦、麻林迪出土弘治窑青花瓷以及达·伽马首航印度带回里斯本的中国瓷器，很可能是弘治六年穆斯林海商从竹篙湾走私到古里和东非的。据芝加哥大学教授卡斯威尔调查，大约200多件景德镇弘治民窑青花瓷还从印度古里运到叙利亚，包括荷塘纹青花碗、孔雀纹青花盘、青花碗、伊斯兰风格的青花壶以及波斯艺术风格的青花笔盒。[3]这种笔盒不是为中国文人设计的，其原始造型来自波斯细密画家的金属笔盒，托普卡比宫亦有收藏。波斯细密画虽受宋元工笔画影响，但是画幅小，所用毛笔细小，耗墨量不大，因此波斯笔盒往往与调色盘合二为一，采用混合多层式设计。[4]

在菲律宾利纳沉船发现了景德镇弘治民窑为波斯细密画师设计的混合多层式青花笔盒，年代在弘治三年（1490年）。[5]我们注意到，竹篙湾遗址出土了与叙利亚藏品完全相同的孔雀纹青花盘，说明这批弘治窑青花也是从香港竹篙湾走私出境的。

五、威尼斯画家笔下的明青花

葡萄牙船队将景德镇弘治窑青花瓷运到欧洲之后，立即成为欧洲君主和贵族珍藏的对象。不仅如此，这些异国情调的青花瓷还引起意大利文艺复兴时期艺术家的注意。1514—1529年，威尼斯画家贝利尼和提香甚至把两件明青花绘入画作《诸神之宴》（图3-10）。这幅世界名画现存华盛顿国家美术馆。这幅画的内容取材于古罗马诗人奥维德的名作《盛宴》，描述在一次酒神盛宴中，生殖神普里阿普斯因为行为不检，在宴会中出丑。画面最右边斜躺着仙女洛提丝，最左边是一位半人半兽神，他们陪伴诸神在圣宴中把一头驴子供奉为牺牲。生殖神禁不起肉欲的诱惑，打算把仙女洛提丝裙子掀起来，但是驴子的

---

[1] 图3-9：1—2桑托斯宫明青花照片，引自Daisy Lion-Goldschmidt, *op. cit.*, p.3；图3-9：3-4竹篙湾青花盘残片照片，引自广东省博物馆等编：《广东出土五代至清代文物》，香港中文大学文物馆，1989年，彩图76。
[2] 《明实录》，第1553页。
[3] John Carswell, *Blue and White: Chinese Porcelain around the World*, London: British Museum, 2000, pp.131-134.
[4] 刘淼、吴春明：《明初青花瓷业的伊斯兰文化因素》，《厦门大学学报》2008年第1期，第121—128页。
[5] Franck Goddio, *Sunken Treasures (Fifteenth Century Chinese Ceramics from the Lena Cargo)*, London: Periplus Publishing, 2000.

叫声使他没有得逞,并且当众出丑。在座的诸神因为发生这件丑闻莫不欢天喜地。此画充分表达了文艺复兴时期的宫廷风俗。[1]

这幅世界名画中有两项中国元素。一是色彩斑斓的中国丝绸;二是两件弘治窑明代青花。在当时欧洲人心目中,遥远的中国还是东方一个神秘国度。所以贝利尼试图用中国元素增加绘画的神秘色彩。画中男子头上顶的缠枝莲纹折沿青花盘,是景德镇弘治民窑产品,在菲律宾利纳浅滩明代沉船发现过十分相似的青花盘(图3-11:1)。画中女郎手捧明青花大碗,内壁为如意头纹,外壁为缠枝莲纹。景德镇珠山出土的弘治官窑青花碗与之相似,内壁饰有如意头纹,外壁饰缠枝莲应龙纹(图3-11:3)。[2]在香港竹篙湾遗址发现许多类似的青花盘,其中一件外壁饰缠枝莲纹(图3-11:4),另一件盘心和内壁饰有如意头纹(图3-11:2)。[3]

据葡萄牙史料记载,葡萄牙舰队在1500年重访古里时,"一个摩尔人送给第二次航行印度船队的甲比单末(葡萄牙语"大船长")卡布拉尔一批瓷器和'一对非常漂亮,身着丝绸服装,白皮肤的华人童男、童女'……"[4]这是葡萄牙人首次与华人接触,而这批瓷器则是葡萄牙人通过新航线输入欧洲的第二批明代瓷器。尽管古里国在《大明会典》规定的"勘合贸易"国之列,但是《明实录》未载古里与中国有贸易活动,葡萄牙人运回欧洲的弘治窑瓷器,大概也是中国海商从竹篙湾走私到满剌加国,然后由穆斯林海商贩运到古里的。

这批弘治窑青花之所以走私到印度,或许与弘治年间江西人李招贴、福建人周程下海通番相关。《明孝宗实录》记载:"江西信丰县民李招贴与邑人李廷方、福建人周程等,私往海外诸番贸易,至爪哇,诱其国人哽亦宿等,赍番物来广市之。哽亦宿父八褅乌信者,其国中头目也,招贴又令其子诱之,得爪字三号勘合底薄故纸藏之,以备缓急。舟经乌洲洋,遭风飘至电白县境,因伪称爪哇国贡使奈何哒亚木,而以所得底薄故纸填一行番汉人姓名,凡百有九人,及所货椒木、沉香等物,谓为入贡。所司传送至广州,给官廪食之,守臣以闻。"[5]江西和福建海商冒充爪哇国贡使发生在弘治十四年三月,那么他们"私往海外诸番贸易,至爪哇"发生在弘治十三年或早些时候。1500年,摩尔人在古里赠予葡萄牙人的

---

[1] 图3-10贝利尼和提香的名作《诸神之宴》局部,引自John Carswell, op. cit., p.133.
[2] 香港大学冯平山博物馆、景德镇市陶瓷考古研究所编:《景德镇出土五代至清初瓷展》,香港大学冯平山博物馆,1992年,图303。
[3] 图3-11竹篙湾出土缠枝莲纹青花盘,引自香港城市大学中国文化中心陶瓷下西洋研究小组:《陶瓷下西洋——十三至十五世纪中国外销瓷》,香港城市大学出版社,2003年,第40页,图85;图3-11弘治窑如意头纹青花盘为私人藏品,与竹篙湾出土如意头纹青花盘残片几乎完全相同。
[4] 金国平,前揭书,第5页。
[5] 《明孝宗实录》,第3127—3128页。

图3-8 桑托斯宫天花板上的明青花

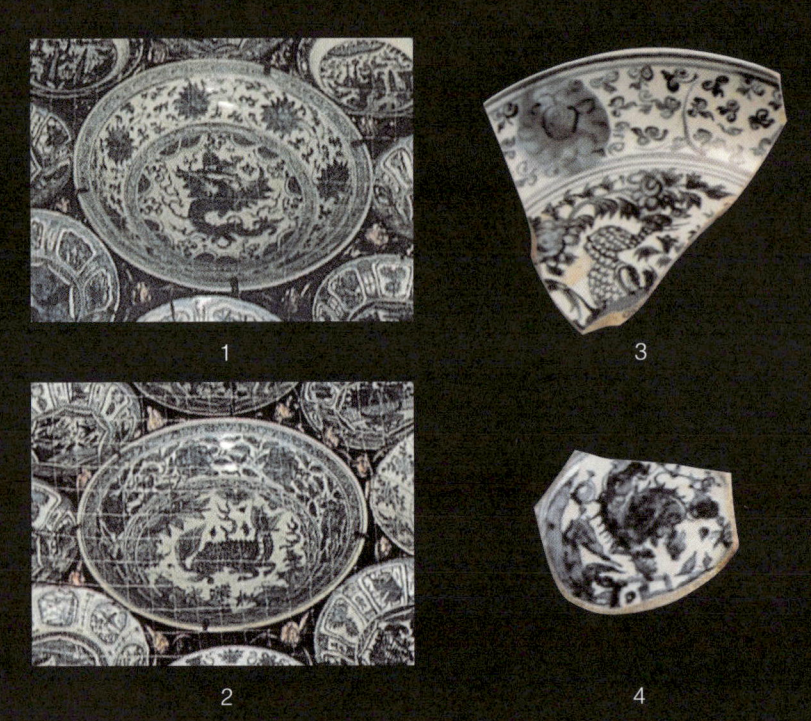

1　　　　　　　　3

2　　　　　　　　4

图3-9 桑托斯宫天花板与竹篙湾遗址出土明青花

图3-10　贝利尼和提香的名画《诸神之宴》局部,绘于1514—1529年

图3-11　菲律宾明代沉船、景德镇珠山和竹篙湾遗址所出弘治民窑明青花

景德镇弘治民窑青花，显然是江西、福建海商联手走私出境的，而且很可能即从香港竹篙湾走私出境。

1502年里斯本绘制的第一次标明赤道线和热带回归线的一张古地图上，有关满剌加（今马六甲）的图注便涉及中国瓷器。其文曰："这个城市所有的物产，如丁香、芦荟、檀香、安息香、大黄、象牙、名贵宝石、珍珠、麝香、细瓷及其他各种货物，绝大部分从外面进来，从唐土（Terra dos China）运来。"[1]

总之，人类进入大航海时代以后，欧洲与中国在海上建立了直接联系，埃及、波斯等具有数千年文明史的人类古文明发源地，开始从文明中心沦落为文明的边缘。如果说汉唐时代中西文化交流主要以中亚粟特人为媒介，那么，葡萄牙殖民者为代表的欧洲天主教文明、穆斯林海商为代表的中东伊斯兰文明，在大航海时代与中国文明发生直接交流接触。三大文明之间不仅发生激烈冲突，而且也有友好交流。有学者甚至认为，中国近代史的起点实际上是从1511年葡萄牙人占领中国藩属国满剌加开始的。[2] 15—16世纪景德镇青花瓷外销的历史画卷，生动展示了明代东西方文化的冲突与交流。

---

[1] 金国平、吴志良：《流散于葡萄牙的中国明清瓷器》，《故宫博物院院刊》2006年第3期，第102页。
[2] 金国平、吴志良：《1511年满剌加沦陷对中华帝国的冲击——兼论中国近代史的起始》，《学术研究》2007年第7期，第73—95页。

4

明帝国宫廷制图师考

明代宫廷没有西方式专业制图师,明代地图有些采用青绿山水画形式,因此,宫廷画师往往充当制图师。目前所知明代世界地图如《大明混一图》(1389年)、《郑和航海图》(1425—1433年)和《蒙古山水地图》(1524—1539年)等,皆出自明代宫廷画师之手。本文将在前人研究的基础上,全面调查中外地理学史料、明代宫廷绘画史料,探讨这三幅明代世界地图的创作过程及其宫廷画师。

一、《大明混一图》之宫廷画师

明朝开国不久,宫廷画师就绘制了一幅世界地图,名曰《大明混一图》。绢本设色,纵386厘米,横456厘米。方位上北下南,未标比例尺,现藏中国第一历史档案馆。此图绘制过程未见档案文献记载,图上亦无绘制时间和作者。根据图上有时代特征的几个地名,研究者推定绘于洪武二十二年(1389年)。[1]

1389年,明王朝下西洋活动尚未开始,明初宫廷画师的世界地理知识当源于元代地理学。洪武元年(1368年),"徐达入元都,封府库图籍,守宫门,禁士卒侵暴,遣将巡古北口诸隘"。[2] 既然徐达进元大都(今北京)后封存了元宫内府各类档案,那么,《大明混一图》无疑参考了元宫内府藏世界地图。

有元一代创作了许多气势恢宏的世界地图,大致可分两类:一类按"计里画方"的方

---

[1] 汪前进、胡启松、刘若芳:《绢本彩绘〈大明混一图〉研究》,曹婉如等编:《中国古代地图集》明代卷,北京:文物出版社,1995年,第54—55页。
[2] 《明史》卷二《太祖本纪》,北京:中华书局,1974年,第21页。

图4-1 北京第一历史档案馆藏《大明混一图》

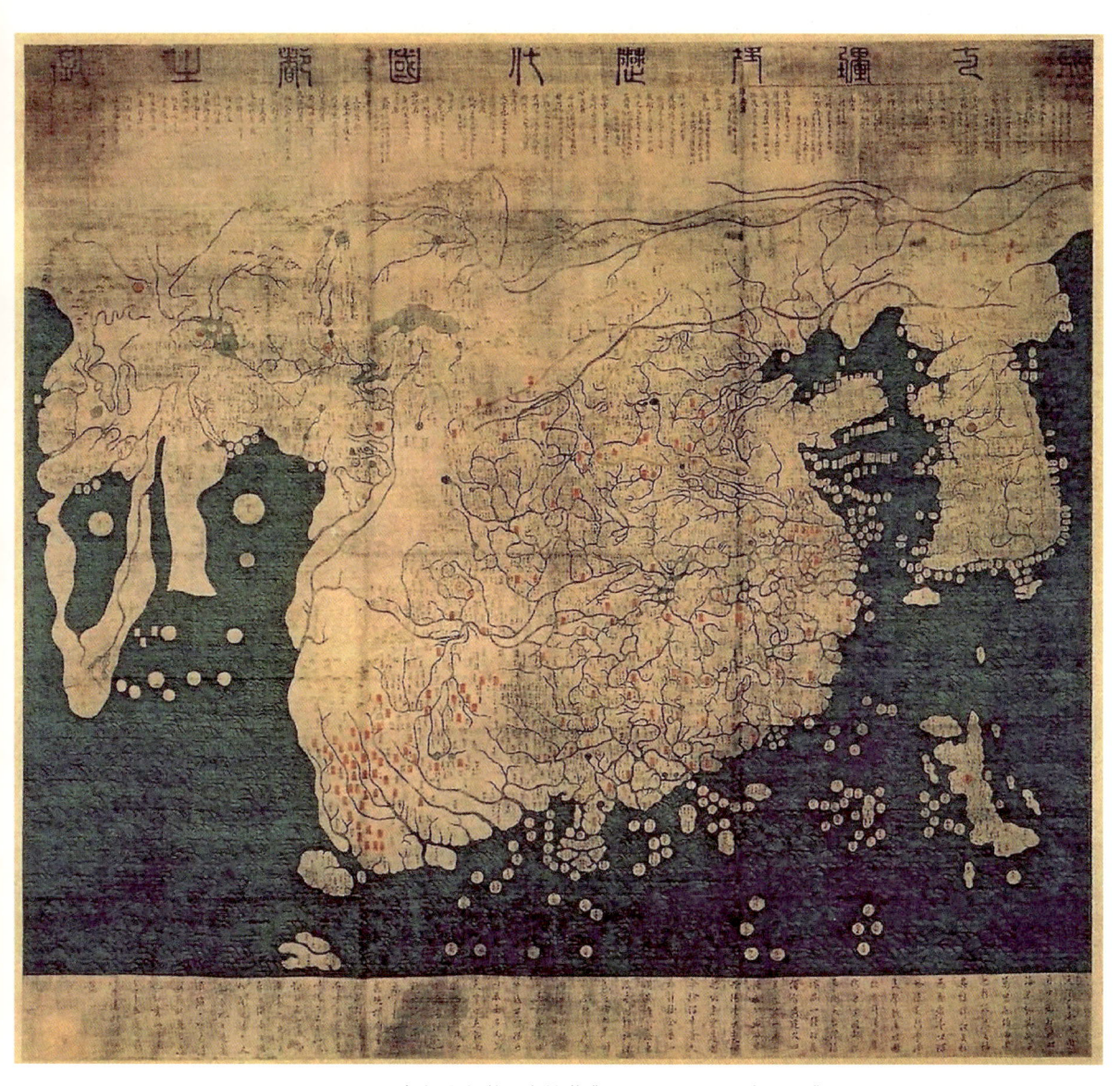

图 4-2　日本龙谷大学图书馆藏《混一疆理历代国都之图》

式绘制,如元代朱思本的《舆地图》;[1]另一类按"青绿山水画"的方式绘制,如元代吴门画师李泽民的《声教广被图》。两图原本久佚,不过,1402年金士衡等朝鲜名臣根据《声教广被图》等明代地图绘制了另一幅世界地图,名曰《混一疆理历代国都之图》。此图原本亦未流传下来,日本贵族大谷家族藏有一幅15世纪末临摹本,据说是文禄之役后,丰臣秀吉赐予西本愿寺的(一说明治初年大谷光瑞在朝鲜买入)。这个摹本绘于缯帛之上,纵1.5米、横1.63米,现藏日本京都龙谷大学图书馆。[2]

稍加比较,不难发现《混一疆理历代国都之图》与《大明混一图》一脉相承,只是朝鲜半岛被刻意放大。图上权近题跋曰:"天下至广也,内自中邦,外薄四海,不知其几千万里也。约而图之于数尺之幅,其致详难矣。故为图者皆率略。惟吴门李泽民《声教广被图》,颇为详备;而历代帝王国都沿革,则天台僧清浚《混一疆理图》备载焉。建文四年(1402年)夏,左政丞上洛金公(金士衡)、右政丞丹阳李公(李茂)燮理之暇,参究是图,命检校李荟,更加详校,合为一图。其辽水以东及本国之图、泽民之图,亦多缺略。今特增广本国地图,而附以日本,勒成新图。井然可观,诚可不出户而知天下也。"

至于两图之间的关系,研究者认为,《大明混一图》的国内部分依照元代清浚《混一疆理图》、元代朱思本《舆地图》绘制,而非洲、欧洲、东南亚部分和《混一疆理历代国都之图》同源。后者图上有跋文说是建文四年(1402年)金士衡等朝鲜名臣根据吴门画师李泽民的《声教广被图》和天台僧清浚的《混一疆理图》绘制,又由权近根据朝鲜地图增绘了朝鲜和日本部分。故知《大明混一图》的非洲、欧洲、东南亚部分依据《声教广被图》。《混一疆理图》没有绘出印度,那么,《大明混一图》的印度部分也许依据了元代"回回"地理学家札马鲁丁的《地球仪》和元代彩绘地图。[3]

陈佳荣在明人笔记《水东日记》弘治刻本、嘉靖刻本以及《文渊阁四库全书》附图中,发现了清浚所绘《混一疆理图》的详略两种摹本,常熟徐氏弘治(1488—1505年)刻本称之为《广轮疆理图》(图4-3)。该图福建海域有图注:"自泉州风帆,六十日至爪哇,百二十八日至马八儿,二百余日至忽鲁没思(今伊朗霍尔木兹岛)。"[4]清康熙刻本称之为《广舆疆理图》。该书卷十七记载:"予近见《广舆疆里》一图。其方周尺仅二尺许,东自

---

[1] 刘新光、李孝聪:《状元罗洪先与〈广舆图〉》,《文史知识》2002年第3期,第26—34页。
[2] (日)杉山正明:《東西の世界図が語る人類最初の大地平》,《大地の肖像——絵図・地図が語る世界》,京都大学学術出版会,2007年,第54—83页;孙果清:《混一疆理历代国都之图》,《地图》2005年第4期,第89—90页;(日)宫纪子:《〈混一疆理歷代國都之圖〉への道》,《モンゴル時代の出版文化》,名古屋大学出版会,2006年,第487—651页。
[3] 汪前进等,前揭文,第54—55页;孙果清,前揭文,第89—90页;李宏为:《沉寂数百年 一鸣传天下——〈大明混一图〉引起世人关注》,《历史档案》2004年第1期,第133—136页。
[4] 陈佳荣:《清浚元图记录泉州对伊斯兰地区的交通》,《海交史研究》2009年第1期,第27—33页。

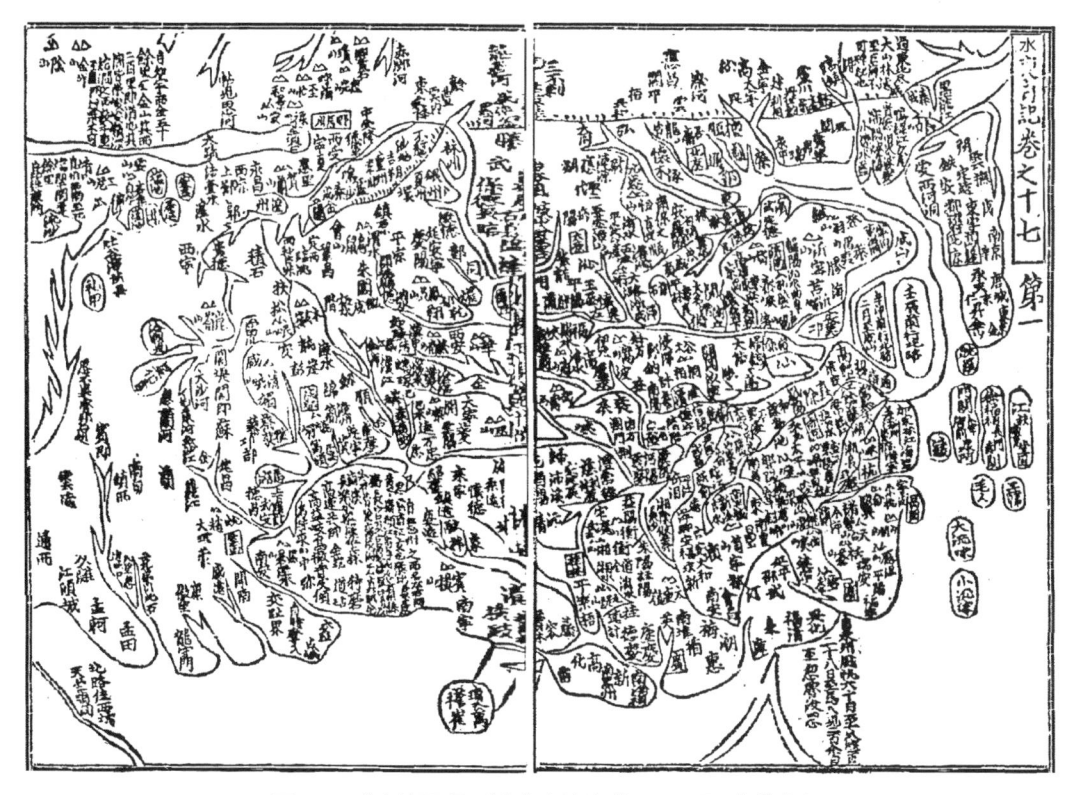

图4-3 《广轮疆理图》(传为清浚《混一疆理图》摹本)

黑龙江西海祠,南自雷廉特磨道站至歹滩通西,皆界为方格,大约南北九十余格,东西差少……"又录严节图跋曰:"此图乃元至正庚子(至元二十年/1360年)天台僧清浚所画,中界方格,限地百里,大率广袤万余。其间省路府州,别以朱墨,仍书名山大川水陆限界。予喜其详备,但与今制颇异,暇日因摹一本,悉更正之。黄圈为京,朱圈为藩,朱竖为府,朱点为州,县繁而不尽列。若海岛沙漠,道里辽绝,莫可稽考者,略叙其概焉。时景泰壬申正月,嘉禾严节贵中谨识(本注:郡邑间有仍旧名者,既不尽列,不复改也)。"[1]

明初宋濂称《混一疆理图》为《舆地图》。他在《送天渊然而禅师浚公还四明序》写道:"天渊,名清浚,天台之黄岩人。……余初未能识天渊,见其所裁《舆地图》,纵横仅尺有咫,而山川州郡彪然在列,余固已奇其为人。"[2]陈佳荣认为《混一疆理图》不是《广轮疆理图》,并推测清浚或为《大明混一图》作者之一。[3]周运中不同意此说,因为史书里没

---

[1] 《水东日记》点校本称此图为《广舆疆理图》。该书以康熙十九年叶氏赐书楼印本为底本,但是无附图([明]叶盛:《水东日记》,魏中平点校,北京:中华书局,1980年,第169页)。
[2] [明]宋濂:《宋濂全集·宋学士文集·銮坡前集》卷八,杭州:浙江古籍出版社,1999年,第503页。
[3] 陈佳荣:《现存最详尽、准确的元朝疆里总图——清浚〈广轮疆里图〉略析》,《海交史研究》2009年第2期,第1—30页。

有清浚为《大明混一图》作者的直接史料。他认为《大明混一图》的来源应该是多样的，而非单一的。[1]

从权近题跋看，《大明混一图》的海外部分源于《声教广被图》，该图作者李泽民的世界地理知识当源于阿拉伯地图。早在元代初年，伊斯兰地图就传入中国。《秘书监志》记载："至元二十四年（1287年）二月十六日，奉秘书监台旨，福建道骗（遍？）海行船回回每（们），有知海道回回文刺那麻，具呈中书省行下合属取索者。奉此。"[2]元代"回回文"指波斯文，[3]所谓"刺那麻"译自波斯语 rāhnimāy（指南），[4]相当于阿拉伯语 rahnami（指南）。[5]

阿拉伯人的科学知识来自古希腊学者，至少三部托勒密的著作对伊斯兰科学的发展产生了深远影响。第一部是《天文学大成》（*Almagest*）13卷，第二部是《地理学指南》（*Guide to Geography*）8卷。后者全面探讨希腊罗马地理知识，开始用经纬度表示方位。该书第8卷由27幅世界地图和26幅局部区域图组成，以后多次刊印，通称《托勒密地图》。托勒密第三部著作是有关占星术的《占星四书》（*Tetrabiblos*），书中尝试改进占星术中绘制星图的方法，以便融入亚里士多德的自然哲学。《地理学指南》一书在9世纪初便有了阿拉伯译本，书中对伊斯兰帝国疆域内各地记载的不准确之处，很快被发现并代之以更准确的记述。阿拉伯文初译本早已佚失，但此书对伊斯兰地理学直接或间接的影响毋庸置疑。[6]阿拉伯人将地图称作 Rahnami（道路指南）可能源于托勒密《地理学指南》。

元代初年对伊斯兰地图作出重要贡献的，首推伊利汗国学者加兹温尼（Abu Yahya Zakarīyā' ibn Muhammad ibn Mahmud-al-Qazwīnī）。他1203年生于波斯北部加兹温，后来到巴格达受高等教育，1232年迁居大马士革。黑衣大食末代哈里发莫斯塔欣（al-Musta'sim）执政时（1242—1258年），出任瓦西特和希拉城推事。伊利汗国时期在巴格达从事写作，卒于1283年。[7]加兹温尼不仅是地理学家、天文学家、自然史家，而且还是医生和科幻小说家。1280年，他用阿拉伯语写成《世界奇异物与珍品志》（*'Aja'ib al-makhluqat wa-ghara'ib al-mawjudat*）一书，并觐献给了伊利汗国巴格达总督志费尼（1226—1283年）。后者以撰写《世界征服者史》闻名于世。《世界奇异物与珍品志》为加兹温尼带来

---

[1] 周运中：《〈大明混一图〉中国部分来源试析》，刘迎胜主编：《〈大明混一图〉与〈混一疆理图〉研究——中古时代后期东亚的寰宇图与世界地理知识》，南京：凤凰出版集团，2010年，第100—119页。

[2] ［元］王士点、商企翁编次：《秘书监志》，高荣盛点校，杭州：浙江古籍出版社，1992年，第76页。

[3] 刘迎胜：《唐元时代的中国伊朗语文与波斯语文教育》，《新疆大学学报》1991年第1期，第18—23页。

[4] D.N. MacKenzie, *A Concise Pahlavi Dictionary,* London: Oxford University Press, 1971, p.70.

[5] （美）希提著：《阿拉伯通史》下册，马坚译，北京：商务印书馆，1990年，第454页；马建春：《元代东传回回地理学考述》，《回族研究》2002年第1期，第14—18页。

[6] 希提，前揭书，第453页。

[7] （法）费琅著：《阿拉伯波斯突厥人东方文献辑注》，耿昇、穆根来译，北京：中华书局，1989年，第323页。

图 4-4 《加兹温尼圆形世界地图》阿拉伯文抄本

极高声望,该书不仅翻译成波斯语,而且译成了土耳其语。

美国国家医药图书馆藏有一部《世界奇异物和珍品志》波斯文译本,该书共有335页和150幅波斯细密画,刊于回历944年(1537/1538年)。书中有一幅《圆形世界地图》描绘非洲、亚洲和印度洋(图4-4),大约绘于1280年(至元十七年)。[1]北京大学波斯语教授王一丹告诉我,图上文字仍为阿拉伯文,没有翻译成波斯文。[2]图中以尼罗河为界将非洲一分为二,印度洋与大西洋连接,尼罗河在发源地月亮山之南流过。《大明混一图》、《混一疆理历代国都之图》和《广舆图》都将非洲南部画成大三角形,并在非洲大陆中心绘大湖,实际上受《圆形世界地图》之类的伊斯兰地图的影响。有学者根据《大明混一图》提出,中国人最先正确认识到非洲大陆的形状。[3]殊不知,中国人对非洲的地理知识实际上来自伊斯兰地图。

日本学者青山定雄注意到,罗洪先撰《跋九边图》提到元代画师李泽民。[4]罗洪先是明代地理学家,字达夫,号念庵,吉水人(今江西吉水)。嘉靖八年进士,历任翰林院修撰、春坊左赞善。因上疏得罪世宗,削官为民。从此淡泊名利,潜心治学,耗时十数年撰写《广舆图》,著有《念庵集》二十二卷。朱思本的《舆地图》完成于元至大四年至延祐七年(1311—1320年)。罗洪先根据朱思本《舆地图》增纂《广舆图》,约完成于嘉靖二十年(1541年)。首都图书馆藏万历七年刊本称之为"朱思本绘、罗洪先增纂《广舆图全书》"。[5]

关于《广舆图》编纂过程,罗洪先《跋九边图》曰:"古者,男子生悬弧矢,示有事四方;及其长也,忧乐以天下也。故夫子曰:吾非斯人之徒与而谁与?所与者,必好谋而成。虽慎战,战则必克,非卫灵问陈,未尝无对也。不幸舍而藏焉,犹曰隐居以求志。然则圣人之学,不可见乎。余少慕虚厌世事,不知异于圣人也。已而悔之,则身病矣。而又以罪废,日闻边警,但览图而悲思,见其人无由也。某大夫遣画史从余画图,冀其可语此者。因取《大明一统图志》、元朱思本、李泽民《舆地图》、许西峪《九边小图》、吴云泉《九边志》、先大夫《辽东蓟州图》、浦东牟、钱维阳《西关二图》、李侍《御宣府图志》、京本《云中图》、新本《宣大图》、唐荆川《大同三关图》、唐渔石《三边四镇图》、杨虞坡、徐斌《水图》凡一十四种,量远近,别险夷,证古今,补遗误,将以归之。盖再浃旬而就,然非饱食无所用心者矣。昔陶侃运甓比于惜阴,将以致力中原,议者取其志而未与其学。某君如有志也,

---

[1] 关于加兹温尼《圆形世界地图》1537年波斯文译本,参见美国国家医药图书馆网页 NLM Adds Rare Persian Manuscript, al-Qazwini's "The Wonders of Creation" (http://www.nlm.nih.gov/news/turn_pages_persian.html)。
[2] 承蒙北京大学外语学院王一丹教授释读图上阿拉伯文,谨致谢忱。
[3] 张文:《了解非洲谁占先?——〈大明混一图〉在南非引起轰动》,《地图》2003年第3期,第7—15页。
[4] (日)青山定雄:《元代の地图について》,《東方学报》第8卷,东京,1938年,第1—49页。
[5] 陈佳荣,前揭文,第2页,注释2。

其必贤余于博弈,而无自画于运甓矣乎!"[1]所谓"元朱思本、李泽民《舆地图》",当为朱思本《舆地图》和李泽民《声教广被图》的统称,那么,罗洪先绘制《广舆图》时(1551年)参考过《声教广被图》。

李泽民乃元末一介书生,他又是如何得到西域、南海地图的呢?南京大学陈得芝教授认为:"元代大食人瞻思(Shams)具有很高的汉文化水平,著作很多,其中最值得注意的是《西域异人传》和《西国图经》两种。此两书皆见于《千顷堂书目》著录,或明代尚存,后散佚。《西国图经》肯定是阿拉伯、波斯地理图籍的翻译或据以编写的书。瞻思曾经在江南地区做官多年,推测江南士大夫有可能看到他的书。"[2]

李泽民生平不详。元末乌斯道《刻舆地图序》记载:"本朝李汝霖《声教被化图》最晚出,自谓考订诸家,惟推《广轮图》近理,惜乎,山不指处,水不究源,玉门、阳关之西,婆娑、鸭绿之东,传记之古迹,道途之险隘,漫不之载。及考李图,增知广而繁碎,疆界不分而混淆。今依李图格眼,重加参考。"[3]故知李泽民又名李汝霖,二者当一字一名,而《声教广被图》亦名《声教被化图》。陈得芝教授认为,李泽民的世界地理知识源于元代民间流行的阿拉伯地图或译本,不一定正确。显然,《声教广被图》是动用元朝国家力量编制的,祖本当系元宫内府藏图,与《大明混一图》依据的元代世界地图同源。因此,李泽民可能是元代宫廷画师,才有机会获得元宫内府藏图。

李泽民乃元代吴门画师,那么,《声教广被图》当采用吴门画师熟悉的山水画形式,也即《大明混一图》所用青绿山水画形式。唐代以来中国人称世界地图为"华夷图",蒙古入主中原后改称"混一图"。我们认为,《大明混一图》的海外部分实乃《声教广被图》的一个临摹本。[4]明初宫廷画师将原图元代旧地名逐一改为明代新地名,图名改为《大明混一图》。朝鲜名臣金士衡如法炮制,稍加增补,图名改为《混一疆理历代国都之图》。

无论如何,《大明混一图》的制图师就在洪武朝宫廷画师当中。朱元璋建立明朝后,推行文化专制政策,明初画坛只能向宫廷院体画方向发展。洪武朝画家皆元末画派传人,在画法上继承元代画家遗风,尚未形成固定的院体画派,画风上较为多样,而且有由元入明的画家,如王冕、王蒙、倪瓒等。尽管他们当中也有入仕为官者,但是未能成为宫廷画师。《大明混一图》颇有沈周等人在明代中期创立的吴门画派的艺术风格。吴门

---

[1] [明]罗洪先:《念庵集》卷十《跋九边图》,《文澜阁四库全书》影印本,杭州出版社,2006年,第206页。
[2] 陈得芝:《〈混一疆理历代国都之图〉西域地名考释》,刘迎胜主编,前揭书,第6—7页。
[3] [元]乌斯道:《春草斋文集》卷三,《影印文渊阁四库全书·集部六·别集类五》第1232册,台北:商务印书馆,1983—1986年,第226页。
[4] 林梅村:《蒙古山水地图》,北京:文物出版社,2012年,第42页。

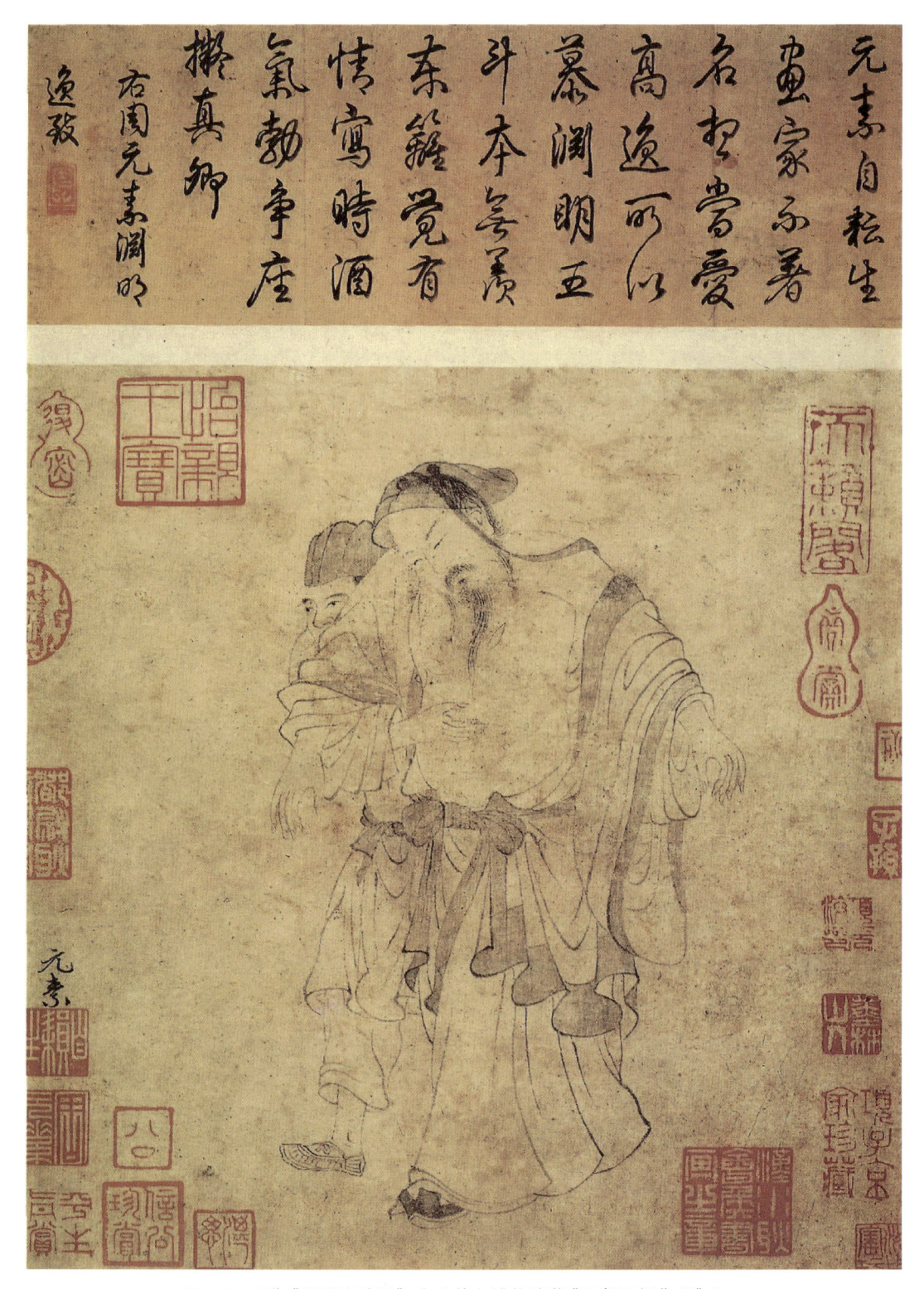

元素自耘生畫家丞畫名畫當愛高逸可以慕淵明正斗本无質東籬覺有情寫時酒氣勃勃筆底擬真卿 右周元素淵明逸致

图4-5　周位《渊明逸致图》，台北故宫博物院藏《历朝画幅集册》之一

（今苏州地区）在明代初年，继元代诸画家之后，产生过诸多山水画家，他们大多在技法上和风格上追随元代名画家，如赵原、徐贲、陆广、张羽、陈汝言、王绂、金铉、马琬、刘珏、杜瓊、姚公绶、俞泰、王一鹏等人。洪武年间以宫廷画师名义在朝者，有赵原、周位（字玄素）、王仲玉、陈远、朱芾、盛著等人，这些宫廷画师皆有可能参与《大明混一图》的绘制。

明太祖朱元璋令宫廷画师据中外地图画过一幅世界地图。史载"洪武三年（1369年），定宴飨乐章。……八奏《大一统之曲》，名《凤凰吟》：大明天子驾飞龙，开疆宇，定王封。江汉远朝宗，庆四海，车书会同。东夷西旅，北戎南越，都入地图中"。[1]明代乐曲《喜升平》也提到洪武三年绘制世界地图之事。文中说："乾坤同庆承平日。承平日，华夷万里，地图归一。"[2]关于这幅世界地图的作者，弘治年间徐祯卿撰《剪胜野闻》记载："太祖（即朱元璋）召画工周玄素（即周位），令书《天下江山图》于殿壁。对曰：'臣未尝遍迹九州，不敢奉诏。惟陛下草建规模，臣然后润之。'帝即操笔，倏成大势，令玄素加润。玄素进曰：'陛下山河已定，岂可动摇？'帝笑而唯之。"[3]周位，字玄素，太仓州人（今江苏太仓）。博学多材艺，尤工绘事。洪武（1368—1398年）初征入画院，凡宫掖山水画壁多出其手。有《渊明逸致图》流传于世，纸本水墨，25.4×24.9厘米，现藏台北故宫博物院。本图为周位存世孤本，曾为明代画家沈周旧藏。[4]

据以上讨论，《大明混一图》的海内部分或取材于洪武初宫廷画师周位所绘大型壁画《天下江山图》。如前所述，《大明混一图》的海外部分实乃《声教广被图》的临摹改绘本，那么，吴门画师李泽民亦为《大明混一图》的绘制作出重要贡献。

二、《郑和航海图》之制图师

永乐三年（1405年）起，郑和多次率大明帝国海军，从太仓刘家港远航印度洋，史称"郑和七下西洋"。《明书·郑和传》记载：郑和舰队"凡至其国，皆图其山川、城郭，条其风俗、物产，归成帙以进"。[5]这条远洋航线刊于茅元仪《武备志·航海图》天启元年刻本，严从简称为《郑和出使水程》，[6]今称《郑和航海图》（图4-6）。关于这幅航海图的由

---

[1]《明史》卷六三《志第三十九·乐三》，第1561—1562页。
[2]《明史》卷六三《志第三十九·乐三》，第1560页。
[3][明]徐祯卿：《剪胜野闻》，收入[明]邓世龙编：《国朝典故》卷三，许大龄、王天有点校，北京大学出版社，1993年，第63页。
[4]付阳华：《中国画"渊明逸致图"的渐次丰满》，《文艺研究》2006年第9期，第131—138页。
[5][清]傅维鳞：《明书》卷一五八，《四库全书存目丛书》史部第40册，济南：齐鲁书社，1996年，第330页。
[6][明]严从简：《殊域周咨录》，余思黎点校，北京：中华书局，1993年，第307页。

图4-6 《郑和航海图》之南京图

来，茅元仪《武备志·宋献序》记载："其（指茅元仪）所采之书二千余种，而秘图写本不与焉，破先人之藏书万卷，而四方之搜讨传借不与焉。其为日凡十五年，而毕志一虑，则始于万历己未，竟于天启辛酉。"[1]

《郑和航海图》亦见于范景文、张可仕编南京兵部志《南枢志》明末刻本。[2] 该书总序先夸耀了一番明朝声教远及，最后说："是以溯洪、永中外国来朝诸事详纪之，至于西域一志、西洋一图，皆永乐中武功也，掌于我职方。举朝贡礼仪而合志焉，爰志朝贡第十四共六卷"。所谓"西域一志"指《南枢志》卷一一一所记永乐十三年十月李达、陈诚出使西域条附载陈诚的《西域番国志》。所谓"西洋一图"则指《南枢志》卷一一三《西洋海道

---

[1] 据周运中考证，向达整理本为清初刻本（向达整理：《郑和航海图》，北京：中华书局，1961年），明天启元年刻本见北京故宫博物馆藏本（[明]茅元仪辑：《武备志》，收入故宫博物院编：《故宫珍本丛刊》第353—358册，海口：海南出版社，2001年），详见周运中：《论〈武备志〉和〈南枢志〉中的〈郑和航海图〉》，《中国历史地理论丛》2007年第2辑，第146页。

[2] [明]范景文编：《南枢志》，《中国方志丛书·华东地方》第453种，台北：成文出版社，1983年。黄虞稷撰《千顷堂书目》卷九记载："范景文《南枢志》一百七十卷（本注：张可仕同辑）"，可知张可仕参与了此书编纂（[清]黄虞稷撰：《千顷堂书目》，瞿凤起、潘景郑整理，上海古籍出版社，2001年，第235页）。

考》所附《航海图》。该书卷一一三《西洋海道考》序文最后说:"今列当日航海图于后,其西洋诸国志另有定编,不具载志《西洋海道图》。"该卷附有《航海图》,于首页右上角标明"航海图"三字,此图所画之山川、建筑、林木均比《武备志》版《航海图》精美。[1]此外,《南枢志》卷一一〇提到《航海图》为兵部职方司所有。《南枢志》版与《武备志》版《航海图》不尽相同。嘉靖年间,茅元仪之父茅坤曾经出任南京兵部车驾员外郎,那么,《武备志》版《航海图》也许来自茅坤,或称《茅坤海图》。

关于《郑和航海图》绘制年代,台湾学者周钰森注意到,图上绘有洪熙元年(1425年)所建净海寺(图4-6),那么,此图必绘于郑和第六次下西洋(1421—1422年)以后。另一方面,图上没有郑和舰队第七次下西洋(1430—1433年)去过的天方(今麦加),那么,此图必绘于宣德八年(1433年)郑和舰队第七次下西洋返航之前。[2]不过,据《静海寺残碑》,静海寺是在永乐十七年(1419年)明成祖敕令重建弘仁普济天妃宫完工后新建的一座禅寺。静海寺落成,适逢郑和第五次下西洋归来,便将海外带回的海棠种植于寺内。[3]换言之,《郑和航海图》绘于永乐十七年至宣德八年之间(1419—1433年)。

《明实录》记载:"宣德十年(1435年)春正月甲戌,行在工部及南京守备襄城伯李隆、太监王景弘等、南京工部,凡各处采办一应物料并营造物料,悉皆停罢。"[4]明英宗即位六个月后,又想到海外番国岁岁来朝的无限风光,打算再度派人下西洋,但遭到朝中大臣阻拦,不了了之。成化年间,明宪宗重提下西洋之事。《殊域周咨录》记载,成化间,有中贵迎合上意者,举永乐故事以告,诏索《郑和出使水程》。兵部尚书项忠命吏入库检旧案不得,盖先为车驾郎中刘大夏所匿。忠答吏,复令入检三日,终莫能得。大夏秘不言。会台谏论止其事,忠诘吏谓:"库中案卷宁能失去?"大夏在旁对曰:"三保下西洋费钱粮数十万,军民死且万计。纵得奇宝而回,于国家何益!此特一弊政,大臣所当切谏者也,旧案虽存,亦当毁之,以拨其根。"[5]《郑和出使水程》案卷包括许多下西洋原始资料,如皇帝敕书、郑和船队编制、航海日志、账目、航海图等。不过,研究者认为,"迟至万历末年(1620年)兵部仍存有郑和下西洋的档案",刘大夏烧毁或藏匿郑和档案之说不足信,郑和档案可能在明末李自成攻打北京或清兵攻占北京城时毁于战火。[6]

---

[1] 周运中,前揭文,2007年,第145页。
[2] 周钰森:《郑和航路考》,台北:海运出版社,1959年,第49—50页。
[3] 此碑照片引自郑一钧:《关于"南京静海寺郑和下西洋残碑"》,收入胡廷武、夏代忠主编:《郑和史诗》,昆明:云南人民出版社,2005年,第106页。
[4] 《明实录》,上海书店出版社,2015年,第2597页。
[5] 严从简,前揭书,第307页。
[6] 王宏凯:《刘大夏焚毁郑和出使水程质疑》,《郑和研究论文集》第一辑,大连海事大学出版社,1993年;郑鹤声、郑一钧编:《郑和下西洋资料汇编》,北京:海洋出版社,2005年,第2页。

近年周运中研究了《郑和航海图》的图源，认为"在郑和船队到达阿拉伯半岛之前，阿拉伯海的航线已经被阿拉伯人、印度人使用了数千年，所以郑和船队很可能翻译了阿拉伯人航海图。……很多学者不愿意说郑和利用了外国人的旧航海成果，怕影响郑和与中国人的形象。其实这种看法是不对的，因为把外文海图翻译成汉文或加以改绘，本身就是一件有意义的工作"。[1]据《秘书监志》记载，元内府藏有一本波斯文世界地图集。其文曰："一奏：在先汉儿田地些小有来，那地理的文字册子四五十册有来。如今日头出来处，日头没处，都是咱每（们）的。有的图子有也者，那远的，他每（们）怎生般理会的，回回图子我根底有，都总做一个图子呵。怎生！"[2]所谓"日头出来处"指日本列岛，而"日头没处"亦称安达卢西亚。这是阿拉伯人对伊比利亚半岛西班牙、葡萄牙的称谓，明史称为"日落国"。从《秘书监志》的相关记载看，所谓"回回图子"应该是一本波斯文世界地图集。

中世纪阿拉伯最著名的地理学成就，首推《伊第利斯方形世界地图》(*al Idrisi's World Map, Rectangular*)，现藏巴黎法国国家图书馆（编号MSO Arabe 2221）。1154年，阿拉伯地理学家伊第利斯（Muhammad al Idrisi）为西西里岛诺曼王罗杰二世（Norman King Roger Ⅱ）绘制此图，亦称*Tabula Rogeriana*（《罗杰图板》）。此后大约300年间，《伊第利斯方形世界地图》一直是最精确的世界地图。伊第利斯按照穆斯林传统将北方置于底部，与现代地图上北下南正好相反。[3]

北宋太平兴国二年（977年），波斯湾发生了一场大地震。此后，波斯湾对外贸易口岸迁至霍尔木兹旧港，在伊朗东南境阿纳米亚河（Anamia）上游，今称"米纳布"（Minab），西距伊朗霍尔木兹甘省阿巴斯港约80公里。其名源于波斯萨珊第四位国王Hormoz，在波斯语中意为"光明之神"，唐代文献称作"鹤秫城"。[4]据史迪费（A.W. Stiffe）考证，1296年，霍尔木兹王国从陆地迁往波斯湾口加隆岛，建立霍尔木兹新王国。此后，加隆岛改称"霍尔木兹岛"。[5]

近年《蒙古山水地图》的发现，证实了北京大学向达教授早年对《郑和航海图》原

---

[1] 周运中：《郑和下西洋阿拉伯海航线考》，《暨南史学》第七辑，南宁：广西师范大学出版社，2007年，第145—146页。

[2] 王士点、商企翁编，前揭书，第74页。

[3] Maqbul S. Ahmad, "Cartography of al-Sharīf al-Idrīsī", J.B. Harley and D. Woodward, *The History of Cartography vol.2 Book 1: Cartography in the traditional Islamic and South Asian Societies*, Chicago: University of Chicago Press, 1992, pp.156–174.

[4] 陈佳荣、谢方等编：《古代南海地名汇释》，北京：中华书局，1986年，第851—852页。

[5] 宋岘：《郑和航海与穆斯林文化》，《回族研究》2005年第3期，第64页；A.W. Stiffe, "The Island of Hormuz (Ormuz)", *The Geographical Magazine* 1, (London, 1874), pp.12–17.

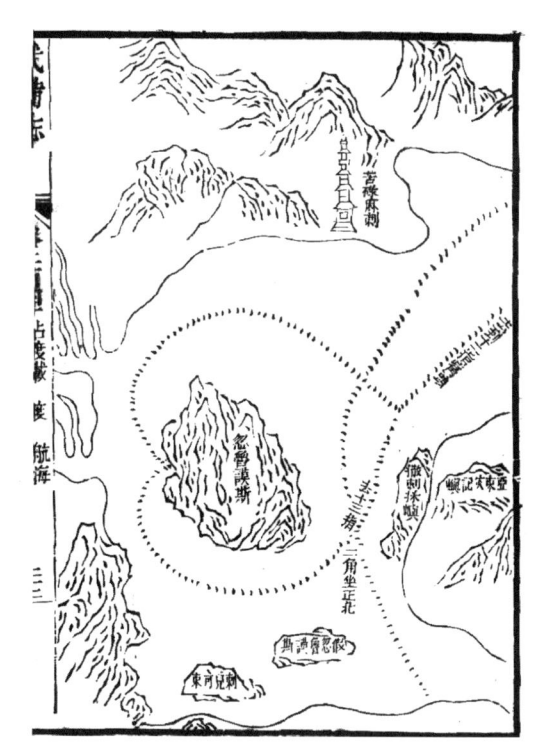

图4-7 《郑和航海图》之波斯湾图

图形式的猜测。[1]向先生认为，"全部《航海图》是仿照《长江万里图》的一字展开式绘制而成的。因为用的是书本式（原来当是手卷式，收入《武备志》后改成书本式），自右而左"。[2]

嘉靖十四年（1535年），吴门画师周臣创作过一件《长江万里图》手卷。周臣擅画山水、人物，风格清新，唐寅、仇英曾从其学画。山水画师陈暹（1405—1496年），于宋人中规摹李、郭、马、夏，用笔纯熟，特所谓行家意胜耳。"兼工人物，古貌奇姿，绵密萧散，各极意态。"[3]"若与戴静庵（戴进，1388—1462年）并驱，则互有所长，未知其果孰先也。亦是院体中一高手。"[4]初（周）臣以画法授唐寅（1470—1523年），及寅以画名，或懒于酬应，乃请臣代作，非具眼莫辨也。他于嘉靖十四年（1535年）作《长江万里图卷》。此图原为江苏实业家刘国钧敬修堂旧藏，采用手卷式，长达20米（图4-8）。图上题识："大明嘉靖

---

[1] 林梅村：《蒙古山水地图》，第42页。
[2] 向达整理，前揭书，第4页。
[3] 《明画录》卷三，第十七，《画史丛书》第三册，上海人民美术出版社，1963年，第42页。
[4] 何良俊：《四友斋画论》，《中国书画全书》第三册，上海书画出版社，1992年，第872页。

乙未（嘉靖十四年/1535年）岁菊月望日东邨周臣写成。"[1]李鳞作《跋周东村长江万里图后》曰："少陵诗云：'华夷山不断，吴蜀水常通。'只此二语写出长江万里之景，如在目中，可谓诗中有画。今观周生所画《长江万里图》，又如见乎少陵之诗，可谓画中有诗。诗中有画，长江在诗；画中有诗，长江在画。然则长江属之诗耶？属之画耶？盖当登金焦之巅，俯江流而太息，其将谓之诗耶？画耶？"[2]纵观全图，周臣以吴门画派典型的表现手法，用工笔青绿山水画展现雄伟的万里长江。图上描绘捕鱼、放艇、山樵、耕稼、观瀑说文、水道货商、官史巡察、山城关卡，处处联系人物和景物，而工笔处精细，展现沿河两岸繁华丰盛之世，充满诗情画意。《郑和航海图》原图，也正是这样一幅青绿山水画手卷。

问题是，明代前期几个皇帝对江南文人、吴门画师进行残酷打击，因为当年与朱元璋争天下的张士诚以苏州为据点，朱元璋把1367年苏州久攻不下的原因归咎于江南文人，所以明代朝廷征召的多为江浙、福建籍画师。有学者统计，"明太祖洪武至神宗万历年间，福建值殿供奉的画家就有22人"。[3]明代前期宫廷画师以仿宋院体浙派为主，代表人物有谢环、李在、倪端、戴进、吴伟等，而吴门之士往往排斥在宫廷外。洪熙、宣德以后，来自闽、浙等地的画师给宫廷绘画带来了新的风格，那么，《郑和航海图》理应是一幅浙派山水画长卷。殊不知，唐宋以来的青绿山水画一直是中国山水画重要表现形式之一，不惟吴门画派独有。

浙派创始人戴进就画过一幅青绿山水图卷，名曰《灵谷春云图》（图4-9），现藏德国柏林东亚艺术博物馆。全卷绘画层峦叠嶂，千岩竞秀，苍松屹立，山间白云，清泉飞瀑，草庐柴扉。作者运用青绿山水画法，勾线填色，略施皴擦点染，更为落落大方，潇洒自如。用色浓妍而又沉稳，特别是山间白云以淡彩晕染，点线交织的树木在云中隐约可见，更显葱郁华滋，山色空濛。据研究者考证，此图为戴进晚年作品，约绘于正统末年至景泰五年（1449—1454年）。[4]

戴进（1388—1462年）字文进，号静庵，钱塘人（今浙江杭州）。36岁随父进宫，宣德元年，"戴进征入画院，直仁智殿"。[5]郎瑛《七修类稿》记载："永乐末（1424年），钱塘画士戴进，从父景祥征至京师。笔虽不凡，有父而名未显也。"[6]可知，戴进之父戴景祥乃职

---

[1] [清]高士奇撰：《江邨销夏录》卷三，台北：汉华文化事业股份有限公司，1971年，第446—447页；杨仁恺著：《国宝沉浮录》，上海人民美术出版社，1991年，第573页。
[2] [明]李鳞：《跋周东村长江万里图后》，收入[明]唐顺之撰：《重刊校正唐荆川先生文集》，北京：国家图书馆出版社，2012年。
[3] 穆益勤编：《明代院体浙派史料》，上海人民美术出版社，1985年，第6—7页。
[4] 顾国兰：《浅析戴进〈灵谷春云图〉》，《国画家》2005年第2期，第66—67页。
[5] 刘九庵：《宋元明清书画家传世作品年表》，上海书画出版社，1997年，第73页。
[6] [明]郎瑛：《七修类稿》，上海书店出版社，2009年，第65页。

业画家,颇有造诣,戴进长于绘事,有家学渊源。坊间盛传戴进早年为银匠,不足为信。嘉靖辛丑(1541年)李开先《中麓画品》曰:"宣庙喜绘事,一时待诏如谢廷询(即谢环)、倪端、石锐、李在等,则又文进(即戴进)之仆隶舆台耳。一日在仁智殿呈画,进以得意者为首,乃《秋江独钓图》,画一红袍人垂钓于江边。画家唯红色最难着,进独得古法。廷询从傍奏云:'画虽好,但恨鄙野。'宣庙诘之,乃曰:'大红是朝官品服,钓鱼人安得有此?'遂挥其余幅,不经御览。进寓京大窘,门前冷落,每向诸画士乞米充口。而廷询则时所崇尚,曾为阁臣作大画,倩进代笔。偶高文毅谷、苗文康衷、陈少保循、张尚书瑛同往其家,见之怒曰:'原命尔为之,何乃转托非其人耶!'进遂辞归。后复召,潜寺中不赴。嫁女无赀,以画求济,无应之者。身后名愈重,而画愈贵,全堂非百金不可得。"[1]

据单国强考证,戴进因"见逸放归,以穷死",亦见明人陆深《俨山外集》卷五《春风堂随笔》、何乔远《名山藏》、《钱塘县志》、聂纯中《钱塘县志·外纪》及清人徐沁《明画录》卷二等。[2]谢廷询(一作"庭循")生卒年不详,名环,后以字行。关于谢环生平事迹,《翰墨林记》曰:"洪武初有盛名两浙……永乐中召在禁近。宣宗皇帝妙绘事,天机神发,不假于学,供奉之臣,特奖重廷循……进官锦衣千户,盖授近职,使食其禄也。庭循益执谦虚,不倚为荣……"[3]《画史会要》记载:"谢环,字庭循。永嘉人。知学问,喜赋诗,吟咏自适。善画。师张未起。驰名于时。永乐中召在禁近。宣宗妙绘事,供奉之臣特奖重庭循。恒侍左右,进官锦衣千户。谢廷循,山水宗荆浩、关仝、米芾。"[4]

谢环传世真迹不多,就目前所知,有正统二年作《杏园雅集图卷》,绢本设色,纵37厘米,横401厘米,现藏镇江市博物馆(另一本藏于美国翁万戈处)。[5]美国国会图书馆藏有许论任太原巡抚时刊刻的《二园集》,其一为《杏园雅集图》,内容描绘杨荣、杨士奇、谢环等九位名士的聚会。[6]清宫旧藏《香山九老图》,现藏美国克利夫兰美术博物馆;景泰三年作《水光山色图》,现藏日本。[7]1987年,江苏淮安王镇墓出土的一批古书画中有谢环《云山小景图》。[8]李开先《中麓画品》披露,谢环技不如人,唯恐戴进被皇

---

[1] [明]李开先:《中麓画品》,收入王伯敏、任道斌编:《画学集成》,石家庄:河北美术出版社,2002年,第189页。
[2] 单国强:《戴进》,长春:吉林美术出版社,1996年,第118—124页。
[3] [明]杨士奇:《东里文集续编》卷四《翰墨林记》,收入穆益勤编,前揭书,第18页。
[4] [明]朱谋垔:《画史会要》,收入徐娟主编:《中国历代书画艺术论著丛编》第1册,北京:中国大百科全书出版社,1997年,第679页。
[5] 陆九皋:《谢廷循〈杏园雅集图卷〉》,《文物》1963年第4期,第24页。
[6] 参见世界数字图书馆《二园集:杏园雅集图、竹园寿集图》网页(http://www.wdl.org/zh/item/296/#languages=zho&item_type=book)。
[7] (日)原田尾山纂:《日本现在支那名画目录》,东京:大家巧艺社,昭和十三年(1938年);尹吉男:《明代宫廷画家谢环的业余生活与仿米氏云山绘画》,《艺术史研究》第九辑,广州:中山大学出版社,2007年,第103页。
[8] 江苏省淮安县博物馆:《淮安县明代王镇夫妇合葬墓清理简报》,《文物》1987年第3期,第4页;尹吉男:《关于淮安王镇墓出土书画的初步认识》,《文物》1988年第1期,第67页。

图4-8 周臣《长江万里图》

图 4-9　戴进《灵谷春云图》局部

帝看中,抢了自己的饭碗,就诬陷戴进。朱谋垔《画史会要》卷四载:李在于"宣德中钦取来京,入画院"。[1]宣德朝凡十年,那么,戴进落难京城当在宣德五年(1430年)左右,时年42岁。

然而,这个说法现在也受到一些学者的质疑,戴进失宠可能是宣宗自己口味变化的结果,谢环则可能是戴进的友人而非敌人。[2]戴进离开画院后在北京居住了很长时间,与上层文人画家和士大夫诗画交游,艺术创作相当活跃,画竹名家夏昶、阁老杨士奇、杨荣、尚书王直以及徐有贞(祝允明的外祖父)、刘溥等人,都与他交往甚密,评价很高。他的风格在北京走向成熟,约正统七年前后才离京返回杭州,卖画授徒,成为"浙派"宗师。[3]

据《明史·宰辅年表》记载,张瑛宣德元年以礼部侍郎兼华盖殿大学士入阁为宰辅,宣德二年晋为尚书,宣德四年十月出阁改任南京礼部尚书。[4]由此可知,谢环"为阁臣作大画"在宣德四年(1429年)十月礼部尚书张瑛改任南京礼部尚书以前。《明史·杨士奇传》记载:"仁宗即位,擢礼部侍郎兼华盖殿大学士。……命兼兵部尚书,并食三禄。士奇

---

[1] 穆益勤编:《明代院体浙派史料》,上海人民美术出版社,1985年。
[2] (日)铃木敬:《明代绘画史研究——浙派》,东京大学出版社/木耳社,1968年;宋后楣:《元末闽浙画风与明初浙派之形成二》,《故宫学术季刊》1989年第1期,第127页。
[3] 邵彦:《明代永乐宣德宫廷绘画艺术》,《文物天地》2010年第10期,第27页。
[4] 《明史》卷一○九《宰辅年表》,第3319页。

辞尚书禄。……当是时,帝(指明宣宗)励精图治,士奇等同心辅佐,海内号为治平。帝乃仿古君臣豫游事,每岁首,赐百官旬休。车驾亦时幸西苑万岁山,诸学士皆从。赋诗赓和,从容问民间疾苦。有所论奏,帝皆虚怀听纳。帝之初即位也,内阁臣七人。陈山、张瑛以东宫旧恩入,不称,出为他官。黄淮以疾致仕。金幼孜卒。阁中惟士奇、荣、溥三人。"[1]可知杨士奇为宣宗朝首辅大臣。

杨士奇对谢环颇为赞赏,他在《翰墨林记》中评述说:"永嘉谢环庭循,清雅绝俗之士也,敬言行如处女,务义而有识,不慕荣,不干誉,家无余资而常充焉,有自足之意。知学问,喜赋诗,时吟咏自适。有邀之为山水之游者,忻然赴之,或数日忘返。所交皆贤士君子。"[2]我们认为,《中麓画品》所谓"阁臣"指宣德朝兵部尚书杨士奇,而"大画"则指洪熙元年至宣德八年间(1425—1433年)宫廷画师为兵部所绘《郑和航海图》。谢环为宣德朝首席宫廷画师,奉命主持这项重大的国家工程,可是他却让穷困潦倒的戴进捉刀代笔,因而遭到四位朝中大臣的谴责。

三、《蒙古山水地图》之宫廷画师

明代中期以后,苏州地区"吴门画派"重新活跃起来,代表人物如沈周、文徵明、唐寅、仇英、谢时臣等,回到继承元代水墨画法的文人画派,并成为画坛主流。明初以来,浙派画师在宫廷的一统天下逐渐被打破。例如:吴门画派领军人物文徵明,正德末得巡抚吴中的工部尚书李充嗣举荐,入朝应吏部试,嘉靖二年(1523年)特授翰林院待诏,时年54岁,在京城做官三年。[3]明代中期,受到官府重用的另一吴门画师是谢时臣。嘉靖、万历间松江名士何良俊《四友斋画论》记载:"苏州又有谢时臣,号樗仙,亦善画,颇有胆气,能作大幅。然笔墨皆浊,俗品也。杭州三司请去作画,酬以重价,此亦逐臭之夫耳。"[4]

何良俊为明代中期松江名士,自幼闭门苦读20年。嘉靖贡生,授南京翰林院孔目,家有4万卷藏书。自称与庄周、王维、白居易为友,题书房名为"四友斋"。嘉靖年间,何良俊客居京师(今北京),"郁郁不得志……每喟然叹曰:'吾有清森阁在东海上,藏书四万卷,名画百签,古法帖鼎彝数十种。弃此不居,而仆仆牛马走,不亦愚而可笑乎?'居三年,

---

[1]《明史》卷一四八《杨士奇传》,第4133页。
[2] 杨士奇,前揭书,第18页。
[3]《明史·文苑三·文徵明》记载:"正德末,巡抚李充嗣荐之。会徵明亦以岁贡生诣吏部试,奏授翰林待诏。"(《明史》卷二八七,第7362页)。
[4] [明]何良俊:《四友斋画论》(《四友斋丛说》卷三八),《四库全书存目丛书》子部卷二九,第103册,济南:齐鲁书社,1995年,第495页。

遂移疾免归"。[1]著有《柘湖集》28卷、《清森阁集》、《四友斋丛说》、《何氏语林》、《世说新语补》等专著。[2]明代废除元代"行省",浙江省会杭州改设"三司",也即承宣布政使司、提刑按察使司、都指挥使司。何良俊比较看重吴门画派文人画,推崇文徵明,而对浙派代表人物戴进则评价不高,说戴进"终是行尔,此则限于人品"。谢时臣乃职业画家,学习过南宋李唐、马、夏等院体画家的画法,风格颇近戴进,故而遭到何良俊诋毁。谢时臣还为杭州官府作画,换取酬金,更为何良俊所不齿。

殊不知,明代画家为权贵作画并非谢时臣一人,许多人为权臣严嵩作画,据《佩文斋书画谱》卷九八《明严氏书画记》记载,严嵩收藏的谢时臣人物山水共"四十六轴"。据严嵩所藏书画清单,以山水人物而言,戴文进作品最多,有九十轴,其次是吴小仙六十四轴,沈周三十四轴,文徵明六十一轴,唐寅四景人物山水十二轴,仇英青绿山水十三轴。[3]

有证据表明,吴门画派的仇英亦为杭州三司作画。嘉靖三十六年(日本弘治三年/1557年),浙江总督胡宗宪从日本九州岛诱使倭寇头领王直至浙江舟山并将其擒获。其后,又在嘉靖三十七年(日本弘治四年/1558年)将王直囚于杭州按察司,"嘉靖大倭寇"由此告终。中国国家博物馆藏有一幅吴门画师仇英绘《抗倭图卷》,日本东京大学史料编纂所藏有此图的临摹本,名曰《倭寇图卷》(图4-10)。据陈履生考证,此图是工部尚书赵文华、浙江巡抚胡宗宪为记录"嘉靖大倭寇"告终和自己的功绩,邀请吴门画师仇英绘制的。[4]不过,嘉靖三十六年(1557年),在王直到达浙江之前几个星期,赵文华因冒犯了权臣严嵩,又触怒了皇帝,被就地免职了。[5]嘉靖三十九年,胡宗宪以平海盗汪直功加太子太保,晋兵部尚书。[6]那么,只有胡宗宪有可能邀请仇英绘《抗倭图卷》。

明人传记屡屡提到谢时臣擅长巨幛长卷,颇有胆气,壮伟有气概。清代徐沁《明画录》卷三记载:"谢时臣,字思忠,别号樗仙,吴人。能诗,工山水,颇能屏障大幅,有气概而不无丝理之病,此亦外兼戴吴二家派者也。别号与朱铨同,明画家有两樗仙。"[7]清代姜绍书《无声诗史》点评谢时臣画艺曰:"长卷巨幛,纵横自如,气势有余,韵秀不足。"[8]今传世的谢时臣之作,绝大多数是巨幛长卷,如《破窑风雪图轴》、《夏山飞瀑图轴》等皆巨

---

[1] [清]钱谦益:《何孔目良俊》,《列朝诗集小传·丁集上》,上海古籍出版社,1983年,第450页。
[2] 李玉安、黄正雨编:《中国藏书家通典》,北京:中国国际文化出版社,2005年,第234页。
[3] 金建荣:《谢时臣绘画考述》,《艺术百家》2008年第5期,第110页。
[4] 陈覆生:《纪功与记事:明人〈抗倭图卷〉研究》,《中国国家历史博物馆馆刊》2012年第2期,第8—33页。
[5] (美)牟复礼、(英)崔瑞德著:《剑桥中国明代史》,北京:中国社会科学出版社,1992年,第544页。
[6] 《明史》卷二〇五《胡宗宪传》,第5414页。
[7] [清]徐沁撰:《明画录》卷三,印晓峰点校,上海:华东师范大学出版社,2009年,第68页。
[8] [明]姜绍书撰:《无声诗史 韵石斋笔谈》,印晓峰点校,上海:华东师范大学出版社,2009年,第57页。

图4-10 仇英《倭寇图卷》局部

幅长卷。谢时臣对自己的长卷相当自信,他难得评说自己的绘画,偶尔提到的多是长卷。《书画题跋记》卷十二《谢时臣山水》曰:"明嘉靖廿六载丁未,吴门六十老人谢时臣远游荆楚,登太和,次大别,梯黄鹤楼,涉匡庐,下扬子江。舟中推蓬取兴,敢与溪山写真,积成长卷,计三幅。遥寄嘉禾少溪草堂,少溪赏识名家,此笔得所归矣。"《式古堂书画汇考》卷五七著录此图,题为"江山图长卷"。[1]

与吴门画家多固守艺术象牙塔而甚少出游不同,谢时臣遍游名山大川,故其画作既深具笔墨神采,又得山川之气韵,益显苍古而富气概。吴门画派领袖文徵明晚年题其山水册,对此也赞誉有加,称赞谢时臣:"往岁尝客杭州,又尝东游天台、雁荡,南历湖湘,皆天下极盛之处。此画虽其学力所至,要亦得于江山之助。"何良俊把谢时臣归类为浙派画家只是一家之言。

谢时臣长期生活在吴门(今苏州地区),与吴门画派文徵明以下许多画家和文人都有交往,并获得了他们的一致认可。《朱卧庵藏书画目》著录《谢樗仙西江图》,后有文森、吴大渊、文徵明、唐寅、朱元吉等五人题诗,可见吴派画家和文人对谢时臣的认可。谢时臣61岁时仿沈周风格作山水长卷,谢时臣在图上题款云:"前辈石田沈先生,画法宗荆、关、巨然。石翁用笔清古,往往超出过之。仆私淑石翁有年,时嘉靖二十六载丁未,灯下写

---

[1] 金建荣,前揭文,第108页。

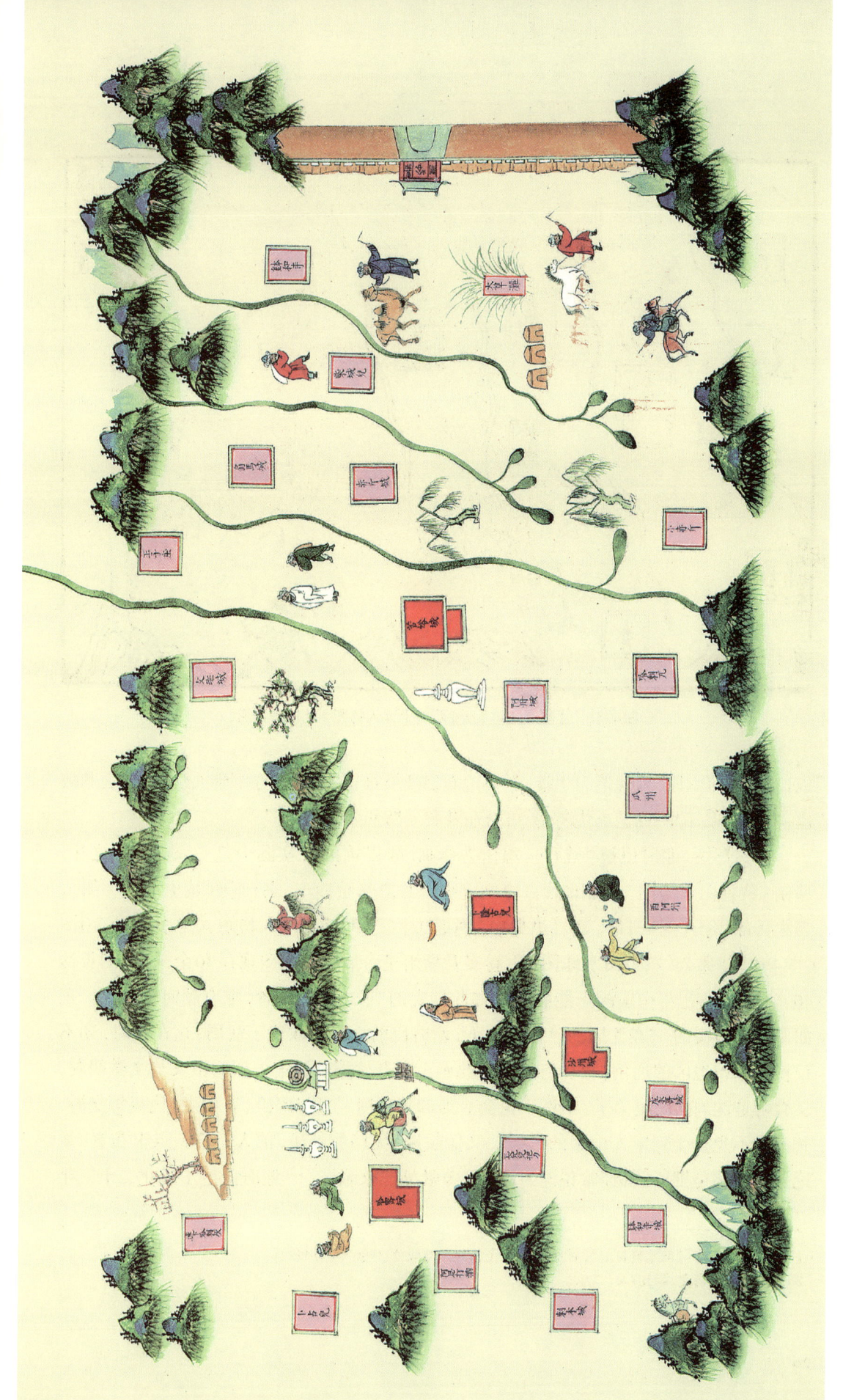

图4-11 台北故宫博物院藏《西域土地人物图》之嘉峪关图

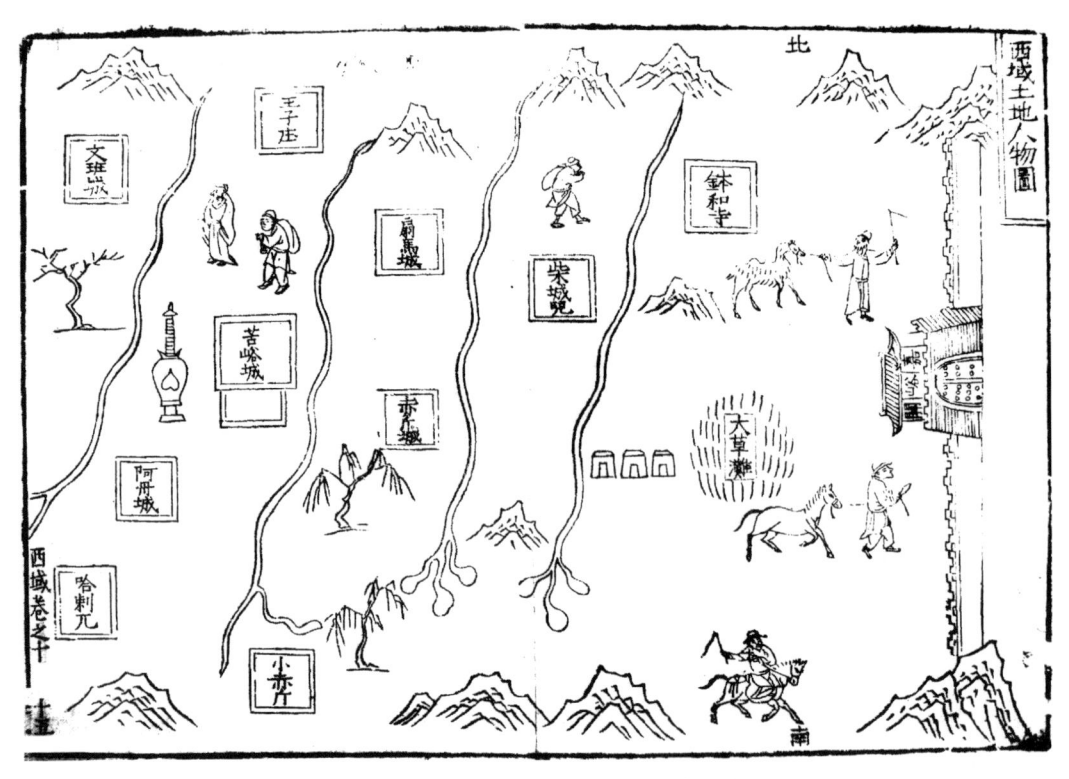

图4-12 《陕西通志》版《西域土地人物图》之嘉峪关图

成长卷,计纸六段,深愧笔力生涩,远不迨石翁濡染难言之妙,是亦邯郸人学步,并失其故也;抑亦人品不侔,而艺有优劣,不可强而及矣。樗仙谢时臣记。"[1]

我们怀疑,谢时臣被"杭州三司请去作画,酬以重价",实际上是受京师兵部之托,绘制《蒙古山水地图》。台北故宫博物院藏有此图彩绘抄本,名曰《西域土地人物图》,当为兵部用图(图4-11),而马理纂《陕西通志》版《西域土地人物图》当为地方官用图(图4-12),那么《蒙古山水地图》手卷实乃嘉靖皇帝用图。此图现存30余米,原图长达40米,而嘉靖初年中国画坛能够创作如此恢宏的"长卷巨幛"者,唯有谢时臣一人。正如研究者指出的,"在沈周的巨大影响下,谢时臣的山水画取法于沈周,这在当时,还不仅仅是苏州地区的通例,很少有人能在绘画上避开沈周的影响。谢时臣又与文徵明友,文徵明是沈周的高足弟子,当然不免会更加仰慕沈周。又与周臣、唐伯虎、仇英等交游,其画风不免也受到宋人山水的影响。又仿戴进、吴伟的画法,前人对这一点很在意,无论是表彰还是批评,都经常说谢时臣'外兼戴吴二家派'。"[2]谢时臣生于成化二十三年

---

[1] [明]李日华:《味水轩日记》,屠友祥校注,上海远东出版社,1996年,第492页。
[2] 金建荣,前揭文,第107页。

（1487年）。如果《蒙古山水地图》创作于嘉靖三年至十八年间（1524—1539年），正值谢时臣艺术生涯鼎盛时期（约37—52岁）。《蒙古山水地图》之《嘉峪关图》（图4-13）与北京故宫博物院藏仇英《归汾图》（图4-14）所绘山关如出一辙，说明两图使用了同一粉本。

综合全文的讨论，我们似可得出以下几点结论：第一，《大明混一图》的海内部分根据明初宫廷画师周位《天下江山图》绘制，而海外部分则根据元代吴门画师李泽民《声教广被图》改绘，那么，周位和李泽民皆为《大明混一图》绘制者。第二，《郑和航海图》为南京兵部藏图，有《武备志》天启元年和《南枢志》崇祯末年两个刻本，主要根据伊斯兰地图和郑和舰队实测图绘制。此图原本为青绿山水画形式，由内阁首辅大臣杨士奇委托谢环主持绘制。宣德年间戴进落难京城时，被谢环请去"为阁臣作大画"。所谓"大画"当即《郑和航海图》，那么这幅航海图是宣德朝首席宫廷画师谢环在戴进的协助下绘制的。第三，《蒙古山水地图》绘于嘉靖三年至十八年，现存30余米，原图长达40余米。嘉靖初年中国画坛能创作"长卷巨幛"者唯有吴门画师谢时臣。嘉靖年间谢时臣被"杭州三司请去作画，酬以重价"。我们认为，谢时臣很可能是受杭州三司之托协助宫廷画师绘制《蒙古山水地图》，那么，谢时臣实乃这幅丝绸之路长卷的主要绘制者。

图4-13 《蒙古山水地图》之《嘉峪关图》

图4-14 仇英《归汾图》局部

5

澳门开埠以前葡萄牙人的东方贸易

公元8世纪,摩尔人(阿拉伯人)攻占伊比利亚半岛,开始了对葡萄牙人和西班牙人祖先长达400年的统治,阿拉伯人先进的地理知识、航海技术随之传入西欧。大航海时代以前,摩尔人和威尼斯人一直操纵着中国与欧洲之间的丝绸贸易。地处欧洲西端的葡萄牙距离丝绸之路最远,只有少数王公贵族才能享用名贵的中国丝绸和瓷器。15世纪末,伊比利亚半岛终于摆脱摩尔人的统治,葡萄牙人和西班牙人率先探索东方新航线,并开始在海外进行殖民掠夺。

为了寻找《马可·波罗游记》提到的东方香料和黄金,葡萄牙人向东方航行,在非洲西海岸取得一系列地理新发现,1488年抵达非洲南端的好望角。与此同时,哥伦布率西班牙船队向西方航行,寻找通往印度和中国的海上航线,1492年发现美洲新大陆。这些地理大发现标志着人类开始进入大航海时代。在葡萄牙东南端塔维拉岛海滨沙滩上有一个大铁锚墓园(图5-1),数以百计的大铁锚生动展示了地理大发现时代葡萄牙人的航海成就。

1494年,葡萄牙与西班牙签订托尔德西里亚斯条约。这个条约规定:在西经41°到45°之间划一分界线,凡在分界线以东发现的土地属于葡萄牙,而以西发现的土地则属于西班牙。这条分界线由教皇亚历山大六世担保,史称"教皇子午线"。[1]万历三十五年(1607年)出版的一张拉丁文地图绘有这条子午线的具体走向。[2]由此可见,印度、马六甲、暹罗、安南、澳门、宁波、朝鲜半岛、日本列岛等皆属于葡萄牙殖民范围,而除巴西之外整个美洲、亚洲的文莱、菲律宾等地则属于西班牙殖民范围。

---

[1] 关于托德西利亚斯条约(Treaty of Tordesillas),参阅(葡)雅依梅·科尔特桑(J. Cortesao)著:《葡萄牙的发现》,王华峰、张敬宾等译,北京:中国对外翻译出版公司,1996年,第924—987页;陶亮:《论葡萄牙东方海上贸易帝国的兴衰》,《印度洋经济体研究》2015年第4期,第37页。

[2] 冯明珠主编:《经纬天下:饭冢一教授捐赠古地图展》,台北故宫博物院,2005年,第25页。

一、新航线的开辟

葡萄牙人每取得一个地理新发现，便在当地树立一个木制十字架或在岩石上刻字。由于木质标志物易损，从迭戈·卡昂（Diego Cão）开始，葡萄牙人改用里斯本附近岩石做的石柱作为地理新发现的标志，通称"发现碑"。除了标识葡萄牙人占领权之外，发现碑也作为导航标志，亦称Padrão（航海标柱）。[1]1482年6月，迭戈·卡昂奉葡萄牙王唐·若昂二世之命远航非洲，1483年抵达安哥拉。在罗比托之南180公里圣奥古斯丁（今称"圣玛利亚角"）竖立了一个发现碑。碑高169厘米，碑首高47厘米，长和宽均为33厘米。这是大航海时代葡萄牙人竖立的最早的发现碑之一。1486年，迭戈·卡昂第二次远航非洲时发现纳米比亚，并在斯瓦科普蒙德北边110公里的克罗斯角竖立了一个发现碑（图5-2），现藏纳米比亚的斯瓦科普蒙德博物馆（Swakopmund Museum）。

1497年，达·伽马率葡萄牙舰队绕过好望角，翌年抵达肯尼亚的麻林迪，并在海边竖起象征葡萄牙人地理新发现的航海标柱。1498年，在摩尔水手伊本·马基德（Ahmed ibn Mājid）的导航下，达·伽马从麻林迪首航古里（今印度科兹科德）。[2]当达·伽马返回里斯本时，葡萄牙船队所载丝绸、瓷器、香料等东方特产的价值相当于费用的60倍。[3]于是葡萄牙王唐·曼努埃尔一世接二连三地派舰队远征印度，并任命了印度总督。1510年，葡萄牙第二任印度总督阿尔布奎克攻占印度果阿。这个小岛是印度西海岸仅次于古里的繁华的国际商业中心，有河流与内陆相通，波斯和阿拉伯马就从果阿运入南亚次大陆。1510年，葡萄牙占领果阿，随即在岛上建立了葡萄牙殖民东方的首府和东方贸易中心。

1511年，葡萄牙船长阿尔布奎克率领15艘战船和1600名士兵攻打马六甲，满剌加王被迫流亡北临新加坡海峡的宾坦岛（今属印尼廖内省）。葡萄牙人将满剌加王宫拆毁，在王宫所在小山丘兴建了一座圣保罗教堂，并将市中心大清真寺拆毁，改建为石头戍堡。这些戍堡和教堂成了葡萄牙人统治马六甲的地标性建筑。据多默·皮列士《东方志》记载，"其址原为大清真寺，十分坚固，楼塔内有两口清水井，堡内还有两三口。它一边受到海水的冲刷，另一边是河。堡垒的墙很宽；至于他们修筑的主垒，你很少看见像这样五层楼高的。大大小小的炮可向四方开火。"[4]

---

[1] 崔福元：《近代非洲沿海的航海标柱》，《航海》2003年第1期，第20—21页转第19页。
[2] （苏）约·彼·马吉多维奇著：《世界探险史》，屈瑞译，北京：世界知识出版社，1988年，第227页。
[3] 雅依梅·科尔特桑，前揭书，第1200页。
[4] （葡）多默·皮列士（Tomé Pires）著：《东方志》，何高济译，南京：江苏教育出版社，2005年，第216页。

葡萄牙人殖民东南亚的遗迹还有葡式双爪大铁锚。在印度尼西亚爪哇岛井里汶市三保庙有这样一个大铁锚，据说出自井里汶附近海域，可惜一直被误作郑和下西洋之物供奉在庙里。雅加达国家博物馆大门前也陈列了这样一个葡式大铁锚（图5-3），与葡萄牙南端塔维拉岛大铁锚墓园的大铁锚相同。正如宋应星《天工开物》所示，明代铁锚为四爪。[1]广州铁局巷出土过一个明代四爪大铁锚，与葡萄牙两爪铁锚明显有别。[2]

1522年，葡属马六甲总督阿尔布奎克派船长列梅（Henrique Leme）出使爪哇岛西部巽他国，与巽他王缔结了和平协议。随后，葡萄牙船长列梅在巽他国的科拉帕（今雅加达北郊）竖立了一个发现碑。正德年间，满剌加流亡政府的马来使臣向明廷控告葡萄牙人在东南亚的殖民行径。《广州葡囚书信》转述他的控告说："马来人说，现在中国境内的葡萄牙国王大使系伪冒。他为欺骗中国而来，来此实为试探虚实，然后夺取之。如同在满剌加及其他地方那样，我们（指葡萄牙人）先竖立一块石头，建房，后占之。"[3]科拉帕，明史称"咬留吧"。《明史·外国传六》记载："万历中，福建商人岁给引往贩大泥、吕宋及咬留吧者，和兰人就诸国转贩，未敢窥中国也。"[4]巽他国发现碑在19世纪重新发现，现藏雅加达国家博物馆。葡萄牙人的发现碑，通高2.4米，顶部有个十字架。柱身上部约五分之一处呈方形，上刻葡萄牙国徽浮雕，并用葡萄牙文刻写纪念文字。在船队启程前，预先刻好地理发现者和派遣探险队的葡萄牙王的名字，而发现日期则留待竖立发现碑时补刻。巽他国发现碑中部刻有葡萄牙文纪念性文字（图5-4）。

16世纪，中国海商重新开通了中国珠江口屯门澳（今香港竹篙湾）至马六甲航线。于是马六甲成了全球丝绸、瓷器、香料等东方物产的商品集散地。葡萄牙人对马六甲的占领后果严重，不仅彻底切断了中国与印度洋沿岸诸国的传统联系，而且还操控了欧洲市场上丝绸、瓷器和香料等东方物产的定价权。德裔美国学者弗兰克（Andre G. Frank）在《白银资本》一书写道：16世纪全球"最主要的贸易中心是马六甲。正如皮雷斯指出的，控制了马六甲就扼住了威尼斯的咽喉"。[5]

---

[1][明]宋应星：《天工开物》卷中《锤锻十·锤锚图》，北京：中国社会出版社，2004年，第291页。
[2]广东省文物管理委员会等编：《南海丝绸之路文物图集》，广州：广东科技出版社，1991年，第99页。
[3]金国平：《西方澳门史料选萃（15—16世纪）》，广州：广东人民出版社，2005年，第81页。
[4]《明史》，第8434页。
[5]（美）弗兰克著：《白银资本》，刘北城译，北京：中央编译出版社，2000年，第147页。

图5-1　葡萄牙塔维拉岛海滨大铁锚墓园

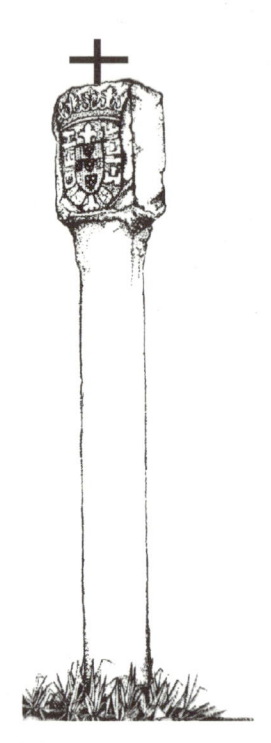

图5-2　克罗斯角的葡萄牙人发现碑

图5-3 雅加达国立博物馆门前葡萄牙大铁锚

图5-4 雅加达北郊所立葡萄牙人发现碑

83

二、首航屯门岛

葡萄牙人占领满剌加前夕，每年都有四艘中国帆船前来贸易，用瓷器、生丝换回印度和东南亚产品。正德四年(1509年)，葡萄牙人首次抵达满剌加时，在马六甲港一旁海岛停泊有三艘中国帆船。葡萄牙史料记载："我们一到这里，中国人的船长就乘一艘小船出来，和他一起的还有一位体面的人……他们向司令的船驶来，司令高兴地接待他们，并奏乐和鸣放礼炮……因为翻译听不懂他们的话，又派人找来一位懂他们语言的当地人，他们谈论很多事情，互相询问对方国王和王国的事情……谈了好长一段时间后，中国船长请司令和船长们改天去他们的船上吃晚饭。司令接受邀请前往赴宴……几个小时后我们的人才告辞，中国船长把他们送回船上后才返回自己的船上。"[1]

日本学者小叶田淳认为，这些定期到马六甲从事贸易的中国帆船属于漳州海商。[2]葡萄牙人攻打满剌加前夕，又有四艘中国帆船在马六甲附近海域停泊，为首的名叫Cheilata(崔喇哒)。[3]在其他文献中，这个名字或写作Chulata，德国汉学家普塔克(Roderich Ptak)译作"崔喇哒"。他在论文中写道："关于Cheilata其人，我们几乎是一无所知。他的'头衔'lata(喇哒)显示他是一名身拥巨资、地位显赫的大商人。lata这个词偶见于中文(即喇哒，不同的拼写形式为lada)，更常见的拼写形式为nakhoda。但是，Chei(崔)这个姓氏却无法与当时在中国沿海从事海上贸易活动的任何一位知名的民间华裔的姓名对应起来。在法利亚(C.F. de Faria)以及其他的一些葡萄牙人的记载中，曾出现有Chulata或Fulata等姓名，这些姓名显然都是同一名字的不同写读法。无论如何，在葡人记载1509年、1511年及1517年的贸易活动情形时，常常简略地提及Chei/Chu/Fu喇哒其人。当时，这位著名的华商甚至还自己装备了一艘帆船，随同安德拉德(F.P. de Andrade)的船队前往中国。既然他曾以多种形式帮助过葡萄牙人，可以肯定，他是一位交游广泛的人，不仅与中国、阿瑜陀耶王朝(指暹罗)的关系良好，而且与其他地区的关系也很密切。"[4]

关于这个波斯语头衔的汉译名，许多中国学者参与讨论。傅衣凌在《明清时代的商人及商业资本》一书中写道："嘉靖中叶至万历年间，在当时文献上常见有海贼喇哒、海商喇哒、通番那哒、那哈番贼等的称号，这些人在中国沿海，尤其是在福建沿海一带，非常

---

[1] 参见《葡萄牙人发现和征服印度纪事(手稿)》，《文化杂志》(澳门)总第31期，1997年夏季号，第27页。
[2] (日)小叶田淳：《中世南岛通交贸易史的研究》，东京：刀江书院，1968年，第354和427页；傅衣凌：《明清时代商人及商业资本》，北京：人民出版社，1956年，第116页。
[3] 金国平，前揭书，第33页。
[4] (德)普塔克著，赵殿红译：《明正德嘉靖年间的福建人、琉球人与葡萄牙人：生意伙伴还是竞争对手》，《暨南史学》第二辑，2003年，第320页。

活跃。"[1]汤开建认为,"喇哒"即《东西洋考·大泥》的"哪督"和黄衷《海语·满剌加》的"南和达",而旧港文书称作"那弗答",[2]而黄邛《锡金识小录》则曰"司海舶者称哪哒"。[3]林仁川则认为这个名字的前一成分Chei、Chu或Fu,可能是明代中叶海商集团许氏四兄弟中的一个。[4]

我们的看法不尽相同。首先,所谓Chulata并非林仁川的"许氏四兄弟之一"或普塔克的"崔喇哒"。第二,这个词中的前一音节Chu-来自汉语"船",而Chulata则来自汉语"船老大"。明代海商集团中有琉球蔡氏集团,我们认为,这位中国船长的另一称谓Cheilata,当来自汉语"蔡老大"。据《明史·琉球传》记载,琉球蔡氏集团利用明朝实行海禁,积极与日本、朝鲜、东南亚诸国进行贸易,将各国产品以朝贡名义贩运到中国,以换取明廷丰厚的回赐。据考证,琉球海商主要是明初以来定居琉球国久米村的福建人,专司与朝贡贸易相关的航海、外交、翻译等职。久米村或称"唐荣"(中国村)。蔡姓在唐荣诸姓中居于首位。元祖蔡崇为泉州南安人,洪武二十五年迁往琉球国中山,成化八年创建祠堂,奉祀神主。[5]看来,蔡老大属于琉球国久米村蔡氏家族,而琉球是明朝藩属国,故葡萄牙人称为"中国人"。

据琉球王国宫廷史书《历代宝案》记载,在1430—1442年这13年内,至少有17个琉球贸易使团前往阿瑜陀耶,8个使团前往巨港(Palembang),6个使团前往爪哇。现存史料证实,从1463年至1481年,当马六甲、阿瑜陀耶和苏门答腊岛北部帕赛(Pasai)结成主要贸易伙伴时,琉球王国与这些港埠的贸易往来十分密切。此后,1508—1554年间,琉球国船只还经常造访阿瑜陀耶、北大年、西爪哇及马六甲,直至葡萄牙人于1511年占领该港埠。然而,这一贸易模式在16世纪开始式微。16世纪50年代后,琉球便完全退出东南亚贸易圈。[6]据金国平考证,葡萄牙史料所记Cheilata(蔡老大)确为琉球人,名叫"蔡迪"。[7]此人见于《历代宝案》卷四二,正德五年和正德十三年两次出任琉球国贸易船火长(图5-5)。[8]

1514年,葡萄牙驻马六甲首任城防司令卢帕塔林(Rui de Brito Botalha)在给葡王唐·曼努埃尔的信中写道:"去年(1513年),有4艘中国式帆船从中国来到这里,所带货

---

[1] 傅衣凌,前揭书,第123页。
[2] 汤开建:《澳门开埠初期史研究》,北京:中华书局,1999年,第45—46页。
[3] 廖大珂:《福建海外交通史》,福州:福建人民出版社,2002年,第276页。
[4] 林仁川:《明末清初私人海上贸易》,上海:华东师范大学出版社,1987年,第85—87页。
[5] 关于琉球久米村蔡氏家族,参见杨国桢:《闽在海中》,南昌:江西高校出版社,1998年,第92—97页。
[6] (新)安东尼·里德撰,钱江译:《1400—1650年贸易时代的东南亚(一)》,《南洋资料译丛》2008年第1期,第58页;钱江著、亚平、路熙佳译:《古代亚洲的海洋贸易与闽南商人》,《海交史研究》2011年第2期,第40页。
[7] 金国平、吴志良:《从葡萄牙语及琉球汉语文献论析Cheilata之生平与事迹》(待刊)。
[8] 关于正德十三年琉球国贸易船火长蔡迪,参见《历代宝案》卷四十二,第一集,台湾大学,1972年影印本,第1347页。承蒙金国平告知这条史料,谨致谢忱。

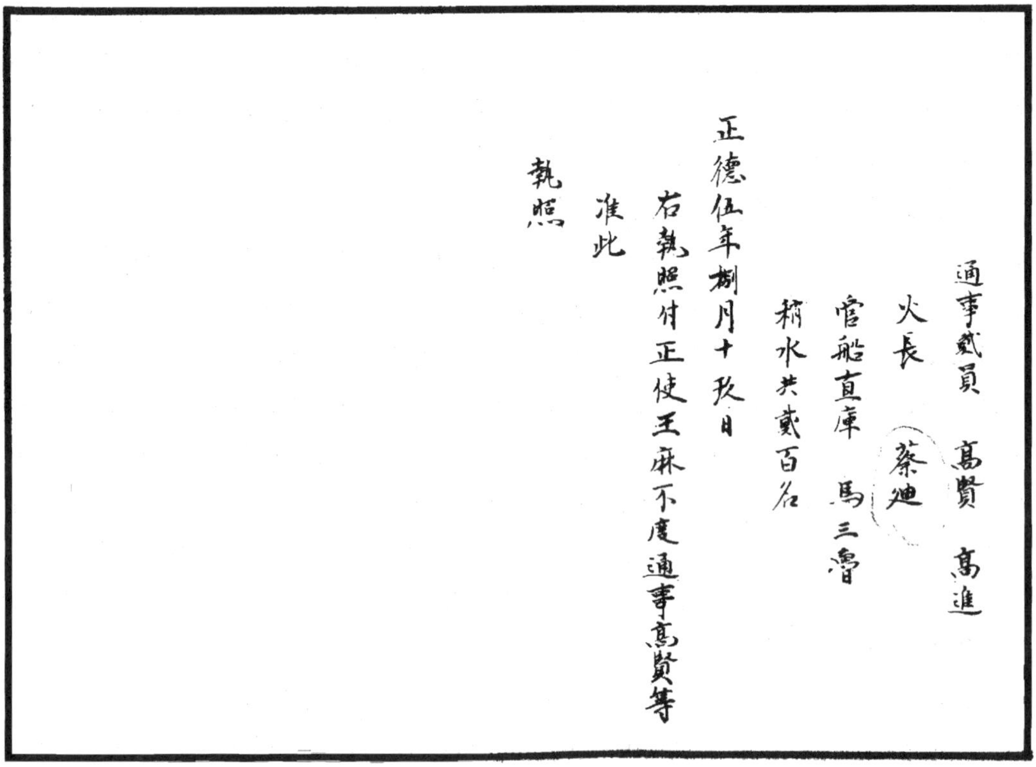
通事貳員 高賢 高進
火長 蔡廸
管船直庫 馬三魯
稍水共貳百名
正德伍年捌月十玖日
右執照付正使王麻不度通事高賢等
准此
執照

图5-5 《历代宝案》卷四二

物不多；它们接踵前来窥探本地。他们的船长是Cheilata（蔡老大）。此人系一年迈华人，曾在此遇到过斯科拉；他高兴地与本城的港务长及其官员会商。陛下的一艘中国式帆船满载胡椒前往那里，其中一半属于陛下，另外一半属于港务长；我等待它归还；一切顺利；有五条本地船与其同行。在陛下的船上有两名我们的人随从。一人任商务代理，另外一个是书役。”〔1〕信中提到的“斯科拉”指1509年到过马六甲的葡萄牙船长塞盖拉，而“商务代理”则指葡萄牙商人欧维士。1513年，葡属马六甲总督阿尔布科尔科派他随蔡老大的中国船队前往广东沿海去“发现”中国。

1513年1月7日，多默·皮列士在马六甲写给葡王的信中也提到：“陛下的一艘帆船离此赴中国，和其他也去那里装货的船一起。已支付和现正在支付的商货以及费用，在你和本达拉尼纳·查图之间均摊；我们期待它们在两三个月内返回这里。”〔2〕有学者认为欧维士首航中国在1514年，这封信说明实际上当在1513年（正德八年）。欧维士随蔡老大

〔1〕 金国平，前揭书，第33页。
〔2〕 多默·皮列士，前揭书，第229页，注69。

船队抵达广东珠江口外一个荒岛后不久,便在岛上竖了一个刻有葡萄牙国徽的发现碑。1515年1月8日,葡属马六甲总督阿尔布奎克在写给葡王唐·曼努埃尔的信中说:前往中国的葡萄牙人中"还有一名叫乔治(Jorge Alveres,即欧维士)。后者是我任命的,因为他是一个胜任此事的人。他曾为陛下做过许多事情,例如:前往中国,他曾是陛下中国式帆船上的商务代理人。他是第一个为陛下树立发现碑的人。"[1]

欧维士首航中国的荒岛,葡萄牙人称作Tamão,明史称为"屯门"或"大澳"。问题是,广东珠江口有许多岛屿皆称"屯门"。[2]欧维士登陆的荒岛又在什么地方呢?近年考古发现表明,这座岛屿就在广东台山市上川岛。明初颁布禁海令后,中国东南沿海的海岛居民全部迁往内陆,所以明代上川岛是一座荒岛。《大明一统志》记载:"上川山、下川山在新会县西南一百四十里海中,上川石山,下川土山……居民以贾海为业。洪武中迁之,今为荒壤。"[3]《苍梧总督军门志》卷五记载:"南头寨,自大鹏、鹿角洲起,至广海三洲山上,为本寨信地……该寨兵船驻劄屯门,分官哨,一出佛堂门……一出浪白(今珠海)。"[4]南头寨兵船驻扎的"屯门",就是葡萄牙史料所言"距广州20里格的路程"的屯门岛,距南头城仅1里格。据葡萄牙史料,"距广州20里格的路程"还有一座"屯门岛"。我们认为,这个屯门岛指香港大屿山,而"距广州30里格的路程"的屯门岛则为欧维士登陆的荒岛,《苍梧总督军门志》称作"三洲"。从该书《全广海图》看,明代上川岛由三洲、大澳等诸多岛屿组成,后来才连为一岛。[5]正如汤开建指出的,欧维士登陆的Tamão岛,明史称"屯门"或"大澳",也即《全广海图》所标"大澳"岛。[6]

早在1965年,广东考古界前辈朱非素就在上川岛沙勿略墓园附近海滨发现明代外销瓷遗址,迟至2004年台山市博物馆馆长蔡和添和北大学生黄清华、黄薇才对该遗址进行调查。2004年2月,他们在《中国文物报》初步报道了这个明代外销瓷遗址,后来又在《文物》发表调查简报。[7]2007年夏,我们在黄清华、黄薇和上川岛旅游局马局长陪同下,对上川岛明代外销瓷遗址进行实地考察,初步掌握了这个遗址的第一手资料。2009年9月,北京大学、中国国家博物馆与广东台山市博物馆联合考察队又对上川岛进行了为期两天的考察,并取得重要成果。

据葡萄牙史料记载,欧维士第二次到上川岛后不久,就不幸病死在岛上。文中说:

---

[1] 金国平,前揭书,第35页。
[2] 施存龙:《葡人入居澳门前侵入我国"南头"考实》,《中国边疆史地研究》1999年第2期,第51—63页。
[3] [明]李贤等撰:《大明一统志》卷七十九,西安:三秦出版社,1990年,第1209页。
[4] [明]应檟、刘尧诲等编:《苍梧总督军门志》卷五,全国图书缩微复制中心,1991年,第96页。
[5] 《苍梧总督军门志》卷五《全广海图》,第90页。
[6] 汤开建,前揭书,第27—57页。
[7] 黄薇、黄清华:《广东台山上川岛花碗坪遗址出土瓷器及相关问题》,《文物》2007年第5期,第78—88页。

"1521年6月20日，杜瓦尔特·科埃略乘坐一装备精良的中国式帆船，率一条满剌加居民的中国式帆船赶到。他从我们的人那里一得知当地的情况及担任海军上将职务的海盗已向我们的人发起数次进攻，他想立即离开那里，但看到我们的人装备不足以对付进攻，为救援他们，他留了下来。主要是为了他的挚友欧维士的缘故，当时他病得很重。杜瓦尔特·科埃略抵达后11天，他便离开了人间。他被埋葬在刻有葡萄牙王徽记的石质发现碑下。这块石碑正是他欧维士在拉法尔·普雷斯特抵达此地前一年在此竖立的。当年，他将过世的儿子埋在了碑下。尽管那个异教的地区吞噬了他的躯体，但在这天涯海角，他为了祖国的荣誉竖起了一块发现纪念碑。"[1]黄薇在她的硕士论文中讨论了上川岛石笋村的一个石笋，该村得名于这个石笋。她认为，这个石笋就是欧维士1514年在岛上竖立的发现碑（图5-6）。[2]

这块石碑残高1.85米。如果加上残缺的碑首，全高约2.4米，与葡萄牙人在其他地方竖立的发现碑高度相同。据葡萄牙史料记载，欧维士发现碑上刻有葡萄牙国徽浮雕，也即葡萄牙王唐·曼努埃尔一世（1495—1521年）的保教盾牌徽章。这种徽章亦用于葡萄牙钱币和国旗。根据葡萄牙金币上唐·曼努埃尔一世的保教盾牌徽章，完全可以复原这个碑首。

在汉文史料中，唯一提到这块石碑的是万历五年（1577年）陈文辅撰《都宪汪公遗爱祠记》（图5-7）。其文曰："近于正德改元，忽有不隶贡数恶彝，号为佛郎机者，与狡猾杂凑屯门、葵涌（原文误作"浦"）等处海澳。设立营寨，大造火铳，为攻战具。占据海岛，杀人抢船，势得猖獗，虎视海隅。志在吞并。图形立石，管辖诸番。脍炙生人，以充尝食，民甚苦之。"[3]

关于外国商船在珠江口外的停泊码头，葡萄牙史料记载："上述满剌加中国式帆船泊于屯门岛。如前所述，该岛距广州20里格。这些岛屿至南头陆地的海面距离为1里格。在那里，满剌加中国式帆船泊于屯门澳，暹罗的中国式帆船则下碇葵涌（Hu Cham）港。较之暹罗人的港口，我们的港口距中国更近3里格。货物先到暹罗人的港口，然后再至我们的港口。"[4]据我们研究，满剌加国商船停泊的"屯门澳"在香港竹篙湾，葡萄牙人的停泊地为上川岛。既然暹罗商船停泊地蔡涌港距离葡萄牙人停泊地——上川岛只有3里格，这个岛屿当指下川岛，那么，《都宪汪公遗爱祠记》提到的"葵涌"当指下川岛

---

[1] 金国平，前揭书，第152页。
[2] 黄薇：《广东台山上川岛"花碗坪"遗址出土明代外销瓷器及其相关问题研究》，北京大学考古文博学院硕士毕业论文，2006年，第24—28页。
[3] ［明］陈文辅撰：《都宪汪公遗爱祠记》，收入清嘉庆本《新安县志》卷二十三，第6—7页。
[4] 金国平，前揭书，第23页。

而言。[1]

三、葡萄牙人定制的正德民窑青花瓷

正德十二年（1517年），葡萄牙王唐·曼努埃尔一世首次派使团访华，试图与明朝建立贸易关系。关于葡萄牙使团出访明廷之事，《明史·外国传》记载："佛郎机，近满剌加。正德中，据满剌加地，逐其王。十三年遣使臣加必丹末等贡方物，请封，始知其名。诏给方物之直，遣还。其人久留不去，剽劫行旅，至掠小儿为食。已而夤缘镇守中贵，许入京。武宗南巡，其使火者亚三因江彬侍帝左右。帝时学其语以为戏。"[2]

火者亚三之名，源于波斯语Cojação（Khoja Hassan），今译"霍加·哈桑"。明代在马六甲从事贸易活动的许多穆斯林叫这个名字，或译"杨三"。据金国平考证，杨三即《广州葡囚信》所记满剌加使团的副使，名叫火者哈桑。广州大吏打算派他去宾坦岛联系满剌加国流亡政府，但他惧怕佛郎机人不敢去。[3]《殊域周咨录》记载："有东莞县白沙巡检何儒，前因委抽分，曾到佛郎机船，见有中国人杨三、戴明等，年久住在彼国，备知造船、铸铳及制火药之法。令何儒密遣人到彼，以卖酒米为由，潜与杨三等通话，谕令向化，重加赏，彼遂乐从。约定其夜，何儒密驾小船，接引到岸，研审是实；遂令如式制造。举兵驱逐，亦用此铳取捷。夺获伊铳大小二十余管。"[4]葡萄牙大使"加必丹末"并非人名，而是葡萄牙语官名Capitan Moor，意为"大船长"。这位大使的真实姓名是"多默·皮列士"，或译"皮雷斯"，因此这个使团亦称"皮雷斯使团"。葡萄牙使团在广州城苦苦等候了两年多，最后他们通过贿赂"镇守中贵"（宁诚时为广东三堂镇守太监）才得到入京诏书。[5]

葡萄牙人首航上川岛之前就在马六甲打探到："中国的土地和人民，被描述得伟大、富庶、美丽和壮观。……任何中国人，如无广州官员的许可，不能去暹罗、爪哇、马六甲、巴昔等地及更远的地方。……广州城是全中国无论陆路还是海路大批商品装卸之地。广州城在一条大河的河口。"[6]《筹海图编》卷十二记载："浙人多诈，窃买丝绵、水银、生铜、药

---

[1] 林梅村：《大航海时代东西方文明的交流与冲突：15—16世纪景德镇青花瓷外销调查之一》，《文物》2010年第3期，第84—96页。
[2] 《明史·外国传》，第8430页。
[3] 金国平，前揭书，第89页。
[4] ［明］严从简：《殊域周咨录》，余思黎点校，北京：中华书局，1993年，第321—322页。
[5] 关于火者亚三的新研究，参见金国平、吴志良：《"火者亚三"生平考略：传说与事实》，中国社会科学院历史研究所明史研究室编：《明史研究论丛》第十辑，北京：紫禁城出版社，2012年，第226—244页。
[6] 多默·皮列士，前揭书，第96—98页。

图5-6　欧维士在上川岛所立发现碑

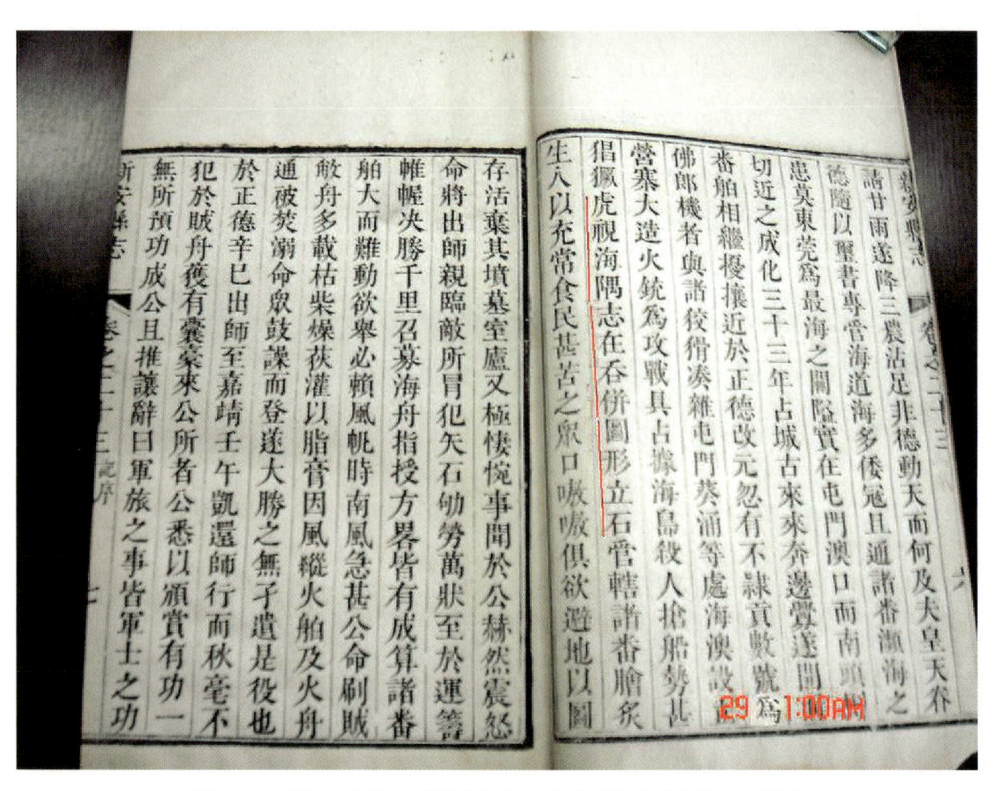

图5-7　万历五年陈文辅撰《都宪汪公遗爱祠记》(作者自摄)

图5-8　葡萄牙定制的正德民窑青花执壶与托普卡比宫藏正德民窑青花执壶

图5-9　绘制葡王徽章的花浇、青花蒜头壶与明代藩王墓出土正德窑青花蒜头壶

材一切通番之货,抵广变卖;复易广货归浙。本谓交通,而巧立名曰'走广'。"[1]在广州等候正德帝诏令时期,葡萄牙人大肆进行公开贸易活动,广东对外贸易随即呈现出"番舶不绝于海澨,蛮夷杂沓于州城"的繁荣景象。[2]值得注意的是,葡萄牙人还在景德镇定购了一批明青花。其中三件执壶绘有葡萄牙王唐·曼努埃尔一世盾牌和浑天仪徽章,所绘图案显然仿自葡萄牙钱币图案。

第一件为1999年苏富比拍品,现为葡萄牙人桑托(G.B.E. Santo)私人藏品。通高18.7厘米,颈部饰蕉叶纹,圈足饰云雷纹,壶嘴饰火焰纹,圈足饰云雷纹,腹部正反面绘葡王徽章,底款为"正德年造"(图5-8:1)。德国学者鲁茜施密特(Maria F. Lochschmidt)根据器型定为嘉靖器。[3]宣德窑乃一代名窑,明清至今景德镇窑厂仿造了大批宣德款赝品。而正德窑水平不高,造假者不太可能用正德款。这件执壶的器型和釉色,均与土耳其托普卡比宫所藏正德民窑青花执壶相似(图5-8:2),并与葡萄牙定制的另外两件执壶大同小异。这件青花执壶明确写有"正德年造"底款,说明三者皆为正德年间在景德镇定制的。

第二件为葡萄牙私人藏青花执壶,高26.4厘米;颈部饰水草纹,口沿饰云雷纹,腹部饰葡萄牙王盾牌和浑天仪徽章,底款为"宣德年造",壶嘴与壶颈连接部分残。第三件为梅德罗斯·阿尔梅达基金会藏品(图5-8:3),与第二件青花执壶相同,保存良好。有学者推测这两件执壶烧造于1514年(正德十四年),但是未能说明立论根据。[4]

除了青花执壶之外,葡萄牙人还定制了一件带葡王徽章的青花花浇,现为纽约大都会博物馆藏品(图5-9:1)。通高18.7厘米,颈部无纹饰,口沿呈六方形,上饰云雷纹,底款为"宣德年造"。从手柄残留部分可知,这个花浇的手柄与葡萄牙人定制的正德窑青花执壶相同,采用摩羯鱼尾造型,而高度恰好与第一件正德年造款青花执壶高度相同。2006年,我们参观雅加达国家博物馆时,在展厅中见到一件带葡王徽章的青花蒜头壶。通高25厘米,腹径12.4厘米。壶上蒜头部分饰水草纹,颈部饰梅月纹,腹部正反面分别饰有葡王曼努埃尔一世保教盾牌和浑天仪图(图5-9:2)。2007年,考古工作者在武汉市江夏二妃山明藩王陵园发掘了辅国将军朱均钵墓(编号M2)。墓主人是明楚昭王朱桢的曾孙,葬于正德四年(1509年)。值得注意的是,朱均钵墓随葬了一件青花蒜头壶(图5-9:3),造型和纹样与葡萄牙人定制的蒜头壶如出一辙,现藏武汉市江夏区博物馆。这个青花蒜

---

[1] [明]郑若曾编:《筹海图编》,北京:中华书局,2007年,第831页。

[2] 《明史·外国传》,第8430页。

[3] Maria F. Lochschmidt, Chinesisches Blauweiß Exportporzellan Die portugiesischen Bestellungen vom Anfang des 16 Jahrhunderts bis 1722: Eine neue Chronologie mit Beiträgen zu Form und Dekor, Wien, 2008.

[4] Monlque Crick, "The First Chinese Trade Ceranics Made to Order for the Portuguese Market",《中国古代贸易瓷国际学术研讨会论文集》,台湾历史博物馆,1994年,第82—94页。

头壶高约30.1厘米,口径2.8厘米,底径10.3厘米。有学者将其年代定在弘治时期,不一定正确。我们认为,这个正德四年墓随葬的青花蒜头壶当即景德镇正德窑产品。

据葡萄牙史料,漳州与葡萄牙人的海上交易始于正德十三年,那么,当时葡萄牙人是否携带银元到海澄浯屿交易呢?有研究者认为:"由当时葡萄牙的货币铸造流通情况看,葡萄牙本土货币重量轻薄,铸量不多,当时流向海外的数量有限,流通范围并不广。而且根据近30年来我国沿海一带出土发现的情况看,16世纪初期的葡萄牙本土货币至今并没有发现。因此笔者认为从1518年葡萄牙来到闽南沿海至16世纪30年代末,中葡之间的贸易主要是以货易货为主,也有一部分是由葡萄牙的海外转口贸易中所获得的白银作为支付手段。1535年后,西班牙在美洲大量开采银矿并将其铸造成银币,由于西属美洲银元重量相对统一,成色标准,因此在当时的东西方贸易中广受欢迎,中葡之间的贸易转而使用西班牙银元。"[1]然而,葡萄牙人早期定制瓷的发现,说明早在正德年间葡萄牙钱币就传入景德镇,而钱币上图案则成为正德窑青花瓷图案的粉本(图5-10)。[2]

葡萄牙人访华的目的是和明朝建立贸易关系,完全是有备而来。他们在满剌加聘请的翻译火者亚三是"浮梁人"(今景德镇人)。《明史·外国传六》记载:"佛郎机,近满剌加。正德中,据满剌加地,逐其王。十三年(1518年)遣使臣加必丹末等贡方物,请封,始知其名。诏给方物之直,遣还。其人久留不去,剽劫行旅,至掠小儿为食。已而夤缘镇守中贵,许入京。武宗南巡,其使火者亚三因江彬侍帝左右。帝时学其语以为戏。……亚三侍帝骄甚。从驾入都,居会同馆。见提督主事梁焯,不屈膝。焯怒,挞之。彬大诟曰:'彼尝与天子嬉戏,肯跪汝小官邪?'明年,武宗崩,亚三下吏。自言本华人,为番人所使,乃伏法,绝其朝贡。"[3]

广东地方官员顾应祥在广州城接待了这批不速之客。他在《静虚斋惜阴录》回忆:"正德间,予任广东按察司佥事,时巡海副使汪鋐进表赴京,予带管海道。蓦有番舶三只至省城下,放铳三个,城中尽惊。盖前此番舶俱在东莞千户所海澳湾泊,未有径至城下者。市舶提举吴洪赐禀,予亲至怀远驿审视。其通事乃江西浮梁人也,禀称此乃佛郎机国遣使臣进贡,其使臣名加必丹,不曾相见。予即差人往梧州呈禀。三堂总镇太监宁诚、总兵武定侯郭勋俱至。其头目远迎,俱不跪拜。总督御史陈金独后至,将通事责治二十棍,分付提举:远夷慕义而来,不知天朝礼仪,我系朝廷重臣,着他去光孝寺习礼三日方见。……总督衙门分付:《大明会典》原不载此国,令在驿中安歇,待奏准方可起送。……

---

[1] 林南中:《早期葡萄牙银元流入闽南小考》,《中国钱币》2014年第1期,第25页。
[2] 黄薇、黄清华,前揭文,第78—88页。
[3] 《明史·外国传六》,第8430—8431页。

图5-10 上川岛采集的景德镇正德窑青花瓷片与葡萄牙王唐·曼努埃尔一世金币

后奉旨许令进贡,至京,见礼部亦不拜跪。武庙(指正德帝)南巡,留于会同馆半年有余。今上(指嘉靖帝)登极,将通事问罪,发回广东,逐之出境。"[1]

据葡萄牙史料,火者亚三贿赂的"镇守中贵"当即广东市舶司大太监宁诚。据说葡萄牙使团抵达广州"3天后,大吏来到了广州城。如同中国所有负责司法及财政的官员一样,他是阉人。……大吏派人告诉费尔南·佩雷斯·安德拉德说,他可下令叫在贸易岛的船只前来广州,因为在此装卸较容易。他回答说船只在贸易岛需要修理。此外,大吏在码头边为我们提供了一所房子存载货物并派驻一商站书役、代理商及商人。这样开始了与华人的交易。气氛友好、安全。我们的人可以登陆。大吏时常派人来拜访费尔南·佩雷斯·安德拉德并送上许多礼物。我们的人在当地很守规矩,无任何越轨行为,大家和平相处。他派人向大吏要求允许在贸易岛建一砖石结构的房屋、一碉堡,以便存放货物,免受盗匪的袭击。大吏批准了这一请求。"正如金国平指出的,这位大吏正是广东市舶司大太监宁诚。

---

[1] [明]顾应祥:《静虚斋惜阴录》卷十二《杂论三》,《北京图书馆古籍珍本丛刊》第64册,北京:书目文献出版社,1987年影印,第156页。

问题是，宁诚又是通过什么人最后获得正德帝允许入京诏书的呢？据《明史·钱宁传》记载，在南昌的明藩王"宸濠反，帝心疑（钱）宁。宁惧，白帝收宸濠所遣卢孔章，而归罪贤，谪戍边，使校尉杀之途以灭口，又致孔章瘐死，冀得自全。然卒中江彬计，使董皇店役。彬在道，尽白其通逆状。帝曰：'黠奴，我固疑之。'乃羁之临清，驰收其妻子家属。帝还京，裸缚宁，籍其家，得玉带二千五百束、黄金十余万两、白金三千箱、胡椒数千石。"[1]显然，从钱宁家查抄出来的"数千石胡椒"，就是火者亚三贿赂广东市舶司大太监宁诚的赃物，宁诚又用其贿赂宫中太监钱宁才得到正德帝允许入京的诏书。不仅如此，这些绘制葡萄牙王唐·曼努埃尔一世徽章的青花瓷进而说明葡萄牙人可能即通过钱宁等人在景德镇定制了中国瓷器。钱宁因参与明藩王朱宸濠叛乱而在1519年12月被捕，[2]那么可能这位正德帝的宠臣为葡萄牙人定制景德镇明青花即在正德十三年（1518年）。

人们不禁要问，这批葡萄牙人定制的景德镇明青花又是什么人运回欧洲的呢？据葡萄牙史料记载，"费尔南·佩雷斯·德·安德拉德在那里（指上川岛）逗留了14个月，了解了许多情况。1518年9月，他起航返回。……费尔南·佩雷斯·德·安德拉德及船队其他人无不满载而归，腰缠万贯。他们出发后，驶往满剌加。"[3]1518年为正德十三年，这批明青花显然是葡萄牙船长费尔南·佩雷斯·德·安德拉德从广东上川岛带回欧洲的。就目前所知，这是景德镇烧造的年代最早的欧洲定制瓷之一。

（本文初刊于《文物》2011年第12期，收入本书时作了一些补充修改）

---

[1]《明史·钱宁传》，第7892页。
[2]（美）牟复礼、（英）崔瑞德编：《剑桥中国明代史》，张书生、黄沫等译，北京：中国社会科学出版社，1995年，第474页。
[3] 金国平，前揭书，第185页。

图6-1 双屿港鲫鱼港

6

寻找双屿港

1521—1522年，在广东海道副使汪鋐所率明军的打击下，葡萄牙人被迫逃离在广东沿海设立的走私贸易港屯门岛（Tamão，或称大澳，今广东台山市上川岛）。[1]不久，在福建海商的引导下，葡萄牙人来到福建、浙江沿海继续从事走私贸易。史载"正德间，因佛郎机夷人至广，犷悍不道，奉闻于朝，行令驱逐出境，自是安南、满剌加诸番舶有司尽行阻绝，皆往福建漳州府海面地方，私自行商，于是利归于闽，而广之市井皆萧然矣"。[2]佛郎机是中国史书对葡萄牙人的古称。郑舜功《日本一鉴》记载：嘉靖五年（1526年），福建罪囚邓獠"越狱遁下海，诱引番夷，私市浙海双屿港，投托同澳之人卢黄四等，私通贸易"。[3]所谓"番夷"，指16世纪初盘踞双屿的葡萄牙人。郑舜功是广东新安人，因熟黯夷务，经负责浙江海防的杨宜推荐，1555年出使日本。郑舜功对盘踞双屿港的许氏兄弟非常了解，许栋之弟许四就是1557年郑舜功在赣州擒获的，所以他对葡萄牙人在双屿港活动的记述相当可信。目前学界一致认为，双屿就在浙江舟山群岛的六横岛。[4]

---

[1] [明]应槚等编：《苍梧总督军门志》卷五《全广海图》初刊于万历九年，全国图书缩微复制中心，1991年，第96页。上川岛当时由"三洲"等三岛组成，其中"大澳"岛即葡萄牙人所谓Tamão岛（参见汤开建：《中葡关系的起点：上、下川岛——Tamão新考》，收入汤开建：《澳门开埠初期史研究》，北京：中华书局，1999年，第27—57页）。
[2] [明]严从简著：《殊域周咨录》，余思黎点校，北京：中华书局，1993年，第323页。
[3] [明]郑舜功：《日本一鉴·穷河话海》，民国二十八年据旧抄本影印。
[4] 方豪：《十六世纪浙江国际贸易港Liampo考》，《方豪六十自定稿》上册，台湾学生书局，1969年，第91—121页；张增信：《十六世纪前期葡萄牙人在中国沿海的贸易据点》，《中国海洋发展史论文集（二）》，台北，1986年，第75—104页；徐明德：《论十六世纪浙江双屿港国际贸易市场》，《海交史研究》1987年第1期，第14—24页；毛德传：《十六世纪的上海——双屿历史地理考略》，《舟山师专学报》1996年第4期，第31—34页转84页；王慕民：《十六、十七世纪葡萄牙与宁波之关系》，《澳门研究》1999年第1期，第1—31页；龚缨晏、杨靖：《近年来Liampo、双屿研究述评》，《中国史研究动态》2004年第4期，第13—19页；钱茂伟：《明代宁波双屿港区规模的重新解读》，张伟主编：《浙江海洋文化与经济》第1辑，北京：海洋出版社，2007年，第152—158页；陆位世：《十六世纪双屿港港址考略》，普陀海洋文化研究会编：《普陀潮》2008年第5期，第50—51页。

一、双屿港——16世纪国际贸易的中心

六横岛在明代属于宁波府定海县郭巨千户所（今宁波市北仑区郭巨村），故葡萄牙人称之为Isles de Liampo（宁波岛）或Syongicam（双屿港）；[1]由六横、悬山、虾峙等105个海岛组成，今属浙江舟山市普陀区。尽管明王朝实行"片板不许入海"的海禁政策，[2]但是葡萄牙人却与闽浙海盗勾结，在双屿港建立了全球性的贸易中心，来自美洲、欧洲、日本的白银源源不断运到这里，以换取中国丝绸、瓷器和茶叶。小小的双屿港在明代嘉靖年间竟然有1 200名葡萄牙人定居，在岛上从事走私贸易长达20余年，被日本学者藤田丰八称为"十六世纪之上海"。[3]

嘉靖十九年（1540年）以后，葡萄牙人在双屿建立了比较固定的"临时居留地"，搭棚交易、存栈、过冬，进而建有房屋。据说在双屿有1 200人，浯屿有500人。[4]嘉靖二十年（1541年），葡萄牙冒险家平托（Fernão M. Pinto）随葡印总督法利亚（Pero de Faria）船队游历了双屿港。平托在《远游记》一书写道："双屿，我在前有详述，它是距此向北二百多里格远的一个葡萄牙人的村落。因一葡萄牙人的胡作非为，双屿在片刻之内被摧毁，夷为平地。我亲身经历了这场灾难。当时我们人力及财产损失无法估计。因为当时那里还有三千多人，其中一千二百为葡萄牙人，余为其他各国人。据知情者讲，葡萄牙的买卖超过三百万金，其中大部分为日银。日本是两年前发现的，凡是运到那里的货物都可以获得三四倍的利钱。这村落中，除来来往往的船上人员外，有城防司令、王室大法官、法官、市政议员、死者及孤儿总管、度量衡及市场物价监视官、书记官、巡夜官、收税官及我们国中有的各种各样的手艺人、四个公证官和六个法官。每个这样的职务需要花三百克鲁扎多（指葡萄牙钱币）购买，有些价格更高。这里有三百人同葡萄牙妇女或混血女人结婚。有两所医院，一所仁慈堂。它们每年的费用高达三万克鲁扎多。市政府的岁入为六千克鲁扎多。一般通行的说法是，双屿比印度任何一个葡萄牙人的居留地都更加壮丽富裕。在整个亚洲，其规模也是最大的。"[5]

这位葡印总督在双屿港活动期间还在景德镇定制了一批青花瓷。葡萄牙贝加市列

---

[1] 金国平编译：《西方澳门史料选萃（15—16世纪）》，广州：广东人民出版社，2005年，第57页。
[2] 《明史·朱纨传》记载："初，明祖定制，片板不许入海"，《明史》，第5403页。
[3] （日）藤田丰八著，何健民译：《葡萄牙人占据澳门考》，《中国南海古代交通丛考》，上海：商务印书馆，1936年，第378—384页。
[4] （葡）费尔南·门德斯·平托著：《远游记》下册，金国平译，澳门：葡萄牙大发现纪念澳门地区委员会等，1999年，第690—701页。
[5] 《远游记》上册，第Ⅲ页。

图6-2 葡萄牙人在双屿港活动时定制的景德镇青花瓷器

奥农王后博物馆收藏了其中一件青花碗（图6-2：3），口沿上葡萄牙文读作：Tempo de Pero de Faria 541；意为"法利亚定制，1541年"。1541年相当于嘉靖二十年。[1]据金国平考证，这是目前所见最早的有铭文的景德镇外销定制瓷。法利亚分别于1526—1529年和1539—1542年两次出任马六甲总督。从年款看，这青花碗是他在第二任期内在景德镇定制的。[2]金国平还指出，朱纨《三报海洋捷音事》将"法利亚"称作"别琭佛哩"。其文曰："许六现监绍兴府，族弟许四各不合，与先获监故林烂四等故违擅造二桅以上违式大船，将带违禁货物下海，前往番国买卖，潜通海贼……各造三桅大船，节年结伙收买丝绵、细段、磁器等货，并带军器越往佛狼机、满咖喇等国，叛投彼处番王别琭佛哩、类伐司别哩、西牟不得罗、西牟陀密哆等，加称许栋名号，领彼胡椒、苏木、象牙、香料等物，并大小火铳枪刀等器械……"[3]

嘉靖二十六年（1547年），巡抚赣南的右副都御史朱纨奉朝廷之命赴浙江提督浙闽海防军务。次年5—6月，朱纨率明军在双屿登陆，焚毁了葡萄牙人在岛上搭建的上千所寮屋、十余座教堂和数以百计的走私船，并填塞了双屿港。殊不知，明军焚毁的只是葡萄牙走私船中一小部分，据朱纨记载，嘉靖二十七年（1548年）"五月十日，浙海瞭报：贼船外洋往来一千二百九十余艘"。[4]可知明军摧毁双屿港后不久，附近海域仍有1 290多条走私船游弋。

日本天文十二年（1543年），闽浙海盗王直与三个葡萄牙头目带领上百名番商从暹罗（今泰国）乘船向双屿航行，途中遭遇风暴，结果于1543年9月23日漂流到琉球国南端种子岛（今属日本鹿儿岛县）。[5]一般认为，葡萄牙人于1543年抵达种子岛，"发现"了日本。殊不知，种子岛当时属于琉球，不足以说明葡萄牙人因此"发现"了日本。

葡萄牙史料披露了葡萄牙人首航日本的更多细节，据说，"542年，一个名叫弗雷伊塔斯的船长停泊在暹罗王宫的大城。三个葡萄牙人乘一条前往中国的中国式帆船逃离了他。他们是：莫塔、泽摩托和佩索托。他们前往位于30多度的双屿（Liampó）停泊，一场船尾暴风把他们吹离了陆岸。几天后，在东方32度处见到了人称日本的岛屿。似乎这

---

[1] Nuno de Castro, *A Porcelena Chinesa e os Brasões do Império*, Civilização, 1987, pp.128-129.
[2] 金国平、吴志良：《流散于葡萄牙的中国明清瓷器》，《故宫博物院院刊》2006年第3期，第107—108页；金国平、吴志良：《1541年别琭佛哩时代定制瓷之图饰、产地及定制途径考》，郑培凯主编《逐波泛海——十六至十七世纪中国陶瓷与物质文明扩散国际学术研讨会论文集》，香港城市大学中国文化中心，2012年，第287—300页。
[3] ［明］朱纨：《甓余杂集》卷四《三报海洋捷音事》，汤开建主编《明清时期澳门问题档案文献汇编》第5卷，北京：人民出版社，1999年，第271页。
[4] ［明］朱纨：《甓余集》卷一《双屿填港工完事》，陈子龙等选辑《明经世文编》第205卷，北京：中华书局影印本，1962年，第2166页。
[5] （日）久时：《铁炮记》，《南浦文集》卷上，宽永二年（1625年）版，第5页；（日）木宫泰彦著：《日中文化交流史》，胡锡年译，北京：商务印书馆，1980年，第618页。

便是书中常常提到的日本国及其财富；日本岛有金，多银，还有其他财富"。[1]所谓"542年"，即1542年的简称，相当于日本天文十一年或明代嘉靖二十一年，而"宁波城"指双屿港。伦敦维多利亚与埃伯特博物馆收藏了一件颇具伊斯兰风格的明代青花壶（图6-2：1），上有葡萄牙贵族徽章，底款为"大明嘉靖年制"（图6-2：2）。据考证，这件青花壶可能是嘉靖年间到日本和中国从事走私贸易活动的葡萄牙商人佩索托（Antonio Peixoto）在江西景德镇定制的。[2]明廷对景德镇瓷器底款有一定之规，官窑皆用"某某年制"，而民窑只能用"某某年造"。这件青花壶用"大明嘉靖年制"底款，说明它一定是明朝御窑厂违反规定为葡萄牙商人私下烧造的。

从此，葡萄牙人开始贩运中国货至日本，并将佛郎机铳等西方先进科学技术传入日本，史称"南蛮贸易"。[3]日本"南蛮屏风画"上绘有驶入长崎的葡萄牙海船（图6-3），明军在双屿港焚毁的正是这种大黑船。尽管双屿港就在六横岛之说，目前已在学界达成共识，但是这个港口在岛上什么地方却一直存在争议。2008—2009年，我们两赴六横岛访古，实地调查了岛上各类古迹和文物，为寻找明代双屿港遗址提供了科学依据。[4]

二、2009年双屿港调查

中外史料对双屿港均有所述，尤以明朝负责闽浙海防的朱纨著《甓余杂集》、明代海防专家郑若曾编《筹海图编》、16世纪葡萄牙冒险家平托撰《远游记》三本书最为详尽。[5]近年，澳门大学汤开建教授曾对平托《远游记》史源详加考证，认为与中国史书有关记载相当一致，堪称信史。[6]

历史上，六横岛本是一个众多小岛组成的群岛。岛上居民经历了明初、清初两次内迁，现在居民多为清康熙、乾隆年间从浙江沿海各地来的移民。清道光二十八年（1848

---

[1] 金国平编译：《西方澳门史料选萃（15—16世纪）》，广州：广东人民出版社，2005年，第60页。
[2] Craig Clunas (ed), *Chinese Export Art and Design*, London: Victoria and Albert Museum, 1987, p.34, fig.35.
[3] Christopher Howe, *The Origins of Japanese Trade Supremacy: Development and Technology in Asia from 1540 to the Pacific War*, Chicago: The University of Chicago Press, 1996, pp.11, 14-16.
[4] 2008年考察队成员有：北京大学教授林梅村及其学生喻婷、陈晓露、宁波市文物考古研究所金涛、舟山市普陀区史志办公室邬永昌等一行五人；2009年考察队成员有：北京大学教授林梅村及其学生喻婷、沈鳁、国家博物馆考古部主任杨林和雷生霖、国家博物馆舟山市工作站贝逸学、浙江海洋学院教授柳和勇、舟山市普陀区史志办公室邬永昌、《普陀潮》编辑部孙和军以及六横镇政府陪同人员洪主任等多人。这两次考察都得到六横镇宣传部门负责人叶含亚女士热情帮助，谨致谢忱。
[5] [明]朱纨：《甓余集》，陈子龙等选辑《明经世文编》卷205，北京：中华书局，1962年；[明]郑若曾著：《筹海图编》，李致忠点校，北京：中华书局点，2007年；（葡）费尔南·门德斯·平托著：《远游记》上下册，金国平译，澳门：东方葡萄学会，1999年。
[6] 汤开建：《平托〈游记〉Liampo纪事考实》，收入《澳门开埠初期史研究》，北京：中华书局，1999年，第27—57页。

图6-3 日本南蛮屏风画所绘葡萄牙大黑船

年）筑堤后，六横岛才逐渐联成一岛，此后又向外伸展建海塘，使上庄的蟑螂山岛、积峙岛，下庄的大夹屯岛、沙头岛与六横联为一岛，随后岛上陆地面积亦逐渐扩大。[1]现代六横岛指分布在舟山群岛南部一组岛屿，以六横岛为主体，包括佛渡岛、悬山岛、对面山、凉潭岛等五座有人定居的岛屿和一批无人岛礁。

关于双屿港的位置，郑若曾《筹海图编》第三十二图有明确标识（图6-4）。此书初刻于嘉靖四十一年（1562年），是目前所见明代双屿港最早的文献之一，那么该书所附双屿港位置图应该作为我们研究的基点。[2]需要注意的是，这幅明代海图的方向与现代地图正好相反，采用"上南下北，右东左西"方向。据我们研究，《筹海图编》所标岛屿方位大都是正确的，唯一的失误是将"白涂山"（今佛渡岛）误标在大漠坑（今六横岛西北岸大脉坑村）之西，本文引用时予以订正。

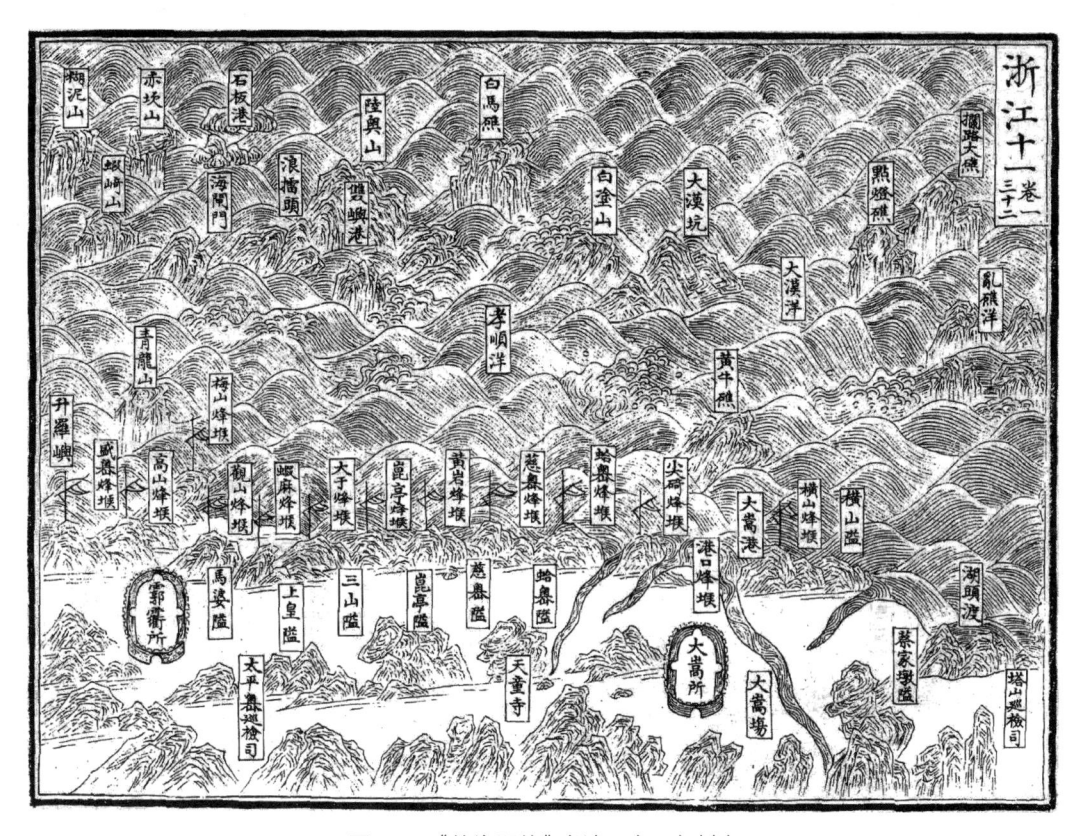

图6-4 《筹海图编》嘉靖四十一年刻本

[1] 毛德传：《"双屿"考略》，《中国方域——行政区划与地名》1997年第2期，第24—25页。
[2] 本图引自《筹海图编》卷一《浙江十一》第三十二图，《文渊阁四库全书·史部三四二·地理类》，台北：商务印书馆影印本，1986年，第20页。

《筹海图编》在六横岛周边标有六个岛屿，自东而西分别为：糊泥山（今桃花岛）、虾崎山（今虾峙岛）、赤坎山（今凉潭岛）、石板港（今悬山岛）、白涂山（今佛渡岛）和梅山（今梅山岛）。《筹海图编》在六横岛范围内亦标有六个地名，自西而东分别为：大漠坑（今六横岛西北岸大脉坑村）、白马礁（今六横岛东南岸小马嘴头附近）、陆奥山（今六横岛东部大尖峰山）、双屿港、浪擂头（今六横岛东岸台门港）、海闸门（今六横岛东岸乌龟山与悬山岛之间）。明初以来实行"片板不许下海"的海禁政策，岛上并无明朝百姓，只有闽浙海盗和葡萄牙人出没。既然如此，那么《筹海图编》所标岛上六个地名皆明代海盗出没之地，而葡萄牙人主要活动于双屿港。

2009年春，浙江省普陀区文物普查队在六横岛发现一处清道光年间摩崖石刻。这个石刻位于小湖社区杜庄村金寺山嘴，距地表10米左右；高约3米，宽约5米，镌刻横书"闽山古迹"四个大字，字体宽约30厘米。四个大字左边刻有直书双行小字，凡12字，铭文读作："浙江督学使书，福州廖鸿荃题"。廖鸿荃（1778—1864年），字应礼，号钰夫。祖籍将乐县，后迁侯官县（今福州市）。清嘉庆十四年（1809年）进士第二。授编修，累升至工部尚书、经筵讲官，赐紫禁城骑马。道光元年（1821年）八月，典试陕甘，生平总裁会试一次，典乡试、分校京兆试各三次，参与朝考阅卷，殿试读卷，又督学江苏、浙江等省。[1]据《清史稿》记载，廖鸿荃与林则徐是同朝为官的大臣，鸦片战争前后担任过右都御史、漕运总督等职。道光十九至二十四年间（1839—1844年）出任工部尚书。

2009年9月9日，我们到杜庄村实地调查了闽山古迹摩崖石刻（图6-5），但是附近未见任何与葡萄牙人相关的古迹。据汤开建考证，1540—1548年间，葡萄牙人占据双屿港时，当地"存在着两大中心，一是许氏兄弟海盗集团，一个是葡萄牙商人集团。这两者相互利用，互为表里，在一定程度上结成一体"。[2]明代史家王世贞记载："舶客许栋、王直辈，挟万众双屿诸港。"[3]可知明代六横岛上不止一个港口。《筹海图编》卷十二记载："商舶乃西洋原贡诸夷，载货泊广东之私澳……浙人又导之，改泊双屿。……自甲申（嘉靖三年）岁凶，双屿货壅……西洋船原回私澳。"[4]郑舜功《日本一鉴》卷六《流航》记载："嘉靖庚子（嘉靖十九年/1540年）继之，许一、许二、许三、许四潜入大宜满剌加等国，诱引佛郎机国夷人，络绎浙海，亦泊双屿、大茅等港，以要大利。"[5]看来，早在嘉靖三年，葡萄牙人

---

[1] 关于闽山古迹摩崖石刻的报道，参见沈璐：《浙江省舟山市新发现"闽山古迹"摩崖石刻》，浙江文物网网页（http://www.sach.gov.cn/tabid/300/InfoID/20922/Default.aspx）。
[2] 汤开建，前揭文，第47—48页。
[3] ［明］王世贞：《弇州四部稿》卷八十一《湖广按察副使沈公（启）传》，《文渊阁四库全书·集部》第1280册，台北：商务印书馆影印本，1986年，第346页。
[4] 《筹海图编》，第852—853页。
[5] ［明］郑舜功：《日本一鉴 穷河话海》，1939年影印本，第2页左。

就在双屿从事走私贸易了，而许氏兄弟迟至嘉靖十九年（1540年）才到双屿，比葡萄牙人晚十六年。许氏兄弟不会和葡萄牙人同居一地。《筹海图编》所标"白马礁"在杜庄正南海滨，可见杜庄附近海域明代有海盗出没。闽山古迹摩崖石刻的发现相当重要，说明杜庄一带或许是福建海盗集团的窝点。

葡萄牙人在双屿登陆之后，必然要在岛上补充淡水。为此，我们于2009年9月9日对六横岛东部淡水资源进行实地调查。大尖峰山脚下高峰村有一个大岙水库，是六横岛重要淡水资源之一。不过，这是一座现代水库。大尖峰山上礁潭村还有另一座水库，在古代水潭基础上扩建而成，今称"礁潭水库"。历史上，大尖峰山的礁潭无疑是六横岛最重要的淡水资源之一。礁潭水库有一条水渠引水下山，注入大岙水库。后者建有一个自来水厂，为六横岛东南各地供应淡水，而在古代这个地区靠水渠或小溪从礁潭引水。我们在礁潭附近水渠边采集到宋元青白釉瓷片，那么这条水渠应该是在古代溪流基础上改建而成。据平托《远游记》记载，双屿港附近"山头有淡水溪流，穿过茂密的树林直淌而下。林中多雪松、橡树、五针松、海松"。[1] 显然，平托说的"山头"就指大尖峰山的山头，而"淡水溪流"则指从礁潭流到山下的溪流。

据以上讨论，双屿港与大麦坑位于六横岛两座不同山脉上。大麦坑在今六横岛西北部龙山大脉坑村，那么双屿港应当在六横岛东南部某山，与龙山对峙。六横岛东南部可与龙山对峙的高山只有大尖峰山，也即《筹海图编》所谓"陆奥山"，朱纨称作"陆洪山"，六横岛的现代名称就来自这个古地名。据朱纨记载，嘉靖二十七年"五月十六日，臣自靠衢所（今宁波市北仑区郭巨村），亲渡大海，入双屿港，登陆洪山，督同魏一恭、刘恩至并指挥等官马奎等，达观形势……"[2]《筹海图编》将双屿港标在陆奥山（今大尖峰山）北麓，那么明代双屿港要在大尖峰山之北的海滨寻找。

2009年9月9日，我们到大尖峰山正北方向海滨村落调查，结果在西文山村取得重大收获。我们在村内一所民宅墙上意外发现一块异域风格的浮雕石碑（图6-6），上面图案颇似16世纪葡萄牙古钱币上的浑天仪（图6-7）。葡萄牙国徽和国旗上也有浑天仪，这是一种古老的导航仪，代表葡萄牙人的航海成就。据当地村民讲，这块浮雕石碑是20世纪50—60年代从该村附近古墓地搬来的。西文山或称"戏文山"，原名似为"西坟山"。这座小山或许是葡萄牙人墓园所在地，因而称作"西坟山"。欧洲人往往把墓地建在教堂，葡萄牙人在马六甲拆毁满剌加国王宫修建了一座圣保罗教堂，这座教堂内就有许多葡萄

---

[1]《远游记》上册，第194页。
[2][明]朱纨：《甓余杂集》卷二《捷报擒斩元凶荡平巢穴以靖海道事》，《四库全书存目丛书·集部》第七八册，济南：齐鲁书社影印本，1996年，第42页。

图6-5　杜庄闽山古迹摩崖石刻

图6-6　西文山异域风格的浮雕石碑

图6-7 葡萄牙人在印度和马六甲发行的带浑天仪图案的钱币

图6-8 马六甲圣保罗教堂内葡萄牙天主教徒墓碑

牙天主教徒的浮雕墓碑（图6-8），有些墓碑刻有保教盾牌浮雕图案。那么西文村的浮雕石碑也许出自葡萄牙人修建的某个教堂。

平托《远游记》记载："无染受孕圣母堂的钟声敲响了。它是当地（指双屿）六七所教堂的主堂。众人聚会在一起讨论那两个人说的事情。"[1]故知葡萄牙人在岛上建有多座天主教堂，其中包括一座圣母教堂。平托还具体描绘了岛上一座天主教堂。他在《远游记》写道："在路的尽头，有一漆成岩白色的松木木塔。它的顶层有三个塔尖。每个塔尖上有一镀金的风向标和一面带有金色王徽的白缎旗。……此时，塔最高处作为瞭望台用的那个地方的那口钟敲了三下。听到钟声，鼎沸的人群立即安静下来。"[2]可知岛上天主教堂采用木结构建筑，而且房顶上还有钟楼。嘉靖二十七年四月，王守元等人"带兵入港拨逻，将双屿贼建天妃宫十余间、寮屋二十余间、遗弃大小船二十七只，俱各焚烧尽绝，止留阁坞未完大船一只……"[3]朱纨所谓"天妃宫十余间"未必全是妈祖庙，可能包括葡萄牙人在岛上所建圣母教堂。由于葡萄牙人所建教堂和住宅主要为木结构草棚式建筑，大部分被明军焚毁。不过，葡萄牙教堂的浮雕石刻不会焚毁殆尽，那么西文山村一带古代石刻应该作为我们下一步考古调查的重点。

2009年春，中国国家博物馆舟山工作站考古队在中日古航道——乌沙水道附近朱家尖境内大沙浦调查时，发现一处元明时代港口遗址。这个遗址有大批红石条、红石板埋藏在港口东南侧半山腰。此外，他们还了解到在古港西北口塞峰山水下有大片瓦砾堆积；在乌沙门南口乌柱山上有荒置的红石条。[4]我们在西文山调查时见到类似的古代红石板，砌有异域风格浮雕石碑的民宅对面房屋，就用这种红石板砌筑房基。《筹海图编》在六横岛附近标有地名"石板港"，可知明代港口用石板砌筑。《筹海图编》将双屿港标在陆奥山（今大尖峰山）北麓，而西文山就在大尖峰山之北，朱纨《双屿填港工完事》记载：嘉靖二十七年"六月二十六日，与刘恩至同到双屿，看得北港已筑未完，南港尚未兴筑。"[5]可知明代双屿港有南北两个码头，而西文山可能是其中之一。西文山之北海滨有个古码头，直到近代仍在使用。明军早就将双屿港填塞，那么双屿港不可能在今西文山古码头。如果双屿港在西文山一带，那么明代港口遗址当在西文山之南，由于明军填港，这个港口恐怕早就淤积为陆地。

我们在西文山村采集的瓷片中有一片青花碗底残片（图6-9：1），瓷质和釉色与福建

---

[1] 金国平译，前揭书，第194页。
[2] 金国平译，前揭书，第198页。
[3] 朱纨，前揭书，第78册，第40页。
[4] 贝逸学：《双屿港考古调查报告》，2009年9月8日六横岛双屿港讨论会发言稿。
[5] 朱纨，前揭书，第78册，第40页。

漳州窑明青花相似。漳州窑瓷器颇受江西景德镇民窑青花瓷烧造技术的影响，但是它们的材质和生产方式存在很大差异。漳州窑瓷器无论是有盖的还是无盖的器型（盘、碟、高足杯、罐、花瓶、瓶、小罐、军持和盖盒）都是厚胎，制作粗率，并且器底和圈足粘有不同程度的粗砂。[1]西文山村民房所用古代石板有可能来自明代双屿港遗址。西文山古码头东南10多公里处是六横岛最大的码头——台门港，南起海闸门，东至大葛藤山，全长10公里，水深5—20米，可使用海域面积达20平方公里，属于国家一级渔港，也是渔船避风、锚泊、补给的良港。双屿港的葡萄牙人自然选择岛上最好的码头作为走私贸易港，而台门港恰为六横岛最好的良港之一，很可能即葡萄牙人使用过的码头。

《筹海图编》在六横岛东南端标有两个地名，分别称作"浪擂头"和"海闸门"。后者在今台门港附近乌龟山与对面山之间，如今仍称"海闸门"。2009年9月，我们到海闸门进行实地调查。这里最早的古迹是乌龟山的天妃宫，据说是六横岛最古老的妈祖庙之一。这座天妃宫经历代改建，如今早已面目全非。不过，我们在天妃宫附近采集的瓷片中有一片明青花碗底瓷片，上饰瓜棱纹（图6-9∶2）。北京首都博物馆古陶瓷专家裴亚静注意到这个瓷片属于明青花，我们进而发现其装饰风格与上川岛外销瓷遗址出土景德镇嘉靖款民窑瓜棱纹青花盘片（图6-9∶3）完全一致，[2]当系景德镇嘉靖民窑青花盘残片。

三、明代海图所见双屿港

在明代地图中，双屿港最早见于《郑和航海图》，但是嘉靖末至万历初年才在《筹海图编》和《两浙海防类考》准确标出确切地理位置。据向达考证，《郑和航海图》是宣德五年（1430年）郑和第七次下西洋的航海图，原名《自宝船厂开船从龙江关出水直抵外国诸番图》（图6-10）。原图为自右而左展开的手卷式，天启元年（1621年）茅元仪收入《武备志》卷二四○《航海图》后改为书本式。共计20页海图、109条针路航线和4幅过洋牵星图，凡500个中外地名。[3]

《郑和航海图》第5页所标"普陀山"，原称"补陀山"或"梅岑山"，万历以后改称"普陀山"，可见茅元仪在图中增添了年代较晚的材料。《郑和航海图》第6页所标地名有："巡检司、郭巨千户所、昌国千户所、大磨山、双屿门、东屿、东厨、孛渡、西厨、大面山、砠碣

---

[1]（英）甘淑美：《葡萄牙的漳州窑贸易》，《福建文博》2010年第3期，第63页。
[2] 上川岛外销瓷遗址出土景德镇嘉靖民窑瓜棱纹青花盘残片，亦见香港城市大学中国文化中心陶瓷下西洋研究小组编：《陶瓷下西洋——早期中葡贸易中的外销瓷》，香港城市大学出版社，2010年，图11。
[3] 向达整理：《郑和航海图》，北京：中华书局，第1、4和16页。

图6-9　西文山村漳州窑明青花瓷片与台门港天妃宫采集景德镇嘉靖窑瓜棱纹青花盘瓷片

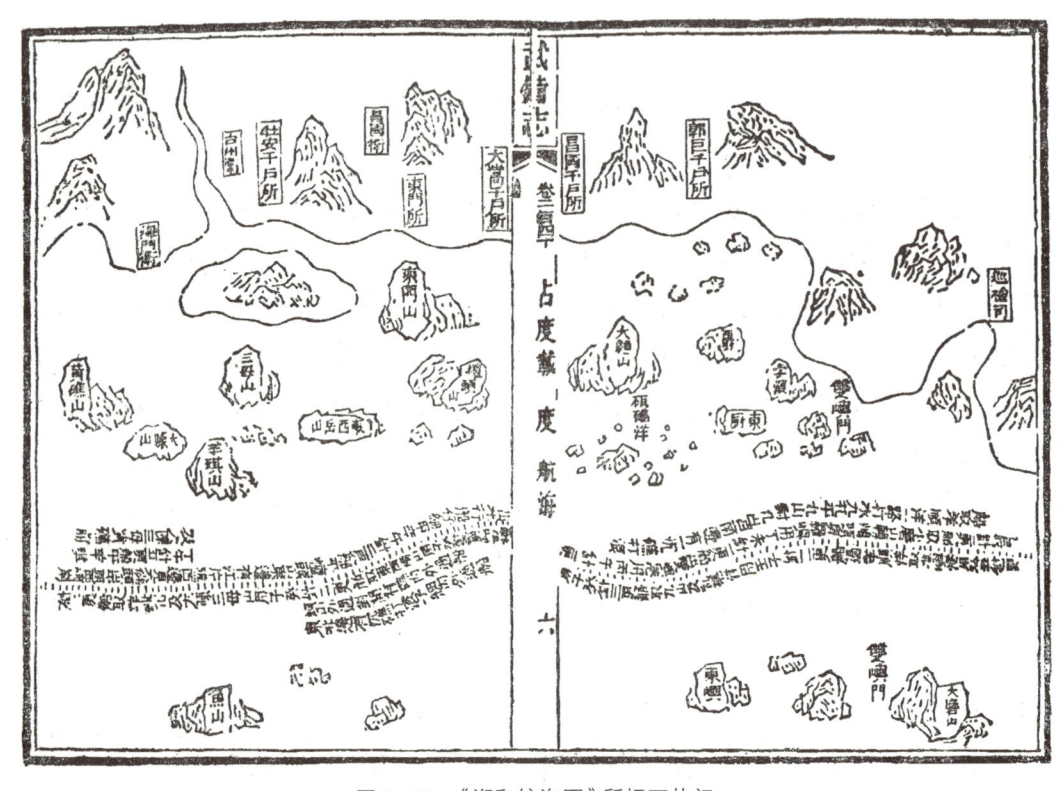

图6-10　《郑和航海图》所标双屿门

图6-11 《两浙海防类考》万历三年刻本

洋。"[1]这些地名与《筹海图编》(嘉靖四十一年成书)和《两浙海防类考》(万历三年成书)所标地名不尽相同,当源于嘉靖四十一年以前的史料。

如前所述,嘉靖末年郑若曾编《筹海图编》首次披露了双屿港的地理位置。万历三年浙江监察御史谢廷杰编《两浙海防类考》十卷,对明代双屿港作了更为详尽的著录。[2] 2009年,浙江大学宁波理工学院龚缨晏教授利用书中明代地图讨论双屿港的地理方位。他的结论是:"据民国时期所绘的六横岛地图,我推测明军所填的双屿港,很可能位于清江岭的西北侧,即外狗眼头、外厂、徐江岙一带。整个双屿港(又称双屿澳)由南北两组相邻的湾汊组成。既与大麦岭隔海相望,又与六横山、双塘山同处一侧,有陆路相连,再后面的大海中,有海闸门、虾崎(今作"虾峙")山等,所有这一切符合图六所描绘的双屿地形。"[3]龚缨晏率先利用《两浙海防类考》所附明代地图研究双屿港,可惜未能发现双屿港确切位置。

---

[1]《郑和航海图》,第30页。
[2] [明]谢廷杰编:《两浙海防类考》十卷,上海图书馆藏万历三年刻本。
[3] 龚缨晏:《中国古地图上的双屿》,《文化杂志》(澳门)第72期,2009年,第140—152页。

值得注意的是，《两浙海防类考》在双屿港之南标出一个《筹海图编》不见的海港，名叫鲫屿（图6-11）。图注曰："鲫屿系首冲，嘉靖三十一二年（1552—1553年）倭贼从此登犯霩衢、梅山地方，官兵折挫收功。今派总哨官一员，部领兵船一十只泊守。南与温州屿，北与冱泥港各兵船会哨。"[1]此图将佛渡岛称作"温州屿"。图注曰："温州屿系首冲。嘉靖二十七年番贼盘踞双屿港，登犯大嵩地方，官兵折挫收功。今派哨官一员，部领兵船一十只泊守，南与湖头渡，北与迹屿各兵船会哨。"该注所谓"迹屿"当即前注中"鲫屿"之别称。所谓"番贼"与前注的"倭贼"不同，番贼指葡萄牙海盗，而倭贼指日本海盗。万历二十九年，浙江海道副使范涞在《两浙海防类考》基础上扩充内容，完成《两浙海防类考续编》一书（以下简称《续编》）。《续编》收入《两浙海防类考》所绘海图，但是对原书图注作了一些修订。

第一，《续编》鲫屿图注改为："鲫屿系首冲，嘉靖二十七年倭贼从此登犯郭巨、梅山地方，官兵折挫收功。今派总哨官一员，部领兵船一十只泊守。今并泊大麦坑，专哨白马礁海洋，北与哨兵船会哨。"该图注将《两浙海防类考》的"嘉靖三十一二年倭贼从此登犯霩衢、梅山地方"改为"嘉靖二十七年倭贼从此登犯郭巨、梅山地方"，其说有误。嘉靖二十七年，葡萄牙盘踞双屿港，并在郭巨、梅山等地登陆作乱，那么此句应该写作："嘉靖二十七年番贼从此登犯郭巨、梅山地方"。

第二，《续编》温州屿图注改为："温州屿系首冲。嘉靖二十七年番贼盘踞双屿港，登犯大嵩地方，官兵折挫收功。今派哨官一员，部领兵船十二只，今（令）并泊大麦坑。专哨孝顺等洋，与昌北哨兵船会哨。"从《两浙海防类考》及其《续编》相关记载看，朱纨填塞双屿港后，这个驰名中外的古海港彻底废弃，嘉靖二十七年以后明军改泊双屿港附近的鲫屿和大麦坑。

四、2010年双屿港调查

2010年8月，我们和北京外国语大学金国平教授一道到六横岛考察。近年中国国家博物馆舟山工作站考古队在六横岛仰天村发现一处古代木石建筑遗址，疑为嘉靖二十七年朱纨填港处。为此，我们先到这个遗址考察，结果大失所望。这个木石建筑遗址在地下三或四米处。从出土木石构件看，显然是当地村民为建造海塘而构筑的堤坝。况且，这个海塘面积太小，仅容一船，不太可能是朱纨填港处。随后，我们考察了六横岛清港村、积峙岛、大小教厂、岑山村、双塘乡政府等地。据《两浙海防类考》所绘海图，明代双屿港北有

---

[1]《两浙海防类考》，第23—24页。

大麦坑,西有鲫屿,东有双塘山。据我们实地调查,这三个明代地名一直沿用至今。第一,大麦坑:在六横岛北部,今称"大脉坑";第二,鲫屿:在六横岛西部,今称"积峙岛";第三,双塘山:在六横岛中部,今称"双塘岭"。

20世纪60年代,当地村民在岑山村水道发现木结构沉船。据《两浙海防类考》记载,鲫鱼港的明军兵船"北与洏泥港(今六横岛之北湖泥岛)各兵船会哨",就是利用岑山村这条水道。既然如此,那么,双屿港想必不在岑山村,因为这条水道一直通航,明万历至清道光年间从未填塞。从六横岛地形图看,积峙岛与双塘山之间还有一条水道,与现代公路平行,途经清港村、张家塘、朱家等地。我们认为,朱纨填塞的双屿港应该在这条水道。2010年8月,我们和金国平一道再次到六横岛考察,获悉明代鲫屿港就是六横岛南岸积峙村附近一个小海岛。

从明代海图看,双屿港位于鲫屿港与双塘山之间。后者即今双塘乡政府所在地,那么,双屿港大致在今岑山村至双塘村一带,朱纨填塞双屿港之北港就在此地。近年我们多次到六横岛实地考察,了解到明代大麦坑在今大脉坑村、明代鲫屿港在今积峙村、明代双塘山在今双塘岭,这就清楚地表明明代双屿港在今张家塘、孙家一带(图6-12、图6-13)。

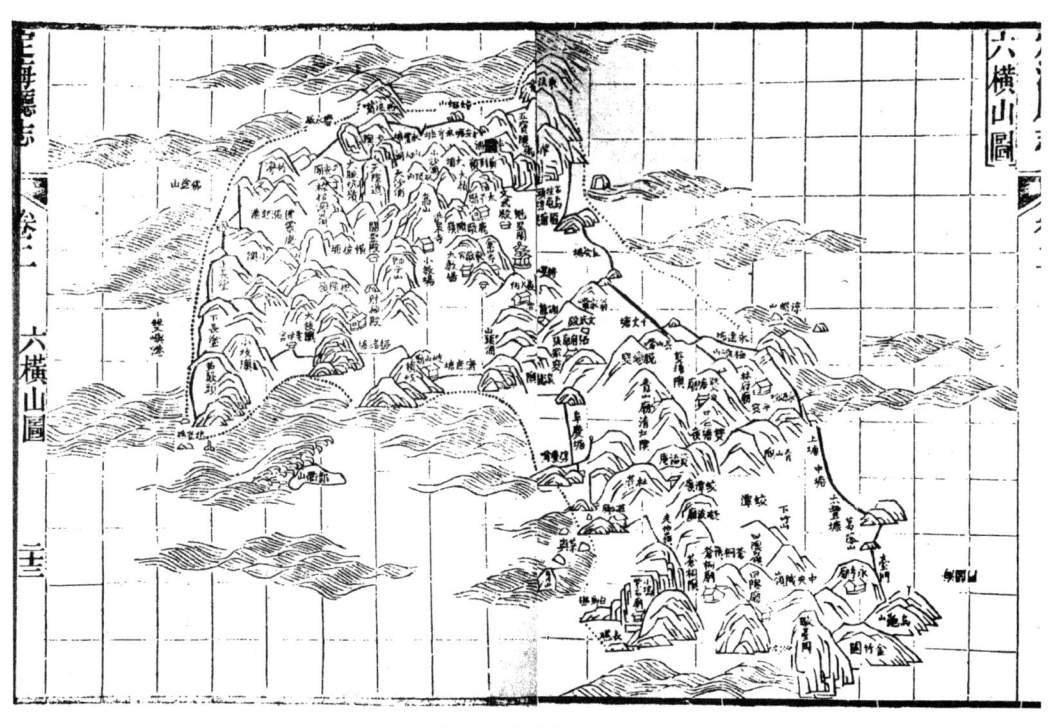

图6-12 光绪三年编《定海厅志·六横山图》

图6-13 六横岛地形图所见双屿港

7

大航海时代泉州至波斯湾航线

明正德六年（1511年），葡萄牙人占领满剌加国（今马六甲）后，切断了明王朝与印度洋传统的海上贸易航线。《明史·外国传》记载："自为佛郎机所破，其风顿殊。商舶稀至，多直诣苏门答剌。然必取道其国，率被邀劫，海路几断。"[1]不过，大航海时代开启后，中国与波斯的贸易往来从未中断。相反，中国和穆斯林海商不断冲破葡萄牙、荷兰殖民者对东方贸易的垄断，从泉州浯屿远航印度洋。牛津大学博德利图书馆藏明抄本《顺风相送》和《雪尔登中国地图》（Selden Map of China）表明，直到明代末年，这条航线仍畅通无阻。景德镇外销瓷就沿这条远洋航线，源源不断地从泉州运往波斯湾。

一、大航海时代泉州至波斯湾针路

早在元代，泉州海商就开通了太仓刘家港至波斯湾航线。[2]除了国际贸易之外，这条航线的开辟还与中国穆斯林到麦加朝觐息息相关。麦加朝觐是伊斯兰教为信徒规定的必须遵守的基本制度之一，每一位有经济和有体力的成年穆斯林都负有朝拜麦加的宗教义务。所有穆斯林，无论是男是女，都会尽最大努力，争取一生至少要前往麦加朝觐一次。

永乐初大学士李至刚撰故马公墓志铭，详载郑和身世，透露原来郑和之父，"字哈只，姓马氏，世为云南昆阳州人"。[3]元代末年曾经到麦加朝觐，故名"哈只"（阿拉伯语

---
[1]［清］张廷玉等撰：《明史》，北京：中华书局，1974年，第8419页。
[2] 陈高华：《元代泉州舶商》，《陈高华文集》，上海辞书出版社，2005年，第543—545页。
[3] 马兴东：《〈故马公墓志铭〉的历史价值》，《云南民族学院学报》1994年第3期，第64页。

Hajj"朝觐者")。[1]至顺元年(1330年)和至元三年(1337年),汪大渊两下西洋,[2]他在《岛夷志略》天堂条写道:"地多旷漠,即古筠冲之地,又名为西域。风景融和,四时之春也。田沃稻饶,居民乐业。云南有路可通,一年之上可至其地。西洋亦有路通。名为天堂(指麦加)。有回回历。"[3]如果郑和父亲从云南取道丝绸之路到麦加,要走一年以上。不过,朝觐者也可走海路,乘海舶经西洋(印度东海岸马八儿)到麦加。

明永乐十二年(1414年),郑和舰队就沿元人开辟的海上通道远航波斯湾,并在忽鲁谟斯岛(今霍尔木兹岛)设立大明海军基地,时称"官厂"。郑和在太仓刘家港天妃宫所立《娄东刘家港天妃宫石刻通番事迹碑》记载:"永乐十二年统率舟师往忽鲁谟斯等国。"又载:"永乐十五年(1417年),统领舟师、往西域。其忽鲁谟斯国进狮子、金钱豹、西马。阿丹国进麒麟,番名祖剌法,并长角马哈兽。"[4]郑和第七次下西洋曾经派分遣舰队到过天方。这条航线著录于茅元仪《武备志·航海图》天启元年刊本,今称《郑和航海图》。[5]

表7-1 15—17世纪东西洋航线变迁表

年代	航　　线	出　处	作者和成书年代
1414	太仓刘家港—忽鲁谟斯、祖法儿、阿丹	《郑和航海图》	归安人(浙江吴兴)茅元仪编,约成图于洪熙元年至宣德五年(1425—1430年)间,收入《武备志》天启元年(1621年)刊。[6]
1537	太仓刘家港—忽鲁谟斯、阿丹、祖法儿、天方	《渡海方程》	福建漳州府诏安人吴朴编,嘉靖十六年(1537年)刊刻,[7]郑若曾编《筹海图编》、郑舜功编《日本一鉴》皆引用该书的东洋针路。

---

[1] (美)希提:《阿拉伯通史》上册,马坚译,北京:商务印书馆,1979年,第155页。
[2] 刘迎胜:《汪大渊两次出洋初考》,《"郑和与海洋"学术研讨会论文集》,北京:中国农业出版社,1988年,第301—312页。
[3] [元]汪大渊著:《岛夷志略校释》,苏继庼校释,北京:中华书局,1981年,第352页。
[4] 范金民:《郑和〈娄东刘家港天妃宫石刻通番事迹记〉校读》,朱诚如、王天有编:《明清论丛》第10辑,北京:紫禁城出版社,2010年,第337—845页。
[5] 向达整理:《郑和航海图》,北京:中华书局,1961年,第3页。
[6] 《郑和航海图》,第22—66页。关于《郑和航海图》年代的讨论,参见周钰森:《郑和航路考》,台北:海运出版社,1959年,第49—50页。
[7] [明]吴朴:《渡海方程》,收入[明]董谷:《碧里杂存》卷下(樊维城辑:《盐邑志林》第十七册,上海商务印书馆,1937年刊本,第93—96页)。吴朴撰《龙飞纪略》称此书为"《海图方程》"(收入《四库全书存目丛书·史部》第9册,济南:齐鲁书社,1996年,第473—475页)。有学者认为,此书当即牛津大学博德利图书馆藏《顺风相送》(陈自强:《论吴朴的海洋意识》,《漳州师范学院学报》2008年第3期,第112—116页),其说不足信(张荣、刘义杰:《〈顺风相送〉校勘及编成年代小考》,上海中国航海博物馆主办:《国家航海》第三辑,上海古籍出版社,2012年,第78—96页)。

续表

年代	航　　线	出　　处	作者和成书年代
1520	太仓刘家港—忽鲁谟斯、阿丹、祖法儿	《西洋朝贡典录》	江苏吴县人黄省曾编，约成书于正德十五年（1520年），清嘉庆十三年（1808年）初刊。[1]
1609	广州—满刺加、柯枝、古里、佛郎机、巴喇西（波斯）	《海国广记》	慎懋赏归安人（浙江湖州）编，收入《四夷广记》，约成书于万历三十七年（1609年）。[2]
1617以前	泉州浯屿—苏律门（佛郎）、美膋港（佛郎）、忽鲁谟斯、阿丹、祖法儿	《顺风相送》	明无名氏编，牛津大学博德利图书馆藏明抄本，约万历末年（1617年以前）成书。[3]
1617	泉州浯屿—马六甲、大泥（红毛番—和兰）、美洛居（佛郎机、红夷—和兰）、哑齐	《东西洋考》	福建漳州龙溪人张燮编，万历四十五年（1617年）刊本。[4]
1664	泉州浯屿—马六甲、咬留吧	《指南正法》	福建漳州人吴波编，牛津大学博德利图书馆藏清抄本，约康熙三年（1664年）成书。[5]

值得注意的是，牛津大学博德利图书馆藏《雪尔登中国地图》绘有一条泉州—古里—忽鲁谟斯—阿丹航线，并在图中标出具体针路，而古里至波斯湾、阿拉伯半岛航线则用注记说明（图7-1）。其文曰："古里往阿丹国，去西北，计用一百八十五更；古里往［祖］法儿国，去西北，计用一百五十更；古里往忽鲁谟斯，用干针五更，用干亥四十五更，用戌一百更，用辛戌一十五更，用子癸二十更，用辛酉五更，用亥十更，用干亥三十（更），用单子五更。"

据我们考证，《雪尔登中国地图》实乃《郑芝龙航海图》，原名可能是《大明东洋西洋海道图》。[6]伊朗国家博物馆、土耳其托普卡比宫所藏17世纪景德镇外销瓷，就从这条航线远渡重洋，从泉州浯屿运往波斯湾忽鲁谟斯或中东其他港口。葡萄牙人占领马六甲后，天方国仍派使者朝贡。据《明史·西域传》记载，正德末年至万历年间，中国与阿拉伯半岛之间一直进行朝贡贸易。除陆上丝绸之路之外，两国交往亦走海路。《明史·西域传》记载："天方，古筠冲地，一名天堂，又曰默伽（即麦加）。水道自忽鲁谟斯四十日始至，自

---

[1] ［明］黄省曾：《西洋朝贡典录校注》，谢方校注，北京：中华书局，1991年。
[2] ［明］慎懋赏：《海国广记》，《四夷广记》（《玄览堂丛书续集》），台湾中央图书馆影印本，1947年，第101册，广东至满刺加针路，第102—103页；第102册，柯枝国往古里路程，第55页；占城往佛郎机路程，第79页；巴喇西国，第87—88页。
[3] 向达点校：《两种海道针经》，北京：中华书局，1961年，第3、31—99页。
[4] ［明］张燮：《东西洋考》，谢方点校，北京：中华书局，1981年，序第7页，正文第170—184页。
[5] 向达点校：《两种海道针经》，北京：中华书局，1961年（2000年重印）。
[6] 林梅村：《郑芝龙航海图——牛津大学鲍德林图书馆藏〈雪尔登中国地图〉名实辩》，《文物》2013年第9期，第64—82页。

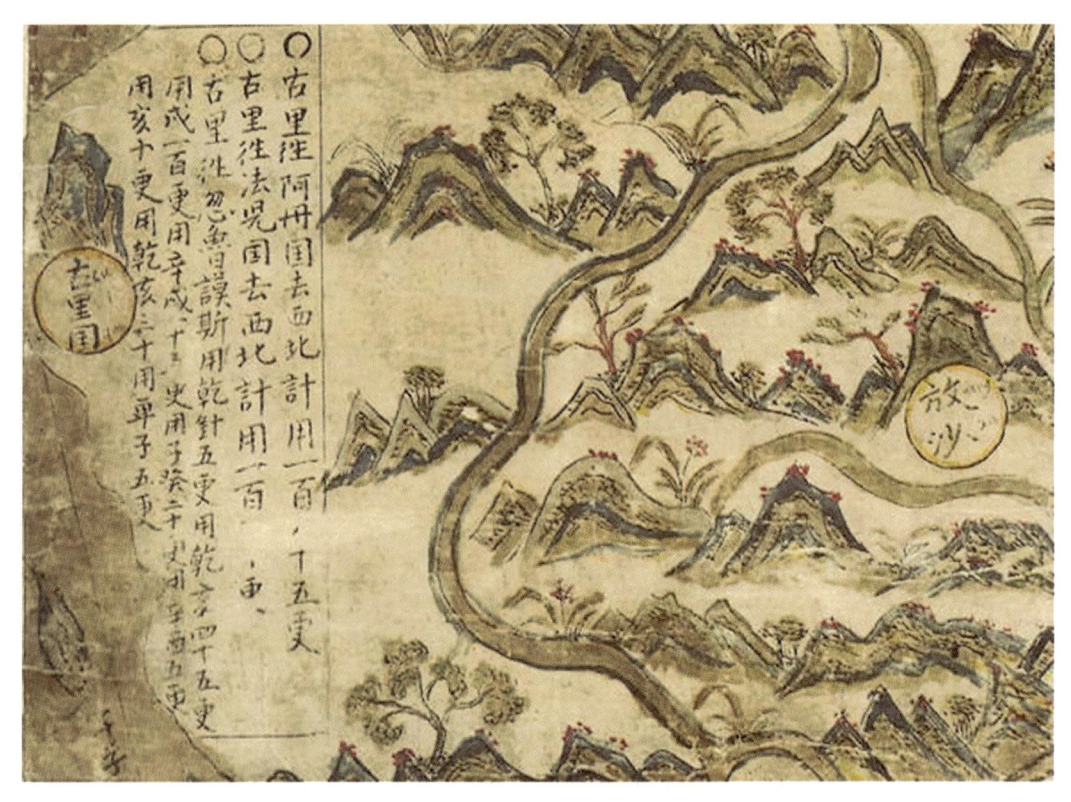

图7-1 牛津大学博德利图书馆藏《大明东西洋海道图》

古里西南行,三月始至。其贡使多从陆道入嘉峪关。"[1]这条中国—古里—忽鲁谟斯—天方航线,正是《大明东洋西洋海道图》所记泉州—古里—忽鲁谟斯—祖法儿—阿丹针路。

二、《大明东洋西洋海道图》之阿拉伯图源

早在元代初年,阿拉伯海图就传入中国。《秘书监志》卷四记载:"至元二十四年(1287年)二月十六日奉秘书监台旨,福建道骗(䚡)海行船回回每(们),有知海回回文刺那麻,具呈中书省行下合属取索者。奉此。"[2]元代回回文,指波斯文。[3]所谓"刺那麻",译自波斯语 rāhnimāy(指南),[4]阿拉伯语作 rahnami 或 rahmani(指南),可知元代初年《航海指南》之类的阿拉伯海图已传入中国。[5]

---

[1]《明史·西域传》,第8621页。
[2] [元]王士点、商企翁编次:《秘书监志》,高荣盛点校,杭州:浙江古籍出版社,1992年,第76页。
[3] 刘迎胜:《唐元时代的中国伊朗语文与波斯语文教育》,《新疆大学学报》1991年第1期,第18—23页。
[4] D.N. MacKenzie, *A Concise Pahlavi Dictionary*, London: Oxford University Press, 1971, p.70.
[5] 马建春:《元代东传回回地理学考述》,《回族研究》2002年第1期,第14—18页。

中世纪阿拉伯最著名的地图,首推《伊第利斯方形世界地图》(*al Idrisi's World Map, Rectangular*),现藏巴黎法国国家图书馆(编号MSO Arabe 2221)。1154年,阿拉伯地理学家伊第利斯(Muhammad al Idrisi)为西西里岛诺曼王罗杰二世绘制此图,故称 Tabula Rogeriana(《罗杰图板》)。此后大约300年间,此图一直是最精确的世界地图(图7-2)。伊第利斯按照穆斯林传统将北方置于底部,因此这幅地图上下颠倒了180度,与现代地图上北下南正好相反。[1]元代初年从波斯传入中国的航海图,当即此类伊斯兰地图。

阿拉伯航海家用牵星术导航,导航仪称"牵星板"(阿拉伯语kamal"四角规")。[2]明万历年间,李诩撰《戒庵老人漫笔》卷一记载:"苏州马怀德牵星板一副,十二片,乌木为之,自小渐大,大者长七寸余,标为一指、二指,以至十二指,俱有细刻,若分寸然。"据严敦杰考证,这十二块方板中,最大一块七寸余,当合24厘米,定为12指。其次是22厘米为11指,每块递减2厘米,最小一块约长2厘米,叫1指。另外又有用象牙制成的一个小方块,大约6厘米长,四角刻有缺口。缺口四边的长度分别是半指、一角、二角、三角,一角是四分之一指。[3]

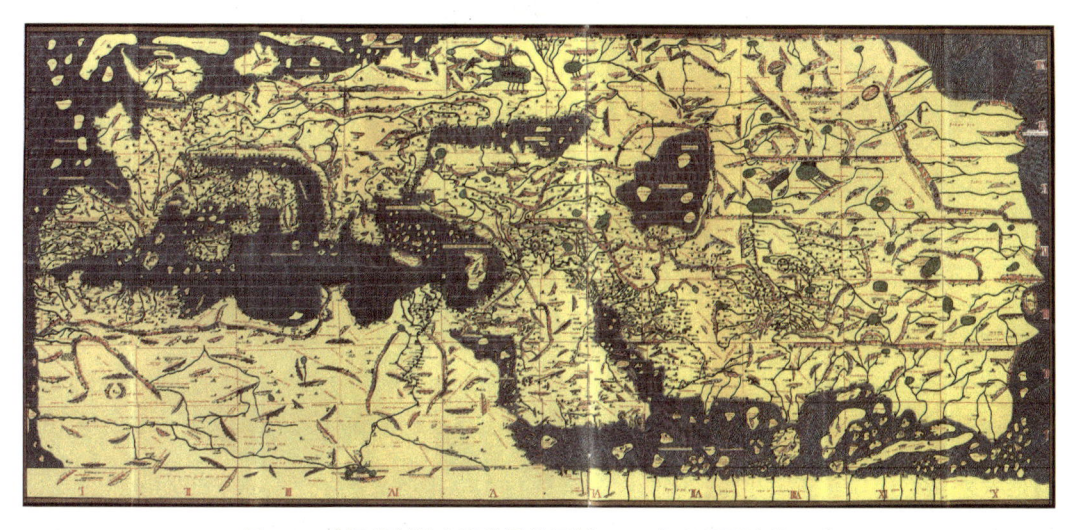

图7-2 《伊第利斯方形世界地图》(1154年),原图上南下北

---

[1] Ahmad, S. Maqbul, "Cartography of al-Sharīf al-Idrīsī", in J.B. Harley and D. Woodward, *The History of Cartography* vol.2 Book 1: *Cartography in the traditional Islamic and South Asian Societies*, Chicago: University of Chicago Press, 1992, pp.156-174.
[2] 黄盛璋:《〈过洋牵星图〉起源阿拉伯与中国发展、提高的贡献指谜解难》,刘迎胜主编:《〈大明混一图〉与〈混一疆理图〉研究》,南京:凤凰出版社,2010年,第135—136页。
[3] 严敦杰:《牵星术——我国明代航海天文知识一瞥》,《科学史集刊9》,北京:科学出版社,1966年,第77—88页。

牵星板刻度单位为"指"(阿拉伯语isba"手指")和"角"(阿拉伯语zam"四分之一指"),一指等于4角。一指合今日1度36分,一角合24分。操作牵星板时,以一条绳贯穿在木板的中心,观察者一手持板,手臂向前伸直,另一手持住绳端置于眼前。此时,眼看方板上下边缘,将下边缘与水平线取平,上边缘与被测的星体重合,然后根据所用牵星板属于几指,便可计算出星辰高度的指数。牵星板的原理相当于现代的六分仪。通过牵星板测量星体高度,便可以测出船舶所在地看到的星辰距离水平线的高度。高度不同可用12块牵星板或象牙板替换、调整。[1]《大明东洋西洋海道图》清楚地表明,直到明末泉州至波斯湾航线仍畅通无阻,那么,苏州穆斯林马怀德的牵星板实乃万历年间远航印度洋的导航仪,而非有些学者认为的郑和下西洋之故物。[2]

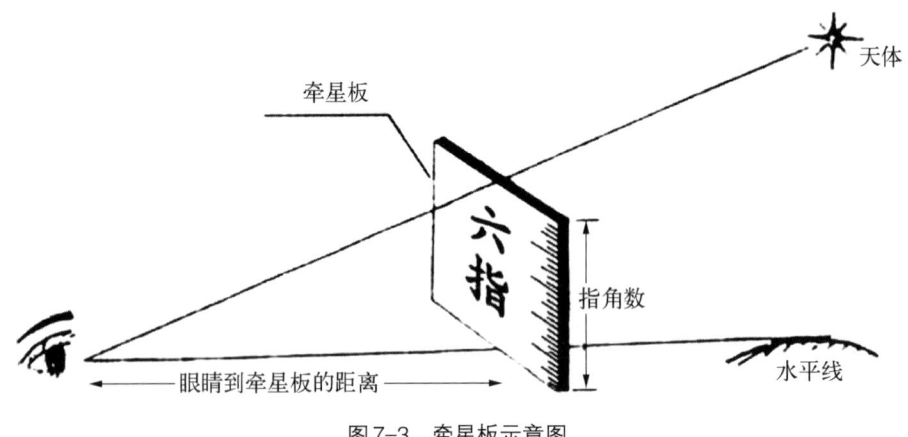

图7-3 牵星板示意图

从葡萄牙史料看,《大明东洋西洋海道图》所见印度洋针路当来自阿拉伯航海图。葡萄牙人开辟中国航线之初,也利用了阿拉伯航海图。1512年4月1日,阿尔布奎尔克(Afonso de Albuquerque)总督致信唐·曼努埃尔一世国王。其文曰:"从一爪哇领航员的一张大图上复制了一部分。该图上已标有好望角、葡萄牙、巴西、红海、波斯海和香料群岛。还有华人(Os Chins)及琉球人(Os Gores)的航行,标明了大船的航线及直线路程、腹地及何国与何国交界。我主,我窃以为是我有生以来所见的最佳作品,想必殿下也一定愿一睹为快。地名都是爪哇文写的。我携带的爪哇人识字。我将此图敬呈殿下,弗朗西斯科·罗德里格斯(Francisco Rodrigues)已复制一份。从图上,陛下您可以看到华人及琉球人究竟从何而来,殿下的大船前往香料群岛的航线、金矿、盛产肉豆蔻和肉豆蔻皮的爪哇岛与班达岛、暹罗国王的国土、华人航行的地峡。它向何处转向及从那里无法再向前

---

[1] 李启斌:《牵星术》,刘南威主编:《中国古代航海天文》,科学普及出版社广州分社,1989年,第16页。
[2] 黄盛璋,前揭文,第132—133页。

航行的情况……"[1]这里有三个问题需要讨论：

第一，琉球人（Os Gores）：其名亦写作Cores，经常与高丽（Korea）相混淆。据法国东方学家费琅（Gahriel Ferrand）考证，其名实际上源于阿拉伯人对琉球的称谓al-Ghür，本义为"铁矿"。[2]

第二，爪哇文（Javanese script）：古代爪哇语深受佛教及梵语的影响，爪哇文采用印度婆罗谜字母体系。14—16世纪伊斯兰教传入爪哇后，爪哇语又受伊斯兰教的强烈影响，改用阿拉伯文拼写。17世纪荷兰入侵后，爪哇语改用拉丁字母拼写，一直沿用至今。葡萄牙人从爪哇领航员复制的爪哇文海图当即16世纪初阿拉伯文航海图。1498年，摩尔水手伊本·马基德就凭借阿拉伯航海图为达·伽马导航。阿拉伯地理学家穆罕默德·伊第利斯1154年为西西里岛诺曼王罗杰二世绘制过一幅世界地图。此后大约300年间，这幅地图都是最精确的世界地图。1500年葡萄牙人卡布拉发现巴西，那么这幅1512年阿拉伯文航海图所标"巴西"当来自葡萄牙人地理大发现的知识。[3]

第三，所谓"该图上已标有好望角、葡萄牙、巴西、红海、波斯海和香料群岛"：1498年，在摩尔水手伊本·马基德的导航下，达·伽马从麻林迪穿越印度洋，首航印度西海岸古里（今科兹科德）。当达·伽马返回里斯本时，葡萄牙船队所载丝绸、瓷器、香料等东方特产的价值相当于费用的60倍。于是葡萄牙王唐·曼努埃尔一世接二连三地派舰队远征印度，并任命了印度总督。1510年，葡萄牙第二任印度总督阿尔布奎尔克攻占印度果阿。这个小岛是印度西海岸仅次于古里的繁华国际商业中心，有河流与内陆相通，波斯和阿拉伯马就从果阿运往南亚次大陆。1510年葡萄牙占领果阿后，在岛上建立了葡萄牙殖民东方的首府和东方贸易中心。

罗德里格斯后来将这幅从阿拉伯海图翻译的世界地图呈献给了葡萄牙国王。可惜，这幅世界地图原件早就失传，但是在罗德里格斯手稿中，却保存了几幅有关中国沿海地区的地图。这部手稿现藏巴黎法国国家图书馆，[4]部分图影刊于《澳门：从地图绘制看东西方交汇》一书。[5]为了便于讨论，本文姑且称作《罗德里格斯海图》。其中六幅图专门描绘从马六甲到中国北部沿海地区，是欧洲人前所未见之全新地图。[6]

---

[1] 金国平、吴志良：《西力东渐——中葡早期接触追昔》，澳门基金会，2000年，第127页。
[2] 多默·皮列士：《东方志——从红海到中国》，何高济译，杭州：江苏教育出版社，2005年，第108—109页，注释27。
[3] 关于这幅爪哇文世界地图，参见 Benjamin B. Olsin, "A Sixteenth Century Portuguese Report concerning an Early Javanese World Map," *Hist. cienc. saude-Manguinhos*, vol.2 no.3 Rio de Janeiro Nov./Feb. 1996, pp.97-104。
[4] 关于罗德里格斯手稿收藏情况，参见皮列士，前揭书，第1—2页。
[5] 纪念葡萄牙发现事业澳门地区委员会编：《澳门：从地图绘制看东西方交汇》，澳门：东方基金会，2011年，第79—79页，图版Ⅰ—Ⅳ。
[6] Lutz Walter (ed.), *Japan: A Cartographic Vision: European Printed Maps from the Early 16th to the 19th Century*, Munich: New York: Prestel Verlag. 1994.

《罗德里格斯海图》第一图为《东京湾图》(图7-4左)。东京湾位于我国南海西北部,是一个半封闭的大海湾,今称"北部湾"。地理范围东临我国雷州半岛和海南岛,北临广西壮族自治区,西临越南,南与南海相连。为中越两国陆地与中国海南岛所环抱。越南黎朝时期(明宣德五年/1430年),升龙(今越南河内)改称"东京"。欧洲人东来后,称为"东京",有Tunquin、Tonquin、Tongking、Tongkin、Tonkin等诸多变体。越南人后来将东京改称"河内",而欧洲人却一直沿用Tonkin Gulf(东京湾)来称呼北部湾。从地理位置看,此图葡萄牙文图注"Cidade da China"(中国的城市)实乃河内,也即越南黎朝都城升龙,那么,此图右下角的无名城市或为越南清化。

《罗德里格斯海图》第二图为《万里长沙图》(图7-4右)。在唐宋史籍中,南沙群岛往往称作"长沙"或"万里长沙",而西沙群岛则称"千里石塘"或"万里石塘"。元明时期以"石塘"、"长沙"为名记述南海诸岛的书籍达上百种。元人汪大渊《岛夷志略·万里石塘》记载:"石塘之骨,由潮洲而生,迤逦如长蛇,横亘海中……原其地脉。历历可考。一脉至爪哇,一脉至勃泥及古里地闷,一脉至西洋遐昆仑之地。"[1]所谓"万里石塘"指南

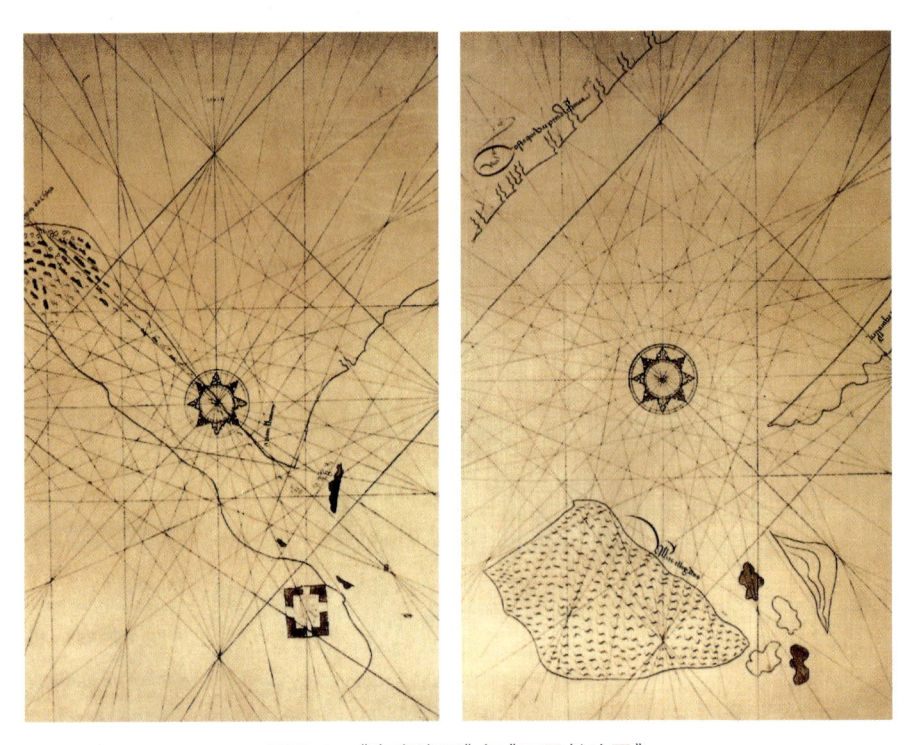

图7-4 《东京湾图》与《万里长沙图》

---

[1] 汪大渊,前揭书,第318页。

沙群岛。在牛津大学博德利图书馆藏《郑芝龙航海图》中,南沙群岛称作"万里长沙",而西沙群岛则称"万里石塘"。葡萄牙人从阿拉伯海图翻译的海图第二图上的岛屿当为南沙群岛,明史称"万里长沙"。

《罗德里格斯海图》第三图为《广州河口及内陆图》(图7-5左)。此图下端河口有葡萄牙文图注:Rioqumquo(广州河口)。其上描绘西江口与珠江口,有葡萄牙图注:"中国海峡口"。进入海峡口后,江中有若干小岛,其中一个小岛有葡萄牙图注:"前往中国的帆船停泊此岛"。有学者认为,此岛就是葡萄牙商人欧维士首航中国的屯门岛(Tamao)。[1]一条支流通向内地一座城市,支流上的葡萄牙图注说:"小船沿此江上溯,运货至中国的城市"。此图左上方绘有一座正方形城市,有葡萄牙文图注:"A Cidade da China"(一座中国的城市)。城内绘有房子与树木。[2]阿拉伯人称广州为"中国城市"。《中国印度见闻录》记载:"随后,船只航行了十天,到达一个叫占婆的地方,该地可取得淡水……得到淡水以后,我们便向一个叫占不牢山(Tchams)的地方前进,这山是海中一个小岛。十天之后,到达这一小岛,又补足了淡水。然后,穿过'中国之门',向着涨海前进……船只

图7-5 广州河口及内陆图与中国沿海及小琉球图

---

[1] 皮列士,前揭书,第107页,注释27。
[2] Lutz Walter (ed.), *Japan: A Cartographic Vision: European Printed Maps from the Early 16th to the 19th Century*, Munich/New York: Prestel Verlag, 1994.

通过中国之门后,便进入一个江口,在中国地方登岸取水,并在该地抛锚,此处即中国城市(指广州)。在中国,无论在江河、山谷军事哨所、市场等处都可找到淡水。"[1]中葡关系史专家金国平教授告诉我,葡萄牙人将广州称作"众城之城",那么,此图所谓"中国的城市"当指广州。

《罗德里格斯海图》第四图为《中国沿海及小琉球图》(图7-5右):此图右上角葡萄牙文图注曰:"中国人所发现的地方一直延伸到这里。"它的左上方则绘有一条长长的河流,而地图左上方的大片土地应是中国东北。此图下方是一个长长的岛屿,葡萄牙图注曰:"这是帕尔波古(Parpoquo)岛。在这里可以获得许多来自中国的物产。"有学者认为,这个帕尔波古实际上是"日本"的异写。[2]帕尔波古岛亦称Parico Insvla(帕尔科岛)。[3]其名来自拉丁语,也即早期葡萄牙海图"小琉球"(Lequeio Parva)之别称。其名或作Lequeo Pequeño(小琉球),指今台湾南部。[4]

《罗德里格斯海图》第五图是《琉球群岛图》(图7-6):此图上方有一长形岛屿,岛内有葡萄牙文图注,意为:"这里是琉球群岛的主要岛屿,据说有麦子和铜制品。"[5]皮列士《东方志》记载:"琉球人在他们的国内只有小麦和大米",又说:"琉球人运往马六甲的商品,主要有金、铜、各种武器……"[6]凡此表明,此图描述的长岛即琉球群岛。

欧洲人摆脱马可·波罗的影响绘制的第一幅《中国地图》,首推葡萄牙制图师路易斯·若尔热所绘《中国新图》(图7-7),1584年编入荷兰制图师乌特柳斯1570年绘《坤舆大观》增补版(第三版)。该图左下角有作者签名Ludovico Georgio,也即路易斯·若尔热的拉丁文名字。[7]此图采用上西下东,左南右东方向,首次将长城呈现在欧洲人面前。图中包括塞外的蒙古包、内陆的洞庭湖,而台湾(图中称Ins. Fermosa "福摩萨岛")、小琉球(Lequeio Parva)标在福建沿海。[8]葡萄牙人起初不清楚琉球、台湾的具体方位,故早期葡萄牙航海图往往把台湾和琉球分成三个岛屿:小琉球指台湾南部,福摩萨指台湾北部,而大琉球(Lequeio Gramde)才是真正的琉球群岛。[9]

---

[1] (阿)苏莱曼等著:《中国印度见闻录》,穆根来、汶江、黄倬汉译,北京:中华书局,1983年,第9页。
[2] 龚缨晏:《古代西方手稿中的中国地图》,《地图》2011年第1期,第131页。
[3] 皮列士,前揭书,第101—102页。
[4] 陈宗仁:《Lequeo Pequeño与Formosa——十六世纪欧洲绘制地图对台湾海域的描绘及其转变》,《台大历史学报》第41期,台北,2008年,第109—164页。
[5] 陈宗仁,前揭文,第115—116页。
[6] 皮列士,前揭书,第101—102页。
[7] 关于路易斯·若尔热生平事迹,参见金国平、吴志良:《欧洲首幅中国地图的作者、绘制背景及年代》,《澳门理工学报》2003年第1期,第79—87页。
[8] 路易斯·若尔热所绘《中国新图》,参见周敏民编:《地图中国:图书馆特藏》,香港科技大学图书馆,2003年,第51页,Plate 11。
[9] 金国平:《"Os Léquios"、"O Léquio Pequeno"及"A Ilha Formosa"》,2012年5月28日台湾学术讲座讲演稿。

三、波斯使团对明王朝的最后一次访问

正德年间,波斯王派使团对明王朝进行最后一次访问。当时波斯人在逊尼派白羊王朝(Aq Qoyunlu)统治之下。15世纪末,白羊王朝分裂,阿尔万德(al-Wand)和穆拉德(Murad)两位苏丹分别割据阿塞拜疆、亚美尼亚和伊朗中西部。1502年,阿尔万德在纳希切万附近沙鲁尔被什叶派萨非王朝创建者沙·伊斯迈尔击败,丧失伊朗。翌年,白羊王朝末代苏丹穆拉德也被沙·伊斯迈尔击败,退守巴格达4年之久。1508年,白羊王朝覆亡。[1]

关于波斯使团对明王朝的最后一次访问,祝允明《野记》记载:"正德辛未岁(1511年),巴喇西国遣使臣沙地白入贡,言其国在南海,甚远。始领其王命,在洋舶行,凡四年半,被风飘至西澜海面,舶坏,唯存一脚艇。又在洋飘风八日,至得吉零国,住十二个月。又往地名秘得住八个月,乃遵路行二十六日至暹罗国。以情白王,王赐日给,又与妇女四人,住彼又四年。至今年五月,才附番人奈林船入广。"[2]巴喇西即波斯(今伊朗),西澜指锡兰(今斯里兰卡),秘得指泰国西北部的梅塔(Medha)。[3]吉零国在今马来西亚西部吉令河畔;暹罗指泰国大城(即阿瑜陀耶城)。从沙地白出使时间看,这个波斯使团应为白羊王朝所遣。由于葡萄牙人的阻挠,11年后才在暹罗国王的帮助下抵达广东。

1507年,葡萄牙人占领忽鲁谟斯(今伊朗霍尔木兹岛),切断了波斯与中国海上朝贡贸易航线。沙地白使团成了波斯人从海路与明王朝最后一次官方交往。《明史·外国传》亦载:"巴喇西,去中国绝远。正德六年(1511)遣使臣沙地白入贡,言其国在南海,始奉王命来朝,舟行四年半,遭风飘至西澜海,舟坏,止存一小艇,又飘流八日,至得吉零国,居一年。至秘得,居八月。乃遵陆行,阅二十六日抵暹罗,以情告王,获赐日给,且赐妇女四人,居四年。迄今年五月,始附番舶入广东,得达阙下。进金叶表,贡祖母绿一、珊瑚树、琉璃瓶、玻璃盏各四,及玛瑙珠、胡黑丹诸物。帝嘉其远来,赐赉有加。"[4]

丝绸之路开辟之后,波斯人在中西文化交流史上扮演了重要角色,波斯语成了东西文化交流的国际交际语,如汉唐时代的粟特语、波斯语、元明时代的"回回语",因此,许多波斯语词汇借入古汉语。沙地白使团贡品清单中就有许多波斯语借词。例如:祖母绿源于

---

[1] C.E. Bosworth and R. Bullet, *The New Islamic Dynasties: A Chronological and Genealogical Manual*, Columbia University Press, 1996, p.275.
[2] [明]祝允明:《野记》,上海商务印书馆,1936年,第107页。
[3] 金国平、吴志良:《"巴喇西"与"巴儿西"试考》,《过十字门》,澳门成人教育学会,2004年,第410—420页。
[4] 《明史·外国传》,第8428—8429页。

图 7-6 琉球群岛图

图 7-7 路易斯·若尔热 1584 年绘《中国新图》

图 7-8　17世纪伊斯兰琉璃瓶、正德民窑波斯文款青花盘与波斯文款青花炉

婆罗钵语 zumuburd（新波斯语 zumurrud）；[1] 珊瑚源于婆罗钵语 xrōhak（珊瑚）；[2] 玻璃源于婆罗钵语 bēlūr（水晶）。[3] 汉语"玻璃"一词在梵文中是 śilā，在婆罗钵语中是 abānēga 或 jām。[4] 为什么古汉语不直接用这两个词呢？看来，波斯胡商最初用玻璃冒充水晶与中国人交易。商人之奸诈，古亦有之。[5] 这份波斯贡品清单的"玻璃盏"指玻璃碗，而"琉璃瓶"或许指波斯釉陶瓶。柏林伊斯兰艺术博物馆藏有一件伊朗克尔曼烧造的伊斯兰釉陶瓶（图7-8：1），堪称17世纪伊斯兰琉璃瓶的代表作。[6]

顾名思义，胡黑丹是波斯出产的一种黑色丹药，疑为唐代文献提到的波斯解毒药"底也伽"。史载："贞观十七年（643年）拂菻王波多力遣使献赤玻璃、绿金精等物。太宗降玺书答慰，赐以绫绮焉。自大食强盛，渐陵诸国，乃遣大将军摩栧伐其都城，因约为和好，

---

[1] D.N. Mackenzie, *A Concise Pahlavi Dictionary*, London: Oxford University Press, 1971, p.85.
[2] D.N. Mackenzie, *op. cit.*, p.94.
[3] D.N. Mackenzie, *op. cit.*, p.18.
[4] D.N. Mackenzie, *op. cit.*, p.116.
[5] 林梅村：《丝绸之路考古十五讲》，北京大学出版社，2006年，第94页。
[6] 本图引自美国华盛顿大学丝绸之路网站柏林伊斯兰艺术博物馆网页（http://depts.washington.edu/silkroad/museums/mik/miklaterislam.html）。

请每岁输之金帛,遂臣属大食焉。乾封二年(667年),遣使献底也伽。"[1]这种波斯解毒药含鸦片成分。[2]鸦片原产于南欧和小亚,后来传入印度、阿拉伯和东南亚,元代文献称"打里牙"或"塔里牙"。延祐七年(1320年)七月,"回回太医进药曰打里牙,给钞十五万贯"。[3]至顺三年(1332年)十月"甲寅,诸王不赛因遣使贡塔里牙八十八斤、佩刀八十,赐钞三千三百锭"。[4]所谓"打里牙"或"塔里牙",当即唐代文献所言"底也伽",皆源于波斯语tārīg(黑色的)。[5]沙地白使团贡品清单中的"胡黑丹"来自波斯语tārīg(黑色的)另一译名,指含有鸦片成分的波斯解毒药。伊朗国家博物馆藏有一件波斯文款青花盘(图7-8:2),属于景德镇正德民窑烧造的青花瓷。希腊雅典本纳吉博物馆藏有一件波斯文款青花炉(图7-8:3),亦为景德镇正德民窑烧造的产品。这些明青花很可能是白羊王朝使团带回波斯,后来流散世界各地的。

四、波斯艺术对欧洲订制瓷之影响

1511年,葡萄牙人占领马六甲后,这座海港城市成了东方陶瓷贸易中心之一。20世纪90年代以来,马来西亚海域相继发现元明时代的沉船。1996年4月,瑞典水下考古学家索杰斯特朗德(Sten Sojstrand)在马来半岛东部海域水下52米处发现一条16世纪葡萄牙沉船,因沉船内发现"大明宣德年造"款明青花而称"宣德号"(图7-9)。沉船地点距柔佛海岸约60英里。东南亚古陶瓷学家布朗和瑞典考古学家索杰斯特朗德相继撰文,介绍了这个重要发现。[6]

除明青花之外,宣德号沉船还发现两门佛郎机青铜炮,据考证,这两门佛郎机炮是15世纪20年代在里斯本铸造的,可知这条葡萄牙武装走私船沉没于嘉靖十九年(1540年),也即葡萄牙人在双屿港(今舟山六横岛)从事走私贸易时期。[7]这条沉船内发现许多暹罗素可泰陶器。素可泰陶器创烧于13世纪末,艺术风格与宋代磁州窑铁绘陶器相似。宣德号沉船出水素可泰陶器,主要是铁绘陶器,所绘纹样主要模仿明青花。

这条葡萄牙沉船内还发现170件景德镇青花瓷,其中7件写有"宣德年造"款,如麒麟

---

[1]《旧唐书·西戎传》,第5314—5319页。
[2] 黄时鉴:《现代汉语中伊朗语借词初探》,《伊朗学在中国论文集》,北京大学出版社,1993年,第29—38页(收入《黄时鉴文集Ⅱ》,上海文艺出版有限公司,2011年,第158页)。
[3]《元史·英宗纪一》,第604页。
[4]《元史·宁宗纪》,第812页。
[5] D.N. Mackenzie, *op. cit.*, p.82.
[6] Roxanna M. Brown, "Xuande-Marked Trade Wares and the 'Ming Gap,'" *Oriental Art Magazine* XLIII-2, 1997, pp.2–6; Sjostrand, Sten, "The Xuande wreck ceramics," *Oriental Art Magazine* XLIII-2, 1997, pp.7–14.
[7] 林梅村:《六横岛访古》,《澳门研究》2010年第2期,第169—184页。

望月纹碗、缠枝莲纹军持、缠枝莲纹玉壶春瓶、缠枝花卉纹执壶（图7-10：1）、团花穿花凤纹盘、团龙纹大盘、缠枝花卉纹碗等。1999年，宣德号沉船内一部分青花瓷在苏富比拍卖行出售，从拍卖目录上也可知这批嘉靖民窑青花瓷部分情况。葡萄牙桑托斯宫藏明青花执壶即为景德镇嘉靖民窑烧造，与宣德号沉船发现的景德镇嘉靖民窑青花执壶风格相似。1909年以来，桑托斯宫成为法国大使馆。这件明青花执壶部被巴黎吉美博物馆永久性借展。壶高33厘米，颈部饰蕉叶纹，腹部饰狮子纹，底款为"大明嘉靖年造"（图7-10：2）。这件执壶的器型与马来西亚海域嘉靖十九年沉船所出青花执壶造型相同，只是纹饰不同，当为葡萄牙人在双屿港购买的。

除此之外，西方博物馆还收藏了另外两件佩索托执壶：第一件佩索托执壶为葡萄牙梅德罗斯·阿尔梅达基金会藏品（图7-10：4），壶嘴与径连接部分残缺，高33.5厘米，底径16.5厘米，蒜头部分饰波浪蕉叶纹，腹部饰有葡萄牙商人安东尼奥·佩索托（Antonio Peixoto）家族徽章，底款为"大明嘉靖年造"；第二件佩索托执壶为伦敦维多利亚和埃伯特博物馆藏品（图7-10：5），保存完好，器型和纹饰与第一件完全相同。从这些执壶上的葡萄牙族徽看，两者皆为1543年远航日本的葡萄牙贵族安东尼奥·佩索托（Antonio Peixoto）定制的。此类青花执壶采用波斯银壶的艺术造型，与法国吉美博物馆藏16世纪波斯银壶造型相似（图7-10：6）。

大航海时代开始后，中国与波斯之间海上贸易并未中断。伊朗国家博物馆藏有大批明嘉靖至万历年间景德镇民窑专为伊斯兰世界生产的波斯艺术风格的青花瓷，乃至波斯文款青花瓷（图7-11：1），与12世纪波斯银碗如出一辙（图7-11：2）。凡此表明，波斯人不仅积极参与景德镇青花瓷的海外外销，而且前往江西景德镇直接参与明青花的图案设计。

萨非王朝（又译萨法维王朝）是一个土库曼人建立的帝国，开国君主伊斯迈尔一世统一波斯，并把疆土扩展到今天阿塞拜疆、伊拉克和阿富汗一部分，以什叶派的"十二伊玛目"教义为国教。萨非王朝与奥斯曼帝国战争不断。1588年，阿巴斯大帝继位，迁都伊斯法罕，与土耳其讲和，并赶走乌兹别克人，从葡萄牙人手中夺得波斯湾口的霍尔木兹岛，入侵霍尔木兹海峡南边的巴林，遂使波斯成为伊斯兰世界的最重要的文化中心之一。[1]值得注意的是，葡萄牙早期订制瓷的器型和设计图案，往往模仿伊斯兰艺术风格的青花瓷，如美国皮伯迪·埃萨克斯博物馆藏耶稣会青花碗（图7-11：4）。这个青花碗属于景德镇嘉靖民窑产品，底部写有宣德款、口沿写葡萄牙文款，碗壁绘葡萄牙徽章。[2]器型和图案

---

[1] H.R. Roemer: "The Safavid Period", in *Cambridge History of Iran*, vol.VI, Cambridge University Press 1986, p.339.
[2] 金国平、吴志良：《流散于葡萄牙的中国明清瓷器》，《故宫博物院院刊》2006年第3期，第100页。

图 7-9　宣德号沉船所出明青花、暹罗素可泰陶瓷和佛郎机青铜炮

设计显然模仿伊朗国家博物馆藏伊斯兰风格的青花碗。无独有偶,葡萄牙卡拉穆罗博物馆藏耶稣会青花大盘亦模仿伊斯兰艺术,外壁饰牡丹纹。盘心饰四狮滚绣球,内壁饰耶稣会拉丁文J.H.S.会徽(图7-11：3)。[1]盘心花纹与宣德号沉船及景德镇观音阁嘉靖地层出土的月华纹青花碗(图7-11：5)相同,属于景德镇嘉靖民窑产品。[2]目前共发现7件,直径全在51—53厘米左右,内壁饰耶稣会徽,流行年代当在1540年耶稣会开始使用HIS符号之后。

综合全文的讨论,我们似可得出以下几点认识:

第一,大航海时代开启后,中国与波斯并未中止贸易往来。相反,中国和波斯海商不断冲破葡萄牙、荷兰殖民者对东方贸易的垄断,从泉州浯屿远航印度洋。

第二,牛津大学博德利图书馆藏《顺风相送》和《大明东洋西洋海道图》描述是明代

---

[1] Maria Fernanda Lochschmidt: *Chinesisches Blauweiß Exportporzellan Die portugiesischen Bestellungen vom Anfang des 16 Jahrhunderts bis 1722: Eine neue Chronologie mit Beiträgen zu Form und Dekor*, Wien, im April, 2008, p.43.
[2] 北京大学考古文博学院等:《江西景德镇观音阁明代窑址发掘简报》,《文物》2009年第12期,第39—57页。

图7-10 宣德号沉船"大明宣德年造"款青花执壶与桑托斯宫佩索托青花执壶

图7-11 嘉靖民窑波斯文款青花碗与12世纪波斯银碗、耶稣会青花大盘与嘉靖窑青花碗

末年中国海商下海通番航线,与《郑和航海图》所见明王朝与印度洋诸国"朝贡贸易"航线无关。

第三,《大明东洋西洋海道图》的部分图源来自阿拉伯航海图,李诩《戒庵老人漫笔》所载苏州穆斯林马怀德的牵星板实乃万历年间远航印度洋的导航仪,而非有些学者认为的郑和下西洋之故物。

第四,大航海时代葡萄牙人开辟的中国航线,借助于阿拉伯地理学的东方地理知识。葡萄牙人从爪哇领航员复制的爪哇文海图实乃16世纪初阿拉伯文海图。

第五,1511年,沙地白率波斯官方使团最后一次出使中国。从时间看,这个波斯使团应为白羊王朝所遣。由于葡萄牙人的阻挠,11年后才在暹罗国王的帮助下抵达广东。伊朗国家博物馆藏景德镇正德窑瓷器应是沙地白使团带回波斯的。

第六,近年马来西亚水下考古新发现表明,葡萄牙人占领马六甲后,主导了东西方的海上贸易。葡萄牙人开始在景德镇订制瓷器。

第七,欧洲早期定制瓷往往采用伊斯兰艺术造型和图案设计,说明葡萄牙人并未中断中国与波斯之间的海上贸易。相反,葡萄牙人在开辟中国航线的过程中,大量起用中国和穆斯林海商,中断了80多年的中国与波斯的海上贸易重新繁荣起来。16—17世纪景德镇外销瓷和龙泉窑瓷器,就在这样一个历史背景下不断输入波斯和中东各地。

8

郑芝龙航海图

一、《雪尔登中国地图》入藏牛津大学始末

2011年，香港大学钱江教授在《海交史研究》撰文，报道了牛津大学鲍德林图书馆"重新发现"的一幅明代彩绘本航海图（编号MS. Selden supra 105），纸本设色，纵1.5米，横1米（图8-1）。[1]此图原为英国律师雪尔登（Johan Selden）私人藏品，1654年（清顺治十一年）从英国东印度公司驻万丹商馆人员手中购得此图。[2]

东亚海上贸易分为东洋和西洋两大航线。东洋航线行至吕宋、苏禄和香料群岛（今马鲁古群岛），而西洋航线则经印度支那沿岸和马来半岛，远达爪哇岛西岸万丹。最有利可图的贸易在泉州和马尼拉之间进行，美洲白银在那里大量易手。在西洋航线方面，万丹港后来居上，逐渐取代咬留吧（今雅加达）；《东西洋考》称为"下港"，《雪尔登中国地图》则称为"顺塔"。万丹不仅大量生产胡椒，而且成为来自印度洋、印尼群岛和南中国海的商品集散地。1567年隆庆开关后，万丹港成了福建海商西洋贸易航线的终点码头。

1600年（万历二十八年），英国东印度公司（简称BEIC）于荷兰东印度公司（简称VOC）成立前两年组建。为了发展香料贸易，1613年英国人在苏拉威西岛的望加锡建立商馆，1615年不顾荷兰人反对，在苏门答腊的亚齐、占卑建立商馆，于是引发荷兰与英国之间的武装冲突。1618年12月，一艘荷兰船从暹罗北大年抵达爪哇的万丹，不幸被英国人扣留、焚毁。1619年荷兰人占领雅加达，更名"巴达维亚"（Badauia）。1621年荷兰人

---

[1] 钱江：《一幅新近发现的明朝中叶彩绘航海图》，《海交史研究》2011年第1期，第1—7页。
[2] 承蒙牛津大学鲍德林图书馆中国文献馆馆长大卫·赫里维尔（David Helliwell）博士提供此图高清彩色照片，并授权发表，谨致谢忱。

图8-1 牛津大学鲍德林图书馆藏《雪尔登中国地图》

攻占隆塔尔岛、兰岛，并驱逐那里的英国人。1628年（崇祯元年）巴达维亚商馆的英国人接到命令迁回万丹，直到1682年英国人被迫放弃万丹商馆。[1]牛津大学罗森（Jessica Rawson）教授告诉我，约翰·雪尔登在议会负责出口事务，并对收藏东方古物有兴趣。这幅航海图是从一位在万丹从事贸易的福建商人手中收购的。当初用作包装纸，连同中国货物一起卖给了万丹商馆的英国人。1654年雪尔登去世。他的东方收集品于1659年捐献给鲍德林图书馆。此外，这批捐赠品中还有一个旱罗盘（非水罗盘）和大批东方语言手稿，而航海图就以收藏家的名字命名，称为 Selden Map of China（《雪尔登中国地图》）。

1679年（康熙十八年），比利时耶稣会士柏应理（Philippe Couplet）当选中国副省代理人，奉命前往罗马，向教皇汇报在中国传教情况，并寻求资助和招募赴华传教士。临行前，耶稣会中国副省会长南怀仁决定挑选几名中国教徒随柏应理前往罗马，旨在向教廷证明中国亦有优秀的神父。柏应理的得意门生、南京名医之子沈福宗（教名Michael Alphonsius）入选，随柏应理使团出访罗马。1683年9月，柏应理使团先赴法国，在凡尔赛宫晋见法王路易十四，游说法王派传教士去中国。沈福宗在路易十四面前，展示了孔子像，用毛笔表演书法，在巴黎引起轰动。访法后，柏应理与沈福宗到罗马觐见教皇英诺森十一世，并呈献400余卷传教士编纂的中国文献，成为梵蒂冈图书馆最早的汉籍藏本之一。中国学人在法国和罗马的访问引起英国人的注意，便有了柏应理和沈福宗应邀访英之旅。[2]

1687年（康熙二十六年），柏应理和沈福宗在伦敦拜见英王詹姆斯二世。英王颇为欣赏这个知识丰富的中国人，特地让宫廷画师克内勒爵士在温莎堡为沈福宗画了一幅真人大小的全身油画像（图8-2），并由皇

图8-2　温莎堡藏沈福宗油画像，1687年英国宫廷画师克内勒爵士绘

---

[1]（澳）尼古拉斯·塔林主编：《剑桥东南亚史》第1卷，贺圣达等译，昆明：云南人民出版社，2003年，第294页；范岱克，查忻译：《荷兰东印度公司在1630年代东亚的亚洲区间贸易中成为具有竞争力的原因与经过》，《暨南史学》第三辑，广州：暨南大学出版社，2000年，第123—144页。
[2] 方豪：《中国天主教史人物传》中册，北京：中华书局，1988年影印本，第200—202页。

家收藏。沈福宗画像就这样入藏温莎堡。[1]访英期间,沈福宗还应东方学家托马斯·海德(Thomas Hyde)邀请,到牛津大学鲍德林图书馆为中文藏书编书目。大英图书馆藏有海德与沈福宗之间书信往来和谈话记录,这批档案属于英国皇家亚洲协会秘书、大英博物馆奠基人汉斯·斯隆收集品,或称"斯隆手稿"(Sloane MSS)。沈福宗尊称海德为"德老爷"。其中一件手稿写有沈福宗给这位英国学者起的汉名"奇德"。海德是希伯来语和阿拉伯语专家,不懂中文。他从沈福宗那里了解到《雪尔登中国地图》上中文注记的内容,随手在一些汉字旁用拉丁文注音。例如:汉文地名"吕宋王城"旁的拉丁文 urbs regius li que(王城和……)。不过,此图右上角太阳图和左上角月亮图中并无汉字,却分别写有拉丁文 Sol(太阳)和 Luna(月亮)。不知是作者写的,还是沈福宗、海德所为。如果是前者,那么西方学者亦参加了此图的创作。

1935年,沈福宗来访248年后,鲍德林图书馆迎来了另一位中国学者——北京图书馆研究员向达,此行来牛津大学协助整理中文图书。不知什么原因,向先生与鲍德林图书馆藏《雪尔登中国地图》失之交臂,仅抄录了《顺风相送》(编号Laud Or. 145)、《指南正法》(编号Backhouse 578)等馆藏明清抄本,1961年以《两种海道针经》为题在北京出版。[2]

向达来访73年后,鲍德林图书馆迎来了一位美国汉学家。2008年1月,美国乔治亚南方大学副教授巴契勒(Robert K. Batchelor)访问牛津,他在鲍德林图书馆"重新发现"这幅古航海图。这位美国学者致力于17世纪英国贸易扩张研究,他立即发现此图并非简单勾勒中国海岸线,而是具体标示南中国海当时的贸易航线。它们都从泉州启航,然后分别航行到东亚各地。在2011年9月15日的《雪尔登中国地图》学术讨论会上,他进一步指出:这幅地图和墨卡托投影地图不太一样,可谓葡萄牙和中国两个不同系统地图结合的产物。[3]《雪尔登中国地图》的重要价值由此引起国际学术界广泛关注。

我们几乎第一时间就得知这个消息。2009年8月,在银川中国社科院考古所主办的丝绸之路国际学术研讨会上,爱尔兰某大学一位女教授在会上展示了《雪尔登中国地图》的高清晰照片,旨在向中国考古学家推销她的天体摄影器材。由于材料没有发表,她不能给我照片,但是答应联系鲍德林图书馆,获取高清晰照片,后来杳无音信。最近,我指导的学生打算做海上丝绸之路考古的题目。为他们准备材料时,才发现这幅航海图业已成为

---

[1] 梁二平:《寻访漂在英伦的"大明东西洋航海图"》,《深圳晚报》2011年10月18日。
[2] 向达校注:《两种海道针经》,北京:中华书局,1961年(2000年重印)。
[3] 详见牛津大学鲍德林图书馆《雪尔登中国地图》2011年9月15日学术讨论会网页(http://seldenmap.bodleian.ox.ac.uk/colloquium)。

当今中国乃至国际学术界研究的一个热点。主要研究成果如下：

一，钱江认为，此图年代在明代中期，建议取名为《明代中叶福建航海图》。[1]2011年11月第12届深圳读书月上，钱江等学者建议命名为《明代东西洋航海图》。

二，陈佳荣对图上105个海外交通地名进行了初步注解，建议取名为《明末疆里及漳泉航海通交图》，并指出编绘时间约在1624年（天启四年）。[2]

三，周运中认为，此图年代在明代末年，而非钱江建议的明代中叶。[3]

四，郭育生、刘义杰建议取名为《东西洋航海图》。他们根据航海图航线绘制方式的历史演变及台湾岛北港、加里林等地名的汉文注记，认为此图不会早于明嘉靖末的1566年，也不会晚至明万历中叶的1602年。[4]

五，龚缨晏建议取名为《明末彩绘东西洋航海图》，认为图注提到的"化人"和"化人番"指西班牙人，并将此图年代系于1607—1624年之间。[5]

六，孙光圻、苏作靖从航海学角度对其包含的技术要素进行分析研究。以航海技术方法对其比例尺进行测算，论证其为总图性质的古航海图。[6]

七，金国平在2012年第三届澳门学国际学术研讨会提出，"化人"即"佛朗"的别称，源于阿拉伯人对葡萄牙、西班牙等欧洲人的称谓。[7]

八，卜正民（Timothy Brook）认为，这幅航海图的作者一定是当时定居在巴达维亚（今雅加达）的福建商人。理由是，这幅航海图和向达先生早年从牛津大学鲍德林图书馆抄录回国的两本航海针路簿一样，属于同一时期的作品。既然那两本海道针经是由荷兰东印度公司的职员从巴达维亚带回阿姆斯特丹，后来辗转流入牛津大学，那么，这幅航海地图也可能经由荷兰东印度公司，而非通过英国东印度公司之手，流入鲍德林图书馆。[8]

---

[1] 钱江：《一幅新近发现的明朝中叶彩绘航海图》，《海交史研究》2011年第1期，第1—7页。
[2] 陈佳荣：《新近发现的〈明代东西洋航海图〉编绘时间、特色及海外交通地名略析》，《海交史研究》2011年第2期，第52—66页。
[3] 周运中：《牛津大学藏明末万老高闽商航海图研究》，《文化杂志》（澳门）2013年夏季刊，第1—22页。
[4] 郭育生、刘义杰：《〈东西洋航海图〉成图时间初探》，《海交史研究》2011年第2期，第67—81页。
[5] 龚缨晏：《国外新近发现的一幅明代航海图》，《历史研究》2012年第3期，第156—160页。
[6] 孙光圻、苏作靖：《中国古代航海总图首例——牛津大学藏〈雪尔登中国地图〉研究之一》，《中国航海》2012年第2期，第84—88页。
[7] 金国平："The Selden Map of China"中"化人"略析——兼考"佛郎机"与"佛郎机国"》，中国社会科学院历史研究所明史研究室编：《明史研究论丛》第十二辑，北京：中国广播电视出版社，2014年，第209—223页。
[8] Timothy Brook: *Mr. Selden's Map of China: Decoding the Secrets of a Vanished Cartographer*, Anansi in Toronto (September 2013), Bloomsbury in New York, and London: Profile, to appear 2014.

二、《雪尔登中国地图》之年代

《雪尔登中国地图》的时代特征颇为明显，图中吕宋岛（今菲律宾）东部沿海一个狭长海峡的入口处，有一条汉文注记："化人番在此港往来吕宋"（图8-3）。化人亦称"佛郎"或"佛郎机"，是明清人对葡萄牙人或西班牙人的称谓。据龚缨晏调查，黄可垂（字毅轩）在《吕宋纪略》中写道："吕宋为干丝蚋属国。干丝蚋者，化人番国名也，在海西北隅，其国不知分封所自始，地多产金银财宝，与和兰、勃兰西、红毛相鼎峙，俗呼为宋仔，又曰实斑牛。"《吕宋纪略》作为附录收入清初漳州人王大海著《海岛逸志》。王大海在该书后记中说："甲子（1804）冬，余与毅轩长君宗超同寄迹于吴门，称莫逆交，见余《逸志》，因出《吕宋纪略》相示。"[1]可知《吕宋纪略》约成书于18世纪末。

《雪尔登中国地图》中最右侧绘有一个岛屿，上有三行汉文注记，右下方为"万老高"，左下方是"红毛住"，最上方为"化人住"（图8-3）。红毛或红毛番，是明人对荷兰人的称呼，见于《东西洋考》万历四十五年（1617年）刊本，其文曰："红毛番自称和兰国，与佛朗机邻壤，自古不通中华。其人深目长鼻，毛发皆赤，故呼红毛番云。"[2]万老高，《东西洋考》称作"美洛居"，指今印尼马鲁古群岛，亦称"香料群岛"，主要岛屿则称"特尔纳特岛"（Ternate Island）。《东西洋考》记美洛居曰："华人某者流寓彼中，慧而黠，有口辩，游说两国间，分万老高山山半为界，山北属和兰，而山南属佛郎机，各罢兵，并雄兹土。"[3]

1595年荷兰人初抵印尼海域时，恰逢特尔纳特岛统治者不堪忍受西班牙人入侵。他们将荷兰人视为抗击西班牙人的盟友。1607年3月，特尔纳特岛统治者请荷兰人出兵赶走西班牙人。同年5月，荷兰舰队应邀来到特尔纳特岛，但是他们不敢攻打西班牙人的要塞，而是建造了新要塞。《雪尔登地图》所谓"红毛住"就指荷兰人的新要塞，那么此图不早于万历三十五年（1607年）。1662年（康熙元年），西班牙人听说郑成功要攻打马尼拉，便于次年从特尔纳特岛要塞撤走。1666年（康熙五年），岛上的西班牙要塞被荷兰人摧毁。[4]

《雪尔登中国地图》在长城之北写有"北挞在此"（图8-4）汉字注记。北挞即北鞑。关于中国塞外民族，明万历年间来华的意大利传教士利玛窦写道："关于中国的位置，似乎宜

---

[1] [清]黄可垂：《吕宋纪略》，收入[清]王大海编：《海岛逸志》，姚楠、吴琅璇校注，香港：学津书店，1992年，第168页。

[2] [明]张燮：《东西洋考》，谢方点校，北京：中华书局，1981年，第127页。

[3] 《东西洋考》，第101页。

[4] Leonard Y. Andaya: *The World of Maluku: Eastern Indonesia in the Early Modern Period*, Honolulu: University of Hawaii Press, 1993, pp.152–156.

图8-3 《雪尔登中国地图》中的汉文和拉丁文注记

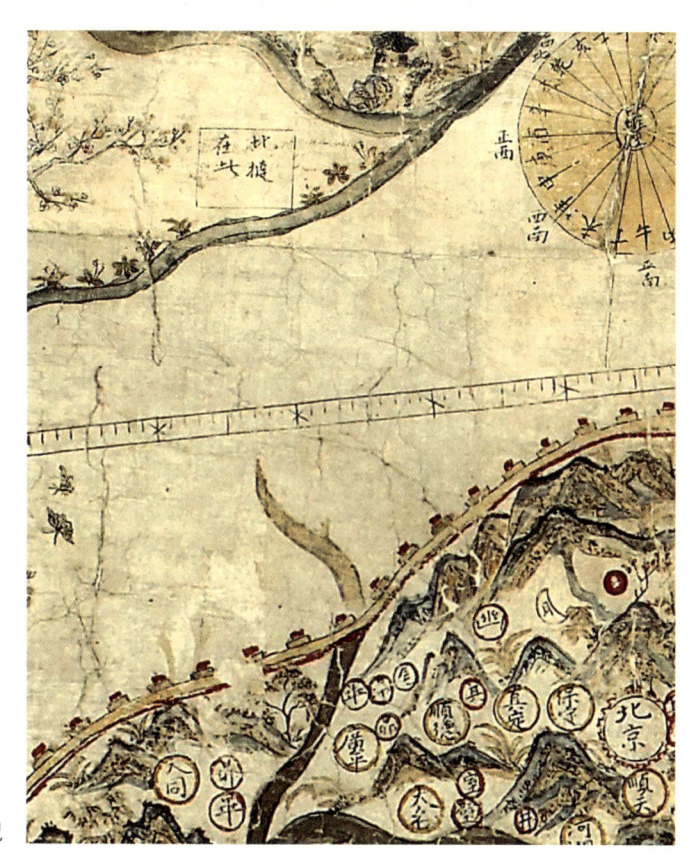

图8-4 《雪尔登中国地图》之汉文注记

绘一张地图,先从南部交趾支那,直到东北的尖端,是辽州(半岛),它属于中国的一省,自那里向上沿海可至日本。其南方海岸在廿至廿八度之间,从北极算起,在中国北方为鞑靼区:差不多离北极有四十四、五度。"[1]万历二十年进士谢肇淛编《五杂俎·地部》曰:"且近来北鞑之势强于西戎,若都建康,是弃江北矣;若都洛阳、关中,是弃燕云矣。故定鼎于燕,不独扼天下之吭,亦且制戎虏之命。"[2]可知北鞑是明人对长城以北蒙古人的称谓。

值得注意的是,《雪尔登中国地图》在长城之北还写有"(食)人番在此处"的汉字注记。《金史·哀宗本纪》记载:"乙酉(1165年),大元召宋兵攻唐州(今河南唐河),元帅右监军乌古论黑汉死于战,主帅蒲察某为部曲兵所食。城破,宋人求食人者尽戮之,余无所犯。宋人驻兵息州南。"[3]《金史·乌伦古黑汉传》记载:南宋绍定六年(1233年),唐州被困"城中粮尽,人相食,黑汉杀其爱妾啖士,士争杀其妻子"。[4]故女真人有"食人生番"之恶名,那么,《雪尔登中国地图》注记所谓"食人番"即明人对长城以北女真人后裔满族人的蔑称。《清史稿·吴三桂传》记载:顺治元年(1644年),李自成攻陷北京,崇祯帝自缢煤山,吴三桂引清军入关,[5]那么,《雪尔登中国地图》绘于1644年清军入关以前。中国史书将"佛郎机"(指葡萄牙人或西班牙人)称作"化人",始见于18世纪末成书的《吕宋纪略》。[6]万历四十五年(1617年)张燮《东西洋考》不见"化人",而《雪尔登中国地图》又不晚于1644年清军入关,那么此图当绘于1617—1644年之间。

据厦门大学庄国土教授分析,以漳州海商为主导的闽南海商集团在17世纪初迅速衰落,被泉州海商取代。漳州海商衰落的原因有三:一、马尼拉大屠杀:1603年西班牙人对马尼拉华侨大开杀戒,殉难者2.5万,其中漳州海澄人十居八。[7]马尼拉大屠杀造成漳州籍海商元气大伤,这是泉州籍海商后来居上,取代漳州海商的主要原因之一。二、漳州月港逐渐淤塞:漳州月港作为明代后期中国私商贸易中心的地位因此逐渐被泉州浯屿、安海等港口取代。三、郑芝龙海上帝国的兴起:郑芝龙以泉州安平为大本营,构建海上帝国。郑氏主导的闽南海商集团以泉州籍人为主,漳州籍人不得不退而为辅。[8]换言之,《雪尔登中国地图》绘制时代(1617—1644年),正值郑芝龙海上帝国兴起。

---

[1] (意)利玛窦:《利玛窦书信集》上册,罗渔译,《利玛窦全集》第3册,台北:光启出版社/辅仁大学出版社,1986年,第46页。
[2] [明]谢肇淛编:《五杂俎》,上海书店,2001年重印本,第41页。
[3] 《金史·哀宗本纪》,第400页。
[4] 《金史·忠义三·乌伦古黑汉》,第2686页。
[5] 《清史稿·吴三桂传》,第12835—12836页。
[6] 《吕宋纪略》,第166—167页。
[7] [清]陈锳等修、叶廷推等纂:《海澄县志》乾隆十八年刊本;《中国方志丛书》第92册,台北:成文出版社,1968年,第13页。
[8] 庄国土:《论17—19世纪闽南海商主导海外华商网络的原因》,《东南学术》2001年第3期,第68页。

三、《雪尔登中国地图》实乃《郑芝龙航海图》

郑芝龙是明朝末年台湾海峡最具实力的海盗之王，西方人称之为Nicolas Iquan Gasper（尼古拉斯·一官·贾斯帕）。崇祯元年（1628年），郑芝龙就抚明王朝，授海上游击，实际上仍保持极大独立性。就抚期间，郑芝龙既未领过明王朝的军饷，也从未听从明朝政府的调动，双方只是相互利用。明王朝企图利用郑氏集团的力量平定东南沿海海盗骚扰，而郑芝龙则借助明朝政府之力，消灭刘六、刘七等诸多海上竞争对手，从而垄断北至吴淞口、南到广东的海上贸易。郑芝龙继闽南海盗林凤（西方人称Limahong）、李旦（西方人称Andrea Ditis）之后，成为与葡萄牙人、西班牙人、荷兰人争夺海权的中国海盗集团之魁首。在郑芝龙海上帝国鼎盛时期，出入长崎港的郑芝龙商船数远远超过荷兰商船。葡萄牙人、荷兰人、西班牙人、英国人、日本人都是其生意伙伴，每年收入数以千万计，富可敌国。[1]

郑芝龙还注重收集、编绘日本至印度洋海图。中国国家博物馆藏有一幅郑芝龙题款《日本印度洋地图卷》，绢本设色，纵30厘米，横302厘米。据周铮调查，此图内容可分三个部分，凡七图。第一部分为《日本图》，共两图；第二部分为《东南夷图》，共三图；第三部分为《西南夷图》，共两图。各图前后衔接，依次为：《日本国东南界图》、《日本国北界合图》、《东南夷东南界图（日外）》、《东南夷图二》、《东南夷图三》（图8-5）、《西南夷图一》、《西南夷图二》。七图的地理范围，从日本北方直讫印度西海岸，与《雪尔登中国地图》的地理范围（日本北方至印度西海岸古里）几乎完全相同。中国国家博物馆藏明代海图卷末有郑芝龙题款"南安伯郑芝龙飞虹鉴定"，款左钤白文"郑芝龙印"和朱文"飞虹图书"二方印，图前标题下钤朱文"南安伯印"。[2]刘献廷撰《广阳杂记》卷四云："郑飞虹，幼姣好，其父为府……其父欲杀之，逃往海盗李旦舟中，有宠于旦。旦死，欲置主，卜之于神，飞虹十卜皆吉，遂立以为主。"[3]可知郑芝龙亦名"飞虹"。崇祯十七年三月，李自成攻陷北京。五月，福王朱由崧在南京监国。郑芝龙时任福建都督同知总兵官。八月，郑芝龙被南明流亡政府封为南安伯，那么这幅海图当绘于南明弘光元年（1644年）八月之后。

---

[1]（英）博克瑟著，松仪摘译：《郑芝龙（尼古拉·一官）兴衰记》，《中国史研究动态》1984年第3期，第14—21页；（日）岩生成一：《明末日本侨寓支那人甲必丹李旦考》，《东洋学报》第23卷3号，东京，1936年，第63—119页；郑广南：《中国海盗史》，上海：华东理工大学出版社，1998年，第407—412页。
[2] 周铮：《郑芝龙题款的日本地图考》，《文物》1988年第11期，第79—90页。
[3][清]刘献廷撰：《广阳杂记》，汪北平、夏志和点校，北京：中华书局，1957年，第169页。

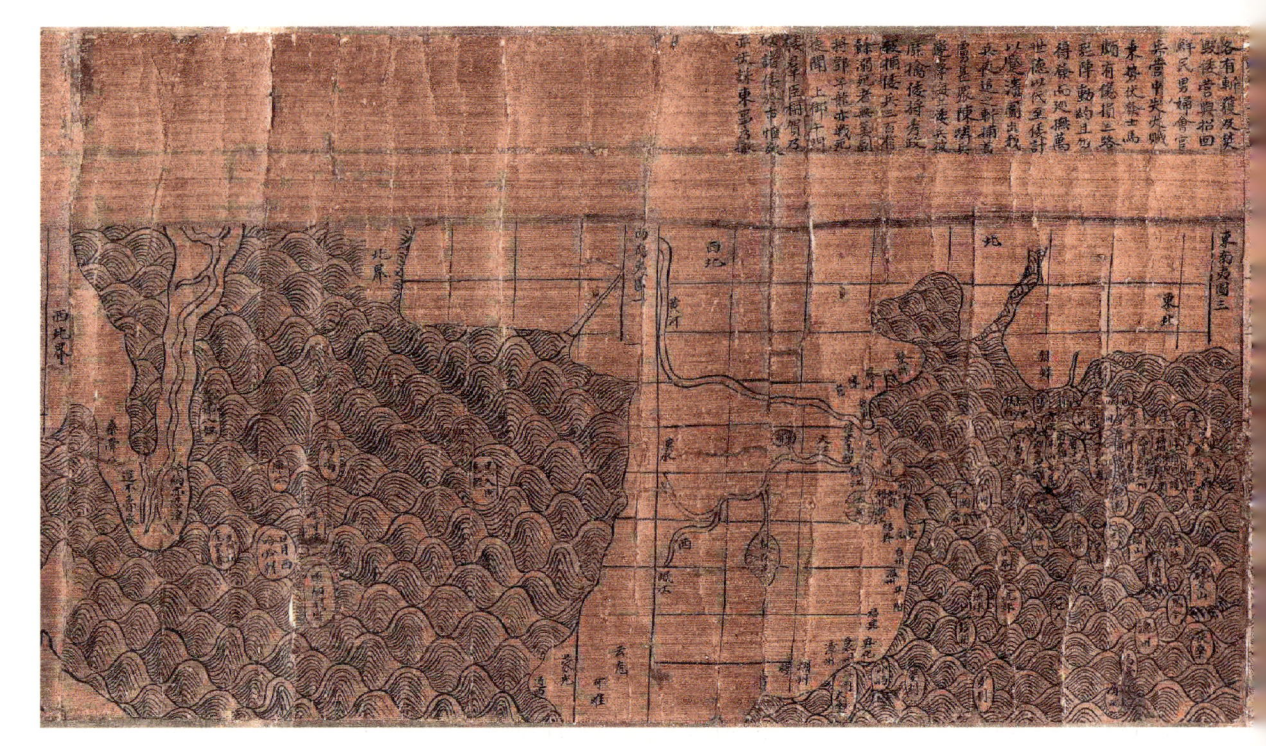

图8-5　中国国家博物馆藏郑芝龙题款《日本印度洋地图卷》

美国哈佛大学图书馆藏有郑大郁撰《经国雄略》四十八卷,南明隆武元年(1645年)潭阳王介爵观社刻本,凡三十册,附图。卷一题:"清漳郑昆贞(十师)、南安伯郑芝龙(飞虹)全鉴定;武荣郑鸿达(羽公)、石江郑芝豹(玄公)校阅,温陵郑大郁(孟周)编订,晋江蔡鼎(无能)参阅,潭阳王介爵(锡九)校梓。"郑芝龙为此书作序曰:"我国家王气,自南金重建,得无一非常之人,出而展胸中夙负,秉以灰荡中原,上报天子,宁甘坐观沦陷,竟置匡复于不讲哉!孟周(郑大郁的字)是编,搜罗今古……靡不详载考图,俾留心经国者,读此备知穷变度险。孚号忠志,协佐中兴。"文末落款:"钦命镇守福建等处并浙江金温地方总兵官太子太师敕赐蟒衣南安伯石江郑芝龙撰"。[1]可知《经国雄略》辑于清军入关之后。

中国国家博物馆藏明彩绘本郑芝龙题款《日本印度洋地图卷》或为《经国雄略》所附地图的底图,年代晚于清军入关前所编《雪尔登中国地图》。郑芝龙题款《日本印度洋地图卷》最末是《西南夷图》。稍加比较,不难发现此图的印度洋部分取材于洪武二十二年(1389年)《大明混一图》彩绘本、1402年朝鲜权臣权近跋《混一疆理历代国都之图》彩绘

---

[1]〔南明〕郑大郁:《经国雄略》,哈佛大学哈佛燕京图书馆编:《美国哈佛大学哈佛燕京图书馆藏中文善本汇刊19》,《中国古籍海外珍本丛刊》,北京:商务印书馆/桂林:广西师范大学出版社,2003年,第3页。

本,[1]或罗洪先《广舆图》万历七年增补本《西南海夷图》(图8-6)。[2]

郑芝龙为明代末年日本至东南亚海域一代枭雄,天启年间(1621—1627年)迅速崛起。其势力范围与《雪尔登中国地图》所标泉州至东西洋航线完全相符。清初计六奇撰《明季北略》记载:"海盗有十寨,寨各有主,停一年,飞黄(郑芝龙的号)之主有疾,疾且痼,九主为之宰牲疗祭,飞黄乃泣求其主:'明日祭后,必会饮,乞众力为我放一洋,获之有无多寡,皆我之命,烦缓颊恳之。'主如言,众各欣然。劫四艘,货物皆暹逻来者,每艘约二十余万,九主重信义,尽畀飞黄。飞黄之富,逾十寨矣。海中以富为尊,其主亦就殂,飞黄遂为十主中之一。时则通家耗,辇金还家,置苏杭细软,两京大内宝玩,兴贩琉球、朝鲜、真腊、占城、三佛齐等国,兼掠犯东粤(潮、惠、广、肇)、福浙(汀、闽、台、绍)等处。此天启初年事也。"[3]

明代后期福建沿海的国际走私贸易点多集中在闽南一带。清初郝玉麟等修《福建通志》卷七四记载:"福地素通番舶,其贼多谙水道,操舟善斗,皆漳泉福宁人。漳之诏安有梅岭、龙溪、海沧、月港,泉之晋江有安梅(海),福宁有桐山,各海澳僻远,贼之窝向船主、喇哈(=波斯语nakhota"船长")、火头、舵公皆出焉。"[4]泉州安平(或称安海)的地理位置十分有利于泊船贸易。由于它地处海湾内侧,远离县治,既避风,又便于避开官兵巡查。一出湾便是茫茫大海,可直达另一个走私海岛——浯屿。万历末无名氏编《顺风相送》(约1617年以前成书)所见东西洋针路,主要以浯屿为始发港。[5]《雪尔登中国地图》所标东西洋航线,大量采用《顺风相送》著录的针路,主要是泉州(浯屿)往来东西洋航线(图8-7)。[6]《郑和航海图》没有标示古里至忽鲁谟斯、阿丹、祖法儿三条印度洋航线,[7]

---

[1] 汪前进、胡启松、刘若芳:《绢本彩绘大明混一图研究》,收入曹婉如等编:《中国古代地图集·明代》,北京:文物出版社,1994年,第51—55页;(日)杉山正明:《東西の世界図が語る人類最初の大地平》,《大地の肖像——絵図·地図が語る世界》,京都大学学术出版会,2007年,第54—83页;刘迎胜:《〈混一疆理历代国都之图〉相关诸图间的关系——以文字资料为中心的初步研究》,刘迎胜主编:《〈大明混一图〉与〈混一疆理图〉研究:中古时代后期东亚的寰宇图与世界地理知识》,南京:凤凰出版社,2010年,第88—99页。

[2] 罗洪先《广舆图》初刻于嘉靖三十四年前后,包括《舆地总图》一幅,《两直隶十三布政司图》十六幅,《九边图》十一幅,《洮河、松潘、虔镇、麻阳诸边图》五幅,《黄河图》三幅,《海运图》二幅,《朝鲜、朔漠、安南、西域图》四幅,凡四十幅地图。万历七年(1579年)钱岱翻刻韩君恩本,增补《东南海夷图》、《西南海夷图》,而《舆地总图》中明长城似为钱岱增补([元]朱思本撰、[明]罗洪先、胡松增补:《广舆图》,收入《续修四库全书》第586册,上海古籍出版社,2002年,第412—528页)。

[3] [清]计六奇撰:《明季北略·郑芝龙小传》,北京:中华书局,1984年,第187页。

[4] [清]郝玉麟等监修,谢道承编纂:《福建通志》卷七四《郑若曾福建防海事宜》,收入《影印文渊阁四库全书》第530册,台北:商务印书馆,1986年,第635页右下。

[5] 张荣、刘义杰:《〈顺风相送〉校勘及编成年代小考》,《国家航海》第三辑,上海古籍出版社,2012年,第78—96页。

[6] 关于《顺风相送》所载东西洋针路,参见杨国桢:《闽在海中》,南昌:江西高校出版社,1998年,第54—57页。

[7] 周运中:《郑和下西洋阿拉伯海航线考》,《暨南史学》第七辑,南宁:广西师范大学出版社,2007年,第143页。

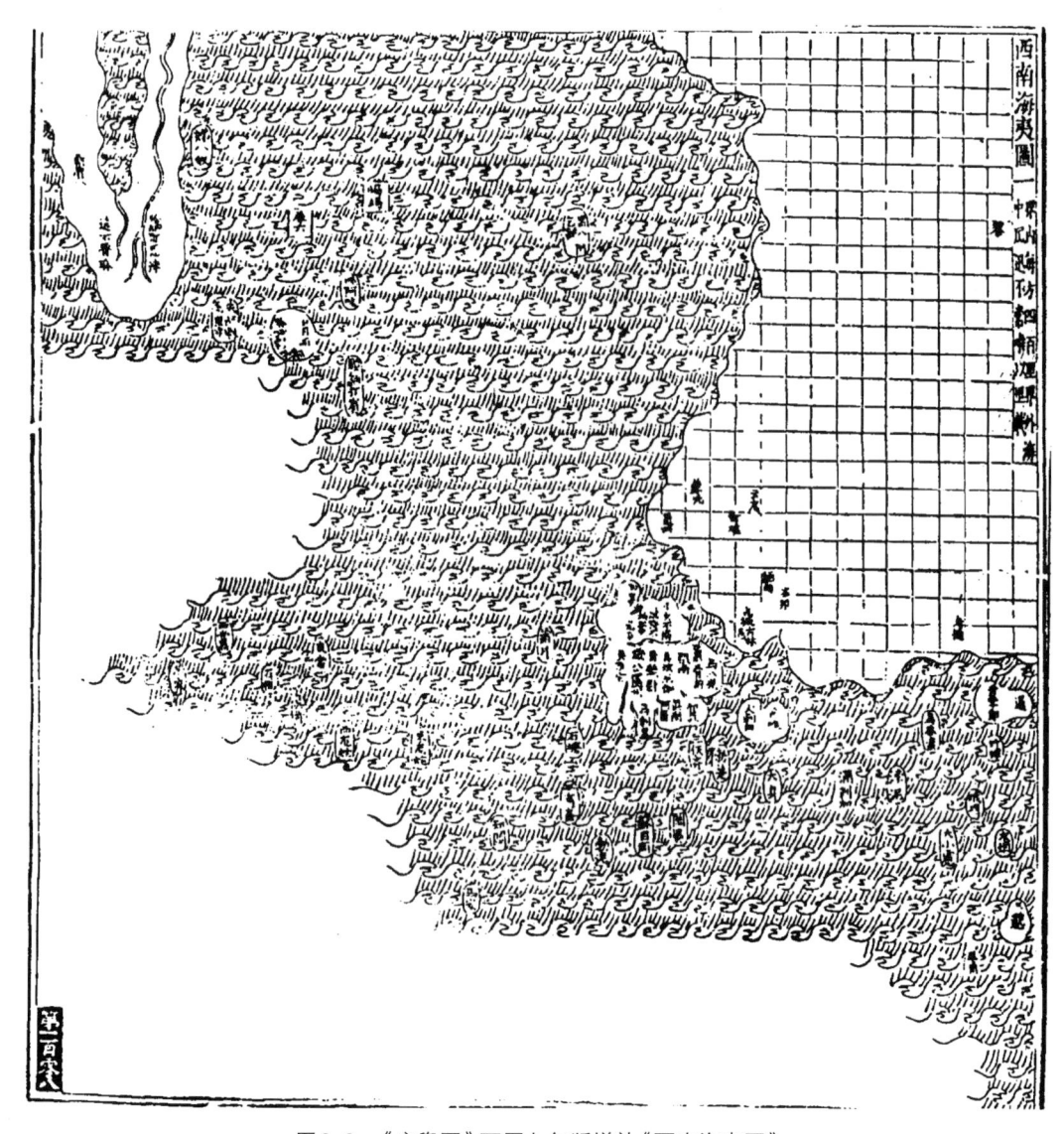

图8-6 《广舆图》万历七年版增补《西南海夷图》

那么,《雪尔登中国地图》汉文注记中提到的三条印度洋航线亦来自《顺风相送》。

泉州安平港是郑芝龙的家乡,明末清初成了郑氏海上帝国的大本营。史载:"安平之俗好行贾,自吕宋交易之路通,浮大海趣利,十家而九。"[1]安海商人不仅从事对外贸易,而且奔走国内市场,遂使安海成了一个国际贸易的商品集散地。史载:"安平市独矜贾,逐什一趋利,然亦不倚市门,丈夫子生及弁,往往废著鬻财,贾行遍郡国,北贾燕,南贾吴,

---

[1]〔明〕李光缙:《景璧集》卷十四《二烈传》第四册,南京:江苏广陵古籍刻印社,1996年,第2398页。

东贾粤,西贾巴蜀,或冲风突浪,争利于海岛绝夷之墟。"[1]

牛津大学鲍德林图书馆藏明代无名氏编《顺风相送》、《雪尔登中国地图》、张燮《东西洋考》基本上为同一时代产物。其中,《顺风相送》年代最早,约成书于万历末年。该书不见"红毛番"和"化人",年代略早于《东西洋考》(约1617年)。《东西洋考》和《雪尔登中国地图》都提到"红毛"(荷兰人),但是《东西洋考》不见"化人",年代早于《雪尔登中国地图》。在传世文献中,佛郎机(葡萄牙人和西班牙人)称作"化人",始见于18世纪末黄可垂撰《吕宋纪略》。《雪尔登中国地图》的发现相当重要,将该词始见年代提前到明代末年。

崇祯元年(1628年)9月,郑芝龙就抚明王朝后,很快歼灭其他海盗集团,统一台湾海峡。于是素有"海上马车夫"之称的荷兰殖民者,便成了郑芝龙最大的竞争对手。郑氏家族与荷兰人的恩怨由来已久,因为双方是东南亚和中日贸易航线上的竞争对手。1624年,荷兰东印度公司占据台湾,主要购买中国生丝、丝绸,运到日本或者荷兰贸易。由于荷兰人无法直接到中国沿海自由贸易,只能通过中国商人转手。这样一来,就非得获得郑芝龙的特许不可。郑芝龙不准商船到台湾,荷兰人便束手无策。在日本,郑芝龙亦结交甚广,娶肥前平户侯之家臣之女为妻,也即郑成功的生母田川氏。因此,郑氏商船在日本受到比荷兰商船更高的特殊待遇。为了扭转贸易中不利局面,荷兰人曾经威逼、利诱郑芝龙签订贸易协定,而郑芝龙则出尔反尔,不守诺言,商业竞争逐渐演变为军事冲突。[2]

崇祯六年(1633年)7月,郑芝龙遭荷兰人突袭,20多艘海船被毁。不过,仅仅一个月后他就重整旗鼓,与荷兰人在金门料罗湾展开了一场声势浩大的海战,史称"料罗湾大捷"。巡抚福建的左佥都御史邹维琏《奉剿红夷报捷疏》记载:"此一举也,计生擒夷酋一伪王、夷党数头目。烧沉夷众数千,生擒夷众一百一十八名,馘斩夷级二十颗,焚夷夹版巨舰五只,夺夷夹版巨舰一只,击破夷贼小舟五十余只,夺获盔甲、刀剑、罗经、海图等物皆有籍存。而前后铳死夷尸被夷拖去未能割首者,累累难数,亦不敢叙。盖臣到海上一月竣事,师不老(劳)而财不匮。说者皆曰:闽粤自有红夷来,数十年间,此捷创闻。"[3]

---

[1] 李光缙,前揭书,1996年,第726页。
[2] 夏蓓蓓:《郑芝龙:十七世纪的闽海巨商》,《学术月刊》2002年第4期,第59—62页;李德霞:《浅析荷兰东印度公司与郑氏海商集团之商业关系》,《海交史研究》2005年第2期,第67—80页。
[3] [明]邹维琏:《达观楼集》卷十八《奉剿红夷报捷疏》,《四库全书存目丛书·集部》第183册,济南:齐鲁书社,1997年影印本,第241页。

此后，台湾海峡成了郑芝龙舰队游弋的内海。[1]不仅如此，郑芝龙舰队还控制了泉州至马尼拉乃至爪哇西岸万丹港航线。1640年，荷属东印度公司与这位中国海上国王达成航海与贸易的若干协定，并开始向郑芝龙朝贡。所有在澳门、马尼拉、厦门、台湾、日本各港口间行驶的商船，都必须接受郑氏集团的管理，穿航在南中国海与东南亚各港口的商船，绝大多数都是悬挂郑氏令旗的中国帆船。正如17世纪荷属东印度总督简·皮特斯佐恩·科恩（Jan P. Coen）所言，"把到万丹的中国人叫做小商贩以区别于那些到马尼拉贸易的大商人。17世纪的20年代，这些富商也开始派遣他们的船只到巴达维亚。1640至1680年间，福建大部分的海运控制在郑氏家族的手中。这个家族最著名成员郑芝龙（别名一官）和他的儿子郑成功（别号国姓爷）创建了一个规模庞大贸易机构，在其全盛时期，在中国海上没有与之匹敌者。在这个时期，几乎每艘到台湾或巴达维亚的帆船都是由郑氏家族所控制或者属他们所有。"[2]

从《明史纪事本末》《靖海志》《明季北略》等中国史书，我们只知郑芝龙发迹于日本，并与日本保持着密切的贸易往来。17世纪天主教文献进一步披露，赴日本之前，郑芝龙曾经投靠澳门的母舅黄程学经商之道。在澳门经商得懂葡萄牙语，而学习葡语则必须入天主教，所以他以Nicolas（尼古拉斯）为教名受洗。郑芝龙早年从事澳门—马尼拉海上贸易，曾经前往马尼拉谋生，并学过西班牙语，因此他还有一个西班牙语名字Gaspard（贾斯帕）。[3]

《雪尔登中国地图》集明末东西洋航线之大成，而掌控这些航线的正是郑芝龙海上帝国。崇祯元年（1628年）就抚后，郑芝龙成了明王朝海疆的封疆大吏，所以这幅航海图绘有明王朝内陆两京十三省，那么，此图实乃《郑芝龙航海图》（Nautical Chart of Zheng Zhilong/Nicolas Iquan Gaspard）。崇祯十七年，清军入关。郑芝龙见明王朝大势已去，便于南明隆武二年（1646年）北上降清。[4]这和《雪尔登中国地图》不晚于崇祯十七年（1644年）完全相符。

---

[1] 张先清：《17世纪欧洲天主教文献中郑成功家族故事》，《学术月刊》2008年第3期，第139—140页。

[2] （荷）包乐史著，温广益译：《荷兰东印度公司时期中国对巴达维亚的贸易》，《南洋资料译丛》1984年第4期，第69页。

[3] ［清］江日昇：《台湾外记》，福州：福建人民出版社，1983年，第191页；金国平、吴志良：《郑芝龙与澳门——兼谈郑氏家族的澳门黑人》，《早期澳门史论》，广州：广东人民出版社，2007年，第369页；（西）帕莱福等，前揭书，第62—63页；李德霞：《浅析荷兰东印度公司与郑氏海商集团之商业关系》，《海交史研究》2005年第2期，第67—80页。

[4]《清世祖实录》记载：顺治三年（1646年），郑芝龙降清。博洛回京之前，利用郑芝龙的声望招降其旧部，奉芝龙之命降清的有武毅伯施福、澄济伯郑芝豹和部下总兵十员，兵将十一万三千（《清实录》卷三十三、卷三十四，北京：中华书局，1985年影印本，第268页下、第279页上）。《清史稿·列传四十七·施琅传》记载："顺治三年（1646年），师定福建，琅从芝龙降。从征广东，戡定顺德、东莞、三水、新宁诸县。"（《清史稿》，第9864页）

图8-7 《雪尔登中国地图》所标泉州为始发港的东西洋航线

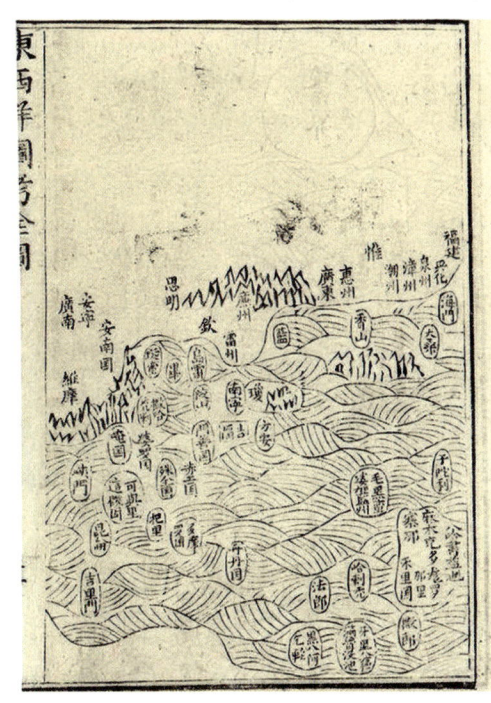

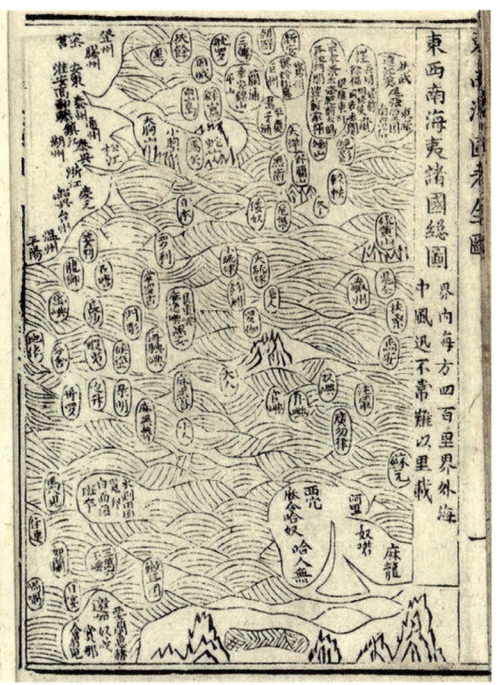

图8-8 张燮《东西洋考》附图《东西南海夷诸国总图》

四、《郑芝龙航海图》之西方图源与图名

郑芝龙降清后,郑成功继承了郑芝龙的海上帝国,割据厦门、金门,与清朝政府继续抗争。据马尼拉的西方传教士金提尼(T.M. Gentile)记载,"著名的国姓爷(指郑成功)……是海上君主和统治者,在中国从未有过如此众多和庞大的舰队……仅在厦门水域配备的水师就由多达13 000只帆船组成的,成千上万分布在整个沿海线上的其他船只也听命于这个帝国。"[1]

康熙二十二年(1683年),郑芝龙旧部施琅"背郑降清",引清军渡海统一台湾。施琅之子施世骠绘制过一幅彩绘卷轴《东洋南洋海道图》,纵1.69米,横1.3米;约成图于康熙五十一年至六十年(1712—1721年)施世骠出任福建水师提督时期。世骠博览群书,受父亲影响,对东亚海域极为熟悉,搜集大量翔实的海洋地理信息,绘成《东洋南洋海道图》。图上对南海诸岛各个岛群的方位、名称都标注得相当精确,绘有福建沿海各口岸通往日本、越南、老挝、印度尼西亚、柬埔寨、文莱、菲律宾等国的航线、针录和所需时间,并用汉文注记说明当地物产资源,现藏中国第一历史档案馆。[2]

值得注意的是,《东洋南洋海道图》与《郑和航海图》、《东西洋考》所附《东西南海夷诸国总图》(图8-8)等中国传统海图不尽相同,采用西方投影法绘制,约成图于施世骠出任福建水师提督期间(1712—1721年)。[3]乾隆二十年(1755年)刊《皇清各直省分图》和嘉庆二十二年(1817年)刊《大清一统天下图》皆采用施世骠所绘海图(图8-9)。1714年,康熙命西方传教士赴台湾实地测绘地图,1715年,法国传教士冯秉正(Joseph-Francois Marie-Anne de Moyriac de Mailla)复制了一份寄回耶稣会,1726年正式出版。[4]康熙还命西方传教士实地测量了海南岛及其附近几个岛屿。然而,《东洋南洋海道图》所绘几乎一半海域,康熙并未派人实地勘测,显然另有图源。

清代前期保存下来的海图,还有康熙五十二年至五十三年(1713—1714年)闽浙总督觉罗满保进呈的《西南洋各番针路方向图》,纸本彩绘,图上绘有中国东南沿海重要海口,凡与暹罗、缅甸、越南及"南洋"各岛航海往返路线、方向、转折,都注上道里远近、土产贸易情况,大约成图于康熙五十年到五十四年(1711—1715年)。原图藏中国第一历史

---

[1] (意)白蒂著:《远东国际舞台上的风云人物——郑成功》,庄国土等译,南宁:广西人民出版社,1997年,第70页。
[2] 邹爱莲、霍启昌主编:《澳门历史地图精选》,北京:文华出版社,2000年,第4页,图版15。
[3] 郑锡煌:《中国古代地图学史大事记·清代》,曹婉如等编:《中国古代地图集·清代》,北京:文物出版社,1997年,第180页。
[4] 林天人:《坐看天下小 故宫新藏地图刍议》,冯明珠主编:《经纬天下:饭塚一教授捐献古地图展》,台北故宫博物院,2001年,第153页。

档案馆。[1]此图与欧洲一种古海图相似，只标航线及海港，不标内陆。此类海图可追溯到13世纪或更早时期，拉丁文作Portus（海港图），意大利语作Portulano。康熙六十年（1721年），福建总督觉罗满保遣提督施世骠渡海峡镇压朱一贵起义，变民溃散，朱一贵被擒送北京，磔死。[2]《西南洋各番针路方向图》可能也源于施世骠海图。

我们发现，《东洋南洋海道图》与《郑芝龙航海图》一脉相承。二者皆采用西方投影地图，上北下南，左西右东。《东洋南洋海道图》绘有中国沿海各口岸通往日本、越南、老挝、印度尼西亚、柬埔寨、文莱、菲律宾等国航线、针路和所需时间，并用文字说明当地物产资源。图上画了两个航海罗盘，水体加绘水纹，沙滩以点表示，着黄色，颇为形象。无独有偶，《郑芝龙航海图》亦绘有航海罗盘（图8-10）。

金国平先生提醒我注意，在航海图上画罗盘是西方航海图的重要特征。1630年，荷兰两位制图学家杨松（Jan Janssonius）和洪迪乌斯（Hendrik Hondius）合绘《东印度新图》。此图右下角和左下角各绘有一个航海罗盘（图8-11）。[3]《雪尔登中国地图》和一个旱罗盘（编号MHS 44055）一起被捐给了牛津大学图书馆，而中国古代海商恰恰用旱罗盘导航。[4]美国学者巴契勒和陈佳荣已经注意到，《雪尔登中国地图》采用了1602年后刊布的西式绘图成就，绝非中国传统地图可比拟。不过，陈佳荣认为此图"显然受欧洲传教士输入的最新绘图成就所影响。……本图的东南亚图形，显然参考了利玛窦的成就。更有进者，甚至可能利用了更为精确的其他地图，如艾儒略《职方外纪》天启三年（1623年）编著中的《亚细亚图》，或外国传教士的《地球仪》天启三年编制等。"[5]

我们的看法略有不同。利玛窦等西方传教士绘制的各种地图失之简略，不太可能是《郑芝龙航海图》的图源。据邹维琏《奉剿红夷报捷疏》记载，1633年，金门料罗湾大捷，郑芝龙舰队从荷兰海船"夺获盔甲、刀剑、罗经、海图等物皆有籍存"。[6]郑芝龙通晓葡萄牙、西班牙、日本等多国语言，那么《郑芝龙航海图》有可能直接借鉴了从荷兰人手中缴获的西方海图。

郑和下西洋时代，明王朝以苏门答腊岛西北的亚齐作为东西洋分界。正德六年（1511年），葡萄牙人占领马六甲后，明王朝失去了与印度洋诸国传统的官方贸易往来。万历年间，明朝改以文莱作为东西洋分界。张燮《东西洋考》卷五曰："文莱即婆罗国，东

---

[1] 承蒙金国平先生告知此图信息，谨致谢忱。
[2] ［清］蓝鼎元：《平台纪略》，北京：中华书局，1991年影印本，第14页。
[3] Cf. *Insularum Indiae Orientalis Nova Descriptio* by Johannes Janssonius, in *Goetzfried Antique Maps* (http://www.vintage-maps.com/en/Antique-Maps/Asia/Southeast-Asia/Janssonius-Southeast-Asia-1630-1690: 1248.html).
[4] 闻人军：《南宋堪舆旱罗盘的发明之发现》，《考古》1990年第12期，第1127—1131页。
[5] 陈佳荣，前揭文，第52—66页。
[6] 邹维琏，前揭文，第241页。

图8-9 《东洋南洋海道图》(1712—1721年)

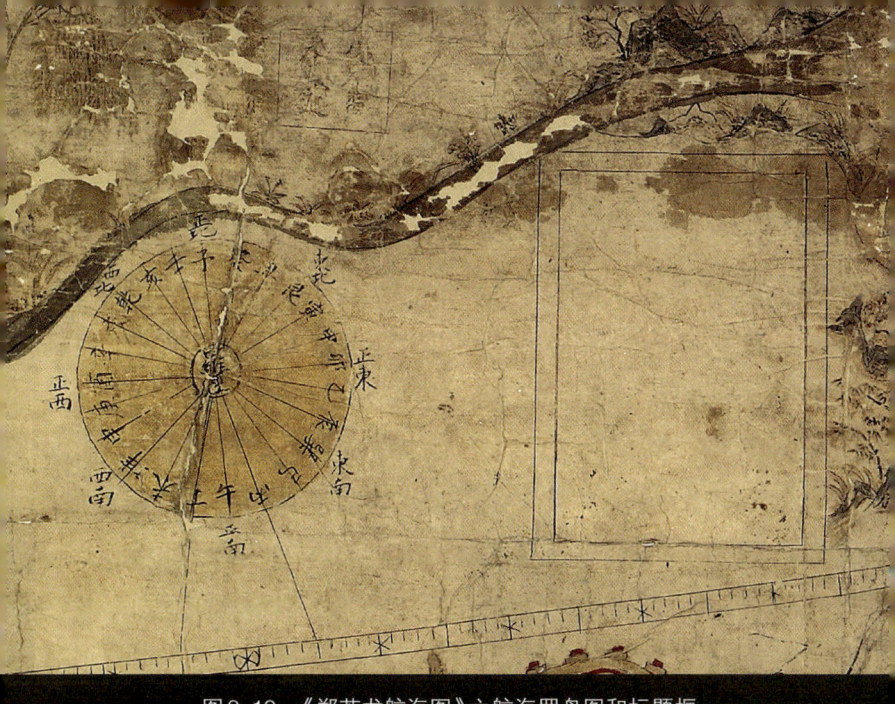

图8-10 《郑芝龙航海图》之航海罗盘图和标题框

洋尽处,西洋所自起也",并将交趾、占城、暹罗、加留巴、柬埔寨、旧港、马六甲、亚齐、柔佛等国作为西洋列国;而朝鲜、日本、琉球、菲律宾、文莱等国作为东洋列国。[1]

明万历以后的"西洋"指东南亚海域,清初改为"南洋"。如果《东洋南洋海道图》确实源于《郑芝龙航海图》,那么后者原来的图名很可能是《大明东洋西洋海道图》。为什么不在图上写标题呢?我们怀疑,此图完成之际,明王朝大势已去。郑芝龙虽有意降清,一时又下不了决心,因此只在此图正中顶部画了一个标题框(图8-11),留待日后局势明朗后,再根据情况填写图名。不知什么原因,郑芝龙未将此图呈献清顺治皇帝,最终流失海外。如果施世骠《东洋南洋海道图》源于此图,那么此图不止一份。另一摹本在郑芝龙旧部施琅之子施世骠手中。康熙五十一年至六十年(1712—1721年)改头换面,由施世骠呈献给康熙皇帝。

中国人用西方投影法绘制地图始于康熙皇帝。1688年,法国国王路易十四听闻康熙雅好西学,遂以法国皇家科学院的名义,派遣五位精通科学的传教士前往中国。康熙同意其中三位在中国传教,另两位当他的私人教师。康熙对土地测量颇有兴趣,亲自定位、调整各种形式的仪器,精确地计算,并与实测距离核对。西洋老师趁机向他建议进行一次全国土地测量。于是,康熙命宫廷西洋教师白晋(Joachim Bouvet)主持这项工程。康熙四十七年,中国领土与领海测绘分两路进行,领土测绘以兵部为主,钦天监派员以及众多外国传教士共同参与。历时十年,完成于康熙五十七年(1718年)。这次中国领土勘测不包括新疆,最后绘制成《皇舆全览图》,康熙五十八年(1719年)刊布。[2]中国领海部分则采用施世骠呈献的《东洋南洋海道图》,康熙六十年(1721年)刊布。[3]《郑芝龙航海图》的发现相当重要,首次以实物证据将中国人用西方投影法绘制地图提前到明代末年。

尽管《郑芝龙航海图》采用西方投影图,但是此图并非实测图,只是借鉴了西方投影地图。西方现代投影地图始于1569年刊《墨卡托世界平面图》,荷兰制图学家墨卡托(Gerardus Mercator)采用正轴等角圆柱投影法制成,图注曰:"此图对地球进行全新和更完整的表述,完全适用于航海。"1630年以后,墨卡托投影图被广泛采用,这位荷兰制图师则被誉为"现代地图学之父"。[4]

---

[1] 张燮,前揭书,第102页。
[2] 翁文灏:《清初测绘地图考》,《地学杂志》第18卷第3期,1930年,第405—438页;孙喆:《康雍乾时期舆图绘制与疆域形成研究》,北京:中国人民大学出版社,2003年,第37—44页。
[3] 邹爱莲、霍启昌主编,前揭书,第4页,图版15。
[4] 黄时鉴:《巴尔布达〈中国新图〉的刊本、图形和内容》,《中国测绘》2009年第6期,第62—69页;周振鹤:《西洋古地图里的中国》,周敏民编:《地图中国:图书馆特藏》,香港科技大学图书馆,2003年,第1—2页;Iris Kockelberg, *Mercator: Exploring New Horizons*, Antwerp: Plantijn-Moretus Museum, 2012, pp.95-99。

欧洲人摆脱马可·波罗的影响所绘第一幅《中国地图》，是葡萄牙制图师路易斯·若尔热（Luis Jorge de Barbuda）所绘《中国新图》，1584年编入荷兰制图师乌特柳斯（Abraham Ortelius）1570年绘《坤舆大观》增补版（第三版）。该图左下角有作者签名Ludovico Georgio，即路易斯·若尔热的葡萄牙文名字。此图首次将长城呈现在欧洲人面前，还包括塞外的蒙古包、内陆的洞庭湖，而台湾（Ins. Fermosa）、琉球（Lequeio parva）亦标在福建沿海（地点就在左下角长翅膀小天使上方）。[1] 路易斯·若尔热的《中国地图》并非上北下南，而是上西下东，《郑芝龙航海图》显然与之无关。

16世纪以来，欧洲制图学的中心在荷兰，这里聚集了许多专门绘制、出版地图的名门望族，其中最为著名的首推布劳家族。该家族从1635年开始出版大型世界地图集《世界新图集》；1655年将意大利传教士卫匡国（Martin Martini）编绘的《中国新图集》收入《世界新图集》第六册，在阿姆斯特丹出版。这个地图世家的奠基人威廉·布劳（Willem Janszoon Blaeu）与17世纪欧洲三大制图师——乌特柳斯、墨卡托、斯彼德（John Speed）齐名。早年随丹麦天文学家第谷从事地图学研究，制有地球仪和地图集，并于1605年出版大型世界地图集。1633年，威廉·布劳出任荷兰东印度公司绘图师，卒于1638年（崇祯十一年）。[2] 威廉·布劳与郑芝龙（1604—1662）为同时代人。我们怀疑，《郑芝龙航海图》很可能参考了这位荷兰绘图大师1618年绘制的《亚洲新图》（图8-12）和1630年所绘《马鲁古地图》（图8-14）。[3]

美国普林斯顿大学图书馆藏有一幅威廉·布劳1640年版《马鲁古地图》（1633年第1版）。《郑芝龙航海图》上万老高岛所标"化人住"和"红毛住"（图8-13），似乎来自此图特尔纳特岛上西班牙要塞及荷兰要塞（图8-14）。[4]

综合全文的讨论，我们似可得出以下几点结论：第一，牛津大学鲍德林图书馆藏《雪尔登中国地图》成图于崇祯六年至十七年凡十一年间（1633—1644年）。第二，《雪尔登中国地图》以泉州为始发港，所标东西洋航线绝大部分在郑芝龙海上帝国控制范围，那么《雪尔登中国地图》实乃《郑芝龙航海图》。第三，郑芝龙旧部施琅之子施世骠所绘《东洋南洋海道图》与此图一脉相承，皆源于西方投影地图。巡抚福建的邹维琏《奉剿红夷报捷

---

[1] 关于路易斯·若尔热生平事迹，参见金国平、吴志良：《欧洲首幅中国地图的作者、绘制背景及年代》，《澳门理工学报》2003年第1期，第79—87页。关于路易斯·若尔热所绘《中国新图》，参见周敏民，前揭书，第51页，Plate 11。

[2] Edward Luther Stevenson: *Willem Janszoon Blaeu, 1571-1638: A Sketch of His Life and Work, with an Especial Reference to His Large World Map of 1605*, New York: De Vinne Press, 1914.

[3] 威廉·布劳1618年所绘《亚洲新图》，参见周敏民，前揭书，第69页，Plate 20。

[4] 威廉·布劳1633年所绘《马鲁古地图》，参见Thomas Suarez: *Early Mapping of Southeast Asia*, Hong Kong: Periplus Editions (HK) Ltd, 1999, p.202, fig.114.

图 8-12　威廉·布劳 1618 年绘《亚洲新图》局部

图 8-13 《郑芝龙航海图》所绘万老高岛化人住(西班牙要塞)与红毛住(荷兰要塞)

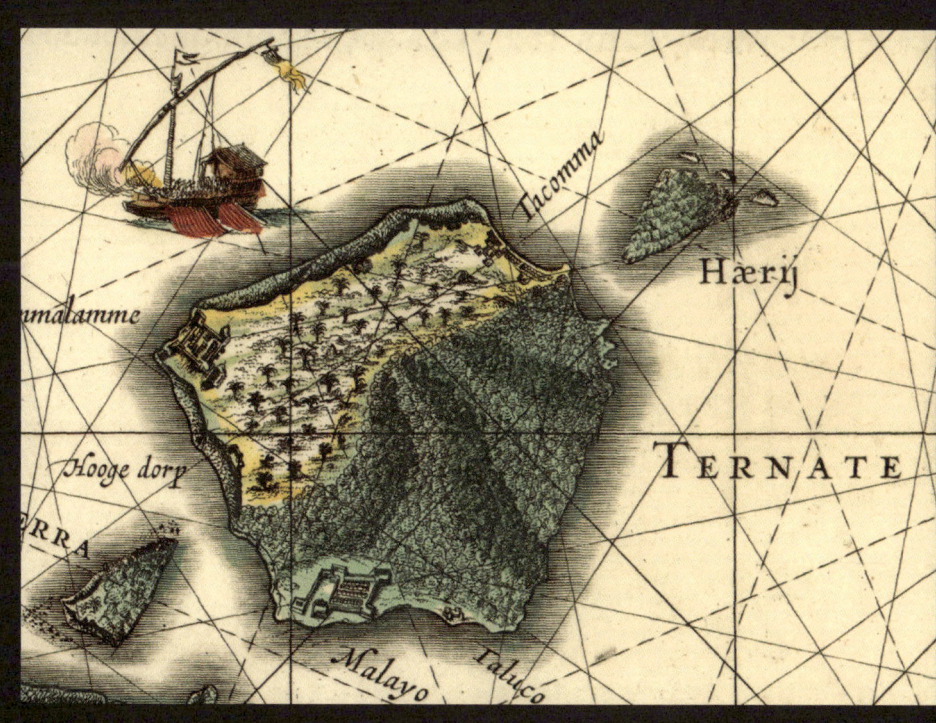

图 8-14 威廉·布劳 1633 年绘《马鲁古地图》所见特尔特纳岛上西班牙要塞与荷兰要塞

疏》记载：1633年，金门料罗湾大捷，郑芝龙舰队从荷兰人手中缴获到"海图"。郑芝龙通晓葡萄牙、西班牙、荷兰和日本多国语言，那么此图的绘制很可能直接借鉴了料罗湾大捷缴获的西方海图。第四，明万历以后"西洋"指东南亚海域，清初更名"南洋"，那么此图原名可能是《大明东西洋海道图》，康熙六十年（1721年）改头换面，由施世骠呈献给了康熙皇帝。

（本稿完成后，承蒙金国平先生提出许多重要修改意见，谨致谢忱）

9
野墅平林图考

  为了纪念利玛窦逝世400周年，意大利马切拉塔市利玛窦东方关系学院筹办大型文物展"利玛窦——明末中西科学技术文化交融的使者"，在梵蒂冈、北京、上海、南京四个城市巡回展览。2010年2月，在北京巡回展时，我们前往首都博物馆参观，在展览图录中见到传为利玛窦所绘《野墅平林图》屏风画（图9-1），但是原画只在上海参加巡回展。为此，我们最近专程到上海看原画，一睹《野墅平林图》之"庐山真面目"。这是一幅青绿山水画，绢本设色，分四屏装裱在画轴上，纵218.2厘米，每屏横65.5—71厘米，总宽度273.2厘米。这幅屏风画虽用中国墨笔勾勒，以石青、石绿、赭石渲染，但绘画技法却采用欧洲油画表现手法，尤其是对光线、明暗的把握，显示出画家有较深的素描功底。画面上一汪湖水，湖岸古木参天、芦草丛生，掩映着中景的小桥和远景的楼阁，小桥在平滑如镜的湖面最狭处连接小湖两岸，天空乱云飞渡，远方隐约可见两座小山，湖岸枫树梢开始泛红，一派北国初秋景色。这幅画的前后裱边写有清末和近人题款、签章。[1] 利玛窦毕生致力于中西文化交流，欧洲油画、铜版画和西方绘画技法就是明代耶稣会传教士传入中国的。如果《野墅平林图》真与利玛窦相关，那么，它将为我们了解西洋美术在明帝国的传播提供重要实物。为此，我们对这幅屏风画的发现过程、艺术题材以及作者进行了初步调查。草拟此文，见教于海内外研究者。

---

[1]（意）菲立普·米尼尼等编：《利玛窦——明末中西科学技术文化交融的使者》，北京：首都博物馆，2010年，第224页。

图9-1 辽宁省博物馆藏《野墅平林图》

一、《野墅平林图》鉴藏始末

《野墅平林图》本为清宫内府藏品,清末落入戊戌变法风云人物蔡金台之手。[1]20世纪50年代初,这幅画由周怀民和于省吾合资收藏。关于《野墅平林图》鉴藏始末,1987年,谭志泉在《团结》杂志上介绍说:"五十年代初,周怀民好友、考古学家、东北大学教授于省吾先生专程来京请他鉴定一幅古画。他从容展阅,但见此画是画在四幅屏上的山水。总宽度为273.2 cm,高218.2 cm,题名为《野墅平林》,画的是北京郊外景色,使用中国毛笔,画在明代丝绢之上。用墨勾勒,用中国颜料石青石绿、赭石渲染。有典型的明代山水画风格。但又浸透着鲜明的西画技法。其光线、明暗的表现看出画家有深厚的素描功底。周怀民又细察了题字。画面题记很多,多是一些收藏家的赞誉之词。其中有清末北京著名的裱画作坊'二友山房'的裱后题记和印章。题曰:当初装裱此画时背面发现'利玛'二字。周怀民根据这种种情况分析,并查阅了有关史料,断定此图为明朝万历十年

---

[1] 关于蔡金台其人,参见邓之诚:《骨董琐记全编》,邓珂点校,北京出版社,1996年,第602—604页。邓之诚在该书称蔡金台字"燕生"似不确,应为"燕孙"。

（1582年）到中国来的意大利传教士利玛窦所作。于是周怀民与于省吾一起重金买下，由周怀民收藏。""1982年《野墅平林》捐献给了辽宁省博物馆。荣宝斋裱画高手张贵桐老师傅父子专程来到沈阳，用了两个多月的时间，终于将这幅历经劫难、已碎成上千块的文物修复了。1985年1月在沈阳举行'利玛窦来华400周年文物特展'时，周怀民站在这幅画屏面前，似乎第一次看到它如此光彩照人。他为这一珍贵文物回到人民手中，由衷高兴。"[1]需要补充的是，两位老人家捐画时间实际上在1981年。据《辽宁省博物馆藏大事记（1948—2004）》记载，1981年"7月，于省吾、周怀民捐赠明利玛窦《野墅平林图》"。[2]周怀民对《野墅平林图》作者的判断，主要依据画上"利玛"题款。据冯鹏生介绍，"辽宁博物馆所藏《野墅平林》四条屏，过去被奥地利人托氏定为荷兰人格洛特所作，后来经过北京二友山房装裱时，发现画的背面角绢与托纸处有'利玛恭'三字，其余字模糊不清，因此，根据各种资料判断，定为'利玛窦'所绘"。[3]

1983—1985年，范敬宜、刘肇宁、陈宗舜等学人和书画鉴定家相继撰文、题签，认同此图出于利玛窦之手。[4]谢稚柳则于《野墅平林图》第三、四幅分别题签："利玛窦画野墅平林图通景其三"及"利玛窦画野墅平林图通景其四"，下钤"谢稚柳"白文方印一、"稚柳"朱文方印一。[5]1989年，《野墅平林图》公之于世，引起海内外学者广泛关注。随后，意大利记者伊拉里奥·菲奥雷（Hilario Fiore）两次撰文讨论，认为是利玛窦晚年亲笔所绘。[6]1991年，杨仁恺撰文《明代绘画艺术初探》，对《野墅平林图》评述说："有人说利氏带来油画，本人不娴绘事，其实不然，他曾有文字叙述西画的技巧，并于晚年在北京绘京郊秋景画屏，重彩绢素，用中国工具和染料，稍有别于西画构图以散点透视出之，只是描绘技法用阴阳面处理，画倒影，这中西画法的融合，正是以中国画为主体的交融。"[7]杨先生是国家文物鉴定委员会常务委员，此画为利玛窦所绘之说得到更多研究者支持。

然而，这个看法并未在美术史界达成一致共识。莫小也长期致力于研究17—18世纪西洋美术东渐问题研究，对利玛窦在华传教活动如数家珍。他从《利玛窦全集》找出两条

---

[1] 谭志泉：《中华赤子情——记著名国画家周怀民》，《团结》1987年第6期。
[2] 参见《辽宁省博物馆藏大事记（1948—2004）》，《中国书画》2004年第10期，第62页。
[3] 冯鹏生：《中国书画装裱技法》，北京工艺美术出版社，2003年，第86页。
[4] 范敬宜：《稀世之宝》，《辽宁日报》1983年1月8日；刘肇宁：《利玛窦真迹〈野墅平林〉画屏》，《团结报》1983年3月12日。
[5] 赵晓华：《明利玛窦野墅平林图屏幅》，辽宁省博物馆编委会编：《辽宁省博物馆藏书画著录·绘画卷》，沈阳：辽宁美术出版社，1998年，第421页。
[6] （意）伊拉里奥·菲奥雷著，白凤阁、赵泮仲译：《画家利玛窦》，《世界美术》1990年第2期，第26—27页；（意）伊拉里奥·菲奥雷：《画家利玛窦与〈野墅平林图〉》，收入《辽宁省博物馆藏宝录》，上海文艺出版社/香港三联书店，1994年，第152—153页。
[7] 杨仁恺：《中国美术五千年》第1卷，北京：人民美术出版社等联合出版，1991年，第325页。

记载,说明利玛窦本人粗通绘事。其一,利玛窦在南昌给乐安王写过一封回书,并在首页绘了西方圣人画像;其二,利玛窦第二次进北京时得知万历皇帝想了解欧洲君主的服饰、发式、宫殿等,便主动献上神父们收藏的一幅铜版画。由于画的尺寸太小而无彩色,加上明廷画师不会画阴影,利玛窦与庞迪我(Didace de Pantoja)花了两三天时间,奉旨协助宫廷画师把它放大着色。不过,莫小也不赞同周怀民、杨仁恺的推论。他认为:"有理论修养并不表明能够动手,利玛窦是否是《野墅平林图》的作者尚需要进一步考证。"[1]

《野墅平林图》即将在上海博物馆展出的消息传出后,人们提出了更多质疑。上海博物馆研究人员陶喻之认为:"此屏幅图名显然只是今人根据画面意境拟定许为人理解,可问题是确定描绘京郊景致凭据何在始终令人不得要领。就此,晚清题跋也未直截了当判断跟北京有关,只是当代意大利记者菲奥雷作画面分析认为:一幅画着杂草丛生的湖边矗立一棵大树,掩映着中景的树木和远近建筑,它可能是达官贵人的楼阁。接着是小湖风光,北京郊区这类潭、塘、湖泊比比皆是……才断言此景必是京郊景色。接着他又说:利玛窦画的风景是中国的,还带有怀念他故乡的色彩。凡是从他出生地马切拉塔到亚得里亚海边旅行过的人就不难发现,在他画的这幅《野墅平林图》中可以找到他家乡的某个角落、色彩和线条。但是明眼人一望而知图间并无北京标志性景观可资对号入座,故将此图与京郊景物链接未免失之牵强;至于还附会到利氏故乡就更为离奇。换言之,有关此图与利玛窦的美术史价值并未获得充分的把握。"[2]在此之前,陶先生在澳门《文化研究》杂志发表过相同的意见,认为这幅画未必是利玛窦所绘。[3]

二、《野墅平林图》之题跋

1998年,辽宁省博物馆研究人员赵晓华对《野墅平林图》作了详细介绍,并抄录了这幅画前后裱边题跋。[4]这些题跋对我们了解《野墅平林图》来龙去脉相当重要,讨论于下。

第一幅右边跋曰:"此屏乃宫禁所藏,余初题为郎世宁笔。而历考郎迹,俱无此精妙。闻奥馆参赞拉君熟精西画,持以请鉴。拉君一见,遽自谓倾家不足购此奇宝。因语予曰:'此欧洲第一画家荷兰格罗特之笔意也。其人在千六百八十年前,为山水一派开山之祖。

---

[1] 莫小也:《十七—十八世纪传教士与西画东渐》,杭州:中国美术学院出版社,2002年,第47—52页。
[2] 陶喻之:《利玛窦画艺肤谈》,《新民晚报》2010年3月29日B7版。
[3] 陶喻之:《关于新发现徐光启行书诗扇与相传利玛窦画通景屏幅》,《文化杂志》(澳门)第72期,2010年,第127—142页。
[4] 赵晓华,前揭文,第421—424页。

当时重其迹,以金钱铺满画幅为价,如此巨幅,铺金钱当以十万计,则银币百万矣。故自谓倾家难致也。近今各国竞尚美术,虽现存之小名家一小帧,费过千元。此三百余年画祖之迹,若数万金可致。吾欧洲人必争置之也。'续晤日本鉴家早崎梗吉,亦然其言。谓郎世宁万不能到。绢质也确是明末清初物。余闻两君言,乃自幸疑非世宁,殊为有见。因题鉴已装轴端,不复掣去,特举东西洋鉴家之言之于此。三天子都逸民识于北京之嗇盦。"（下钤"臣蔡金台"白文方印）蔡金台,字燕孙,斋号嗇盦,江西德化人。跋文所谓"三天子都",指蔡金台家乡江西庐山。光绪十二年丙戌科成进士后,入翰林院任编修,光绪十七年出任甘肃省学政。光绪二十五年六月初伙同刘学询、庆宽以"考察商务"为名,前往日本抓捕康有为、梁启超,回国后受到庆亲王赏识。光绪三十年得充甲辰科会试同考官,后出任掌湖北道监察御史。[1]这条跋文称"此屏乃宫禁所藏",可见蔡金台写此跋文时《野墅平林图》仍属清宫内府藏品。

第一幅左边跋曰:"西人论画于阴阳向背、深浅远近俱有法度,不能舛错毫厘。亦分工笔写意两派。然以吾所见诸最著名迹,如比都博物馆耶稣行道大幅,悬价至百余万元,考其时亦只在十八世之间。求其如此之兼工带写,远观近即皆各得其妙者盖鲜。且甚治色极难,写意者粗笔只利远观,工细者赋色又多板滞。独此屏无此两弊,令观者如临其真境,情为之移。故拉君推其价连城也然。即在吾国,盖亦二千余年未有之奇观,遍亚洲无第二幅也。"（下钤"嗇盦清录"白文方印）第一幅左边跋下钤"嗇盦清录"方印乃蔡金台私印,那么蔡金台写此跋、签章时这幅画已归其所有。溥仪退位前夕,监守自盗,将大批内府藏画赏赐皇亲国戚和臣下。[2]蔡金台大概在这个时期得到这幅清宫内府藏画。除了这幅屏风画外,上海博物馆藏郭熙《幽谷图》、北京故宫博物院藏《兰亭》亦为蔡金台旧藏,且有其长跋和私印。

第四幅右下跋曰:"二友承装此幅,于此角绢与托纸间发现原签,揭之误成两片。字最显者'利马恭'三字,余不清,因忆治潢二十年,见内府装背多有如此者。主人惧伤幅,戒勿复揭。因附记之。"（下钤"二友山房"白文方印）此跋文为二友山房装裱此画后撰写,所谓"主人"当指蔡金台。

第四幅右上跋曰:"中国遇旧油画辄命曰郎世宁,故予初得此幅签亦沿之。而奥参赞拉君断以为乃荷兰格氏笔。余虽记于幅首而疑其无据。然多见郎画者,此皆谓此非郎所能。且绢素亦确非本朝物,蓄疑久之。顷忽被张君之友于潢褙时揭得背签,现有利玛二字,然则实为明时西洋利马窦笔矣。案:《石渠宝笈》载,有利氏《天主传道图》巨幅,乃

---

[1] 孔祥吉:《蔡金台密札与袁世凯告密之真相》,《广东社会科学》2005年第5期,第133—137页。
[2] 杨仁凯:《国宝沉浮录——故宫散佚书画见闻考略》,上海古籍出版社,2007年,第32—37页。

明时经进,此殆其同时并呈者。利氏乃西学入中之祖,况画迹致精如此,真奇宝也。既属二友仍之勿粘,以昭观者,复询其请留记两尔。时癸丑冬十月五日九江蔡鲜民记。"(下钤"臣蔡金台"白文方印)二友山房装裱时在画上发现'利马恭'题款后,蔡金台改变原来看法,在这条跋文中首次提出此画乃利玛窦所绘。

正如赵晓华指出的,"据蔡氏所跋原为内府装裱,乃宫禁所藏,后入清末著名鉴藏家蔡金台之手。"不过他坚持蔡金台的陈说,则不一定正确。众所周知,利玛窦曾经为程大约编《程氏墨苑》的四幅西洋图像题款。该书收录了四幅圣经故事图,分别为《信而步海》(图9-2左)、《二徒闻实》、《淫色秽气》以及《圣母抱圣婴耶稣图》,并附有利玛窦对前三幅图所作罗马字拼音图注。[1]学界以前一直认为这四幅西洋图像皆利玛窦所赠,但是普林斯顿大学艺术史博士林丽江发现程大约早就有了前三幅西洋图像。理由是:第一,利玛窦在《二徒闻实》和《淫色秽气》图注末尾写有"万历三十三年岁次乙巳腊月朔遇宝像三座"(图9-2右),那么此三图并非利玛窦所赠。第二,在《程氏墨苑》早期版本中,如《续修四库全书》所收万历刻本卷十二末的三幅西洋图像,既无标题也无解释。该书撰于万历二十二年,可见万历二十二年至三十三年西洋图像已刊入《程氏墨苑》。[2]利玛窦的贡献是,为前三幅西洋图像拟定标题,撰写罗马注音图注,唯有第四幅西洋图像《圣母抱圣婴耶稣像》是利玛窦赠给程大约的。[3]尽管《程氏墨苑》前三幅西洋图像皆有利玛窦题款,但是它们既不是利玛窦所绘,亦非利玛窦所赠。《野墅平林图》的"利玛恭"题款,或许可以说明此图与利玛窦有关,但是不足以证明是他本人的作品。

我们在上海博物馆读原画时,单国霖先生帮助我们分析了《野墅平林图》的艺术风格及绘画手法。他认为,这幅屏风画的构图采用中国式和西洋式相结合的形式。中国画构图没有严格的视线,此图却采用了西方焦点透视法,但是并不完全遵循西方画法。如右边的松树就遵循中国画的习惯,近景树大,不在严格意义上的焦点透视线上。湖水用西洋画法,绘有倒影,水波纹用色彩表现,而中国画绝无倒影,水波纹亦用线条表现。图中松树的鱼鳞皴采用中国画法,但是松树的皴纹有明暗则属于西方技法。在树叶上加白粉,使之成为亮面,更为西方画法的特点。据单国霖分析,《野墅平林图》整张画的风格和绘画手法一致,应该出自同一位画师之手。[4]

---

[1] [明]程君房撰:《程氏墨苑》,《四库全书存目丛书·子部·谱录类》79册,济南:齐鲁书社,1995年。此书图版不清晰,本文图9-2引自Berthold Laufer, "Chhristian Art in China," *Mitteilungen des Seminars für Orientalische Sprachen*, 1910, fig.2。
[2] 程君房,前揭书,第271—272页。
[3] Lin Li-chiang, *The Proliferation of Images: The Ink-stick Designs and the Printing of the Fang-shih mo-p'u and the Ch'eng-shih mo-yuan. Ph.D. Dissertation*, Princeton University, 1998, pp.202-204.
[4] 上海博物馆青铜部主任周亚先生安排参观事宜,书画部主任单国林先生帮助分析绘画风格,谨致谢忱。

图9-2 《信而步海》及图注，《程氏墨苑》万历三十三年刻本

中国传统绘画有手卷、壁画、屏风画、立轴、册页和扇面等不同形式。在种类繁多的中国传统绘画形式中，屏风画属于皇家或贵族艺术。中国屏风画起源甚早，经历代重新装裱，难以原样保存下来。不过，傅熹年认为，传为唐代李思训的《江帆楼阁图》轴（今藏台北故宫博物院）当初应该是屏风画；巫鸿则认为五代画家顾闳中《韩熙载夜宴图》（今藏北京故宫博物院）绢本设色手卷原来亦为屏风画。[1] 为了制造大幅世界地图，利玛窦多次接触屏风画。利玛窦在札记中提到，他的中国好友、南京工部主事李之藻"搞到一份再版《皇舆全图》，尽可能予以放大，以至尺寸超过一人高，刻印为六块，可以展开如屏风。利玛窦补充以若干王国，加以注释，若干士大夫赋诗题之。"[2] 利玛窦还在1608年"8月22日信上说，有一天忽被皇上传召入宫，由太监降旨命献六轴十二幅绸印《坤舆全图》"。[3]

---

[1] 巫鸿：《重屏：中国绘画中的媒材与再现》，文丹译，上海人民出版社，2009年，第25—60页。
[2] （法）裴华行：《利玛窦评传》，管震湖译，北京：商务印书馆，1993年，第358页。
[3] 裴华行，前揭书，第556—557页。

在为李之藻、明神宗制作六轴版《坤舆万国全图》以及为朝鲜人李应试（李保禄）制作八轴版《两仪玄览图》（现藏辽宁省博物馆）过程中，利玛窦熟悉了中国古老的绘画形式屏风画。[1]

1601年1月，利玛窦携带一批天主教圣像等西洋方物进贡明神宗，请求在京城居留，但是"他（指明神宗）不能欣赏一个小人像的细腻特征和绘画阴影的变化手法，这种技巧中国人是忽视的，于是皇帝命令他的宫廷画师照这幅画绘制一幅更大、色彩更浓的画。他们立即着手工作，神父们在皇宫里耽搁了三天，指导他们的工作。……他们还向他提供了他所希望知道的有关欧洲皇宫的情况。"[2]在利玛窦的指导下，明廷画师临摹了西方君主人物画及欧洲皇宫风景画。为了让西方君主了解东方艺术，利玛窦还买过一套有世俗画的屏风寄给西班牙国王。[3]《野墅平林图》正是这样一幅屏风画，只是内容并非欧洲皇宫风景，而是中国园林风光。

利玛窦来华后，致力于用西方科学与艺术征服中国。《野墅平林图》的产生绝非偶然，当为利玛窦借用中国绘画形式进行宗教宣传的一个尝试，旨在展示西方先进的透视学以及欧洲文艺复兴时期新发明的绘画技法，藉以宣传西方文明，为在中国传播上帝之福音开辟道路。既然如此，那么这幅内府藏画当为利玛窦献给明神宗的贡画之一。

三、《野墅平林图》之银锭桥

《野墅平林图》所绘景色与北京什刹海湖光秋色颇为接近。如果这幅画真是北京某地风光，这个景色当为明代北京城西涯八景第一景"银锭观山"。[4]明代文人墨客把什刹海一带称作"西涯"，其名典出明朝文渊阁大学士李东阳所作《西涯杂咏》十二首。李东阳是明弘治、正德两朝重臣。他在《诰命碑阴记》写道："吾祖始居白石桥之旁，后筑入地安门内，移于慈恩寺之东，海子之北。"据此，清代文人吴长元认为："今鼓楼斜街沿湖一带，当即始西涯也。惜为市廛所掩，人未之考耳。"[5]白石桥即元代初年所建万宁桥，今北京地安门外后门桥。

李东阳家原来在万宁桥附近的西涯，"位于慈恩寺之东，海子之北"，也就是今天银锭桥东岸的烟袋斜街（图9-3）。李东阳舍近求远，在《诰命碑阴记》用万宁桥"白石桥"标

---

[1] 杨雨蕾：《韩国所见〈两仪玄览图〉》，《文献》2002年第4期，第273页。
[2] （意）利玛窦、金尼阁：《利玛窦札记》，何高济等译，北京：中华书局，1983年，第407页。
[3] 莫小也，前揭书，第51页。
[4] 金诚、吴双：《历史上的"西涯八景"》，《海内与海外》2009年第12期，第56页。
[5] 此碑录文引自［清］吴长元辑：《宸垣识略》，北京古籍出版社，1983年，第153页。

识故居位置，却没把距离他家更近的银锭桥当作地理坐标，似说明这座桥在李东阳以前一直"养在深闺人未识"。李家后来迁到李阁老胡同（今北京西城区府右街力学胡同），但李东阳仍不时故地重游。有一次游览慈恩寺时，他赋诗《慈恩寺偶成》一首，将银锭桥一带的景色誉为"城中第一佳山水"。[1]从此，银锭桥声名鹊起，成为北京城一道绚丽的风景线，而"银锭观山"则被誉为燕京西涯八景第一美景。清宣统年间，摄政王载沣住在什刹海后海北沿醇亲王府，银锭桥是他每日进宫必经之路，1910年3月31日，汪精卫在桥下埋藏炸弹，欲谋刺载沣，尽管谋刺行踪被发觉而失败，银锭桥却由此闻名天下。

什刹海是元代京杭大运河上段通惠河的终点。明代北京城整体向南推移，通惠河终点亦移至东便门外。明正统三年在东便门外修建大通桥，成了通惠河新的终点码头。明代以后北京城内通惠河故道为皇宫引水，改名"御河"（或称"玉河"）。[2]

利玛窦对北京的桥梁情有独钟，他在札记中写道："神父们从这些撒拉逊人（指穆斯林）身上肯定了中华帝国就是他们所知的契丹，皇都就是他们的汗八里，世界上再没有别的国家是他们所知道的契丹了。正因为这个缘故，所以神父们早就寄书给印度和欧洲，建议那里的人修改他们的地图，这些地图上是把契丹置于中国北部长城之外的。如果这看来与马可·波罗所说的汗八里中的无数桥梁有矛盾的话，或许这座都城现在比那时要小一些，但即使现在，人们还会在都城里数出上万座桥；有些是河上雄伟壮观的桥，有些是溪流、湖泊上的桥和那些隐匿在四散的街衢中间的小运河上的桥。"[3]银锭桥正是架设在元代运河——通惠河故道上的一座小桥，当即利玛窦所言"小运河上的桥"之一。

银锭桥始建于元代，最初称"洪济桥"。《元一统志》提到"海子东澄清闸三"。[4]《析津志辑佚》将这三座桥闸分别称作洪济桥（上闸，今银锭桥）、万宁（今地安门外后门桥）、望云桥（下闸，今东不压桥胡同南口）。其文曰："洪济桥，在都水监前石甃，名澄清上闸，有碑文。"[5]元代都水监是通惠河的管理机构，明代改建为海潮观音庵，今银锭桥胡同9号院仍保留了一部分旧殿。[6]明代始有"银锭桥"之名，这座桥经历朝不断翻修，现为一座单孔石拱桥。有报道说："1984年拆建，发现桥基为柏木桩，桩之间用银锭锁（状如银锭形状）固定。现平桥改为石拱桥（为通航），不复原貌。银锭桥为前后海分界，也

---

[1] [明]李东阳：《怀麓堂集》，收入《李东阳集》卷二，长沙：岳麓书社，1983年点校本，第348页。
[2] 北京市文物研究所等编：《北京玉河——2007年度考古发掘报告》，北京：科学出版社，2008年，第192—196页。
[3] 利玛窦、金尼阁，前揭书，第415页。
[4] [元]勃兰盼等撰：《元一统志》，赵万里校辑，北京：中华书局，1966年，第15页。
[5] [元]熊梦祥：《析津志辑佚》，北京图书馆善本部辑，北京古籍出版社，1983年，第98页。
[6] 关于洪济桥，参见林梅村：《元人画迹中的欧洲传教士》，《九州学林》第五卷四期，香港城市大学/上海：复旦大学，2008年，第204—231页。

图9-3 什刹海银锭桥

图9-4 《野墅平林图》之银锭形木桥

是沟通前后海的津梁。"[1]故知银锭桥本为银锭形小木桥,而《野墅平林图》所绘小桥正是一座银锭形木桥(图9-4)。[2]

耐人寻味的是,《野墅平林图》的远景中隐约可见两座小山,当即景山和北海白塔山。元大内后殿延春阁建于景山,元代称"青山"。明永乐十八年,明军将拆除旧皇城的渣土和挖新紫禁城筒子河的泥土,在延春阁旧址上堆了一座镇山,明代称"万岁山"。明代前期万岁山仅为果园,或称北果园。[3]因此,《野墅平林图》所绘景山上无宫殿建筑。北海白塔山为金世宗在琼华岛所建镇山,山顶原建有广寒殿。元大内落成前,忽必烈驻跸广寒殿。[4]

---

[1] 关于1984年重修银锭桥,参见《银锭桥胡同——胡同坊巷》网页(http://www.52loo.cn/html/laobeijing/yinshi/200808/20-53472.html)。
[2] 据梁欣立考证,银锭桥在"明正统年间将木桥改建为一座单孔石拱桥",但他未注明出处,不知有何根据(梁欣立:《北京古桥》,北京图书馆出版社,2007年,第55页)。
[3] [清]于敏中等编:《日下旧闻考》卷三十五,北京古籍出版社,1983年,第548—549页。
[4] 林梅村:《寻找成吉思汗》,《两岸发展史学术演讲专辑》第六辑,台北:中央大学出版中心,2009年,第83—159页。

明初广寒殿尚存,但是在万历七年(1579年)突然倒塌。《万历野获编》卷一广寒殿条记载:"己卯岁(万历七年/1579年)端阳节前一日,遗材尽倒。梁上得金钱百二十文,盖厌胜之物。其文曰:'至元通宝'"。[1]因此,《野墅平林图》所见北海白塔山亦无宫殿建筑。总之,《野墅平林图》表现的并非北京郊外野景,而是燕京西涯八景第一美景"银锭观山"。

四、《野墅平林图》之海印寺

银锭桥东南岸沿湖地带有一所元明时代的喇嘛教寺院,名曰海印寺,寺内有镜光阁。《野墅平林图》在银锭桥左岸画了一座两层楼阁(图9-5)。这座楼阁似即明代文人墨客屡次提到的海印寺镜光阁。海印寺为元代初年古刹,明宣德四年(1429年)改称"慈恩寺"。李东阳《游朝天宫慈恩寺诗序》记载:"都城之可游者,道院惟朝天,僧寺惟慈恩为胜。慈恩即所谓海印寺者,在予所居故里。有林木水石,视朝天为尤胜。"[2]

关于海印寺的位置,清乾隆年间吴长元《宸垣识略》记载:"银锭桥在北安门海子三座桥之北,城中水际看山,第一绝胜处。吴岩沿银锭桥河隈作:'短垣高柳接城隅,遮掩楼台入画图,大好西山御落日,碧峰如幛水亭孤。'海潮观音寺在银锭桥南湾,有明万历间翰林检讨赵用贤碑。又一碑磨泐无考。海印寺在海子桥北,明宣德间重建,改名慈恩寺。内有镜光阁,今废。……长元按:嘉靖间海潮寺碑云,海印寺东为广福观,西为海潮寺。则今银锭桥东南沿湖隙地,疑即海印废址。"[3]古汉语"阁"往往指两层以上的楼房,如江西南昌的滕王阁,那么明代海印寺的镜光阁当为一座楼阁。《野墅平林图》所绘楼阁位于银锭桥的东南岸,当即海印寺的楼阁。为此,我们到银锭桥实地调查,发现《野墅平林图》的视角是站在银锭桥东北岸鸦儿胡同沿湖地带向东南方向眺望。由于视角较高,画家也许站在鼓楼上向银锭桥方向眺望,这样才能看到画中景色。

银锭桥两岸有两所明代建筑保存下来。其一,天顺三年所建广福观如今尚存,位于银锭桥东岸烟袋斜街37—51号。明代统领天下道教的道录司就设在广福观。其二,银锭桥西岸明代海潮寺只有部分旧殿保存下来,位于银锭胡同9号院,今为民宅淹没。嘉靖年间《海潮寺碑》记载:"海印寺东为广福观,西为海潮寺。"清乾隆年间吴长元见过此碑,并提出"今银锭桥东南沿湖隙地,疑即海印废址"。这所寺院旧址现在是什刹海名餐馆——烤

---

[1] [明]沈德符:《万历野获编》上册,北京:中华书局,1959年,第20页。
[2] [明]李东阳:《怀麓堂集》,收入《李东阳集》卷二,长沙:岳麓书社,1983年点校本,第55页。
[3] [清]吴长元辑:《宸垣识略》,北京古籍出版社,1983年,第153页。

肉季(图9-6)。[1]

　　海印寺建于元代初年,元末熊梦祥《析津志辑佚》没提到这座寺院,说明它在元代尚默默无闻。[2]永乐十二年,尼泊尔高僧五明板的达室利沙(实哩沙哩卜得罗)来朝。"永乐甲午,入中国。谒文皇帝于奉天殿。应对称旨。命居海印寺。"[3]永乐十九年,明成祖迁都北京后,在明帝的扶植下,海印寺一跃成为京城三大名刹之一。西域高僧慧进奉诏在北京海印寺主持纂刻大藏经(即《永乐北藏》)。[4]《万历野获编》记载:"永乐辛丑(1421年),翰林吉士高谷写经于海印寺,遇雨徒跣奔归。有见而怜之者,欲为丐免。谷不可曰:盍语当路,概行禁写,所全者不更大乎。"[5]高谷为永乐至景泰五朝元老。早年在海印寺抄写佛经,就是慧进奉诏在海印寺主持编纂的《永乐北藏》。

　　嘉靖帝好道教,海印寺失去帝王支持。《明世宗实录》嘉靖二十二年三月癸酉条记载:"初,禁苑北墙下,故有大慈恩寺一区,为西域群僧所居,至是,上以为邪秽,不宜迩禁地,诏所司毁之,驱置番僧于他所。"[6]《礼部志稿》记载:"嘉靖十年,右春坊右中允廖道南请改大慈恩寺,兴辟雍,以行养老之礼。"[7]《万历野获编》载廖中允上疏,"以大慈恩寺与灵济并称,欲废慈恩改辟雍,行养老之礼。礼臣以既有国学为至尊临幸之地,似不必更葺别所。唯寺内欢喜佛,为故元丑俗,相应毁弃。上是之,谓夷鬼淫像可便毁之,不数年而此寺铲为鞠场矣"。[8]不过,嘉靖帝下诏毁弃的只是海印寺的佛像,这所寺庙的主体建筑仍保存下来。嘉靖二十九年,蒙古土默特部首领俺答率军逼近北京,城外百姓纷纷逃入城里避难。明世宗"诏于庆寿、海印二寺空地结茇以居城外避虏之民"。[9]这个记载说明海印寺主体建筑当时尚在,山门前空地在嘉靖二十九年一度当作京城百姓的避难所。

　　慈恩寺废弃前,明代文人墨客纷纷到银锭桥一带游玩,以慈恩寺为题材作过许多歌咏。例如:李东阳《西涯杂咏》十二首有《慈恩寺》、《候马北安门外游慈恩寺后园有

---

[1] 王彬认为:"海子桥亦称越桥、三座桥,已废,在今三座桥胡同北口。"他进而推测,慈恩寺在恭王府东侧的罗王府(王彬:《北京微观地理笔记》,北京:三联书店,2007年,第42—45页)。不过,明嘉靖海潮寺碑明说:"海印寺东为广福观,西为海潮寺。"因此,慈恩寺当如吴长元《宸垣识略》所言,在"今鼓楼斜街沿湖一带"。
[2] [明]沈榜:《宛署杂记》,北京古籍出版社,1983年,第223页。
[3] [明]释明河:《补续高僧传》卷二十五《大善国师传》,《续修四库全书·子部·宗教类》第1283册,上海古籍出版社,1991年,第335页。
[4] [明]释明河:《补续高僧传》卷四《慧进传》,《续修四库全书·子部·宗教类》第1283册,上海古籍出版社,1991年,第59—60页。
[5] 沈德符,前揭书上册,第256页。
[6] 《明世宗实录》,第5357页。
[7] [明]俞汝楫纂:《礼部志稿》卷八十五,《影印文渊阁四库全书》第598册,台北:商务印书馆,1983年,第520页。
[8] 沈德符,前揭书上册,第2页。
[9] 《明世宗实录》,第6506页。

图9-5 《野墅平林图》之海印寺

图9-6 银锭桥东南岸海印寺故址

感》《九日游慈恩寺叠前韵》《再游慈恩寺留僧瑢画卷》《慈恩寺偶成》《重经慈恩寺忆张沧题瑢僧故庐》。[1]明代书画家王庞,嘉靖九年春,进京赴试,游什刹海作《海印寺阁眺》。[2]嘉靖朝南京三部尚书湛若水作《海印寺镜光阁登高二首》,[3]正德朝文学家复古派前七子之一何景明亦有《慈恩寺》一首。[4]这些诗歌表明海印寺完全废弃前,寺内部分建筑尚在,成为嘉靖、正德两朝文人墨客吟咏对象。

海印寺最终毁于何时,史无明载,《宛署杂记》卷十九提到"海印寺",下注:"元初建,今废。"[5]此书成于万历二十年,那么海印寺废弃于1592年。不过,《野墅平林图》仍绘有海印寺部分楼阁,说明利玛窦在京传教时海印寺尚未完全毁弃。朱大启《海印废寺即慈恩寺》曰:"我行海子桥,不见镜光阁。唯有青莲花,凉风吹不落。"[6]朱大启,字君舆,万历三十八年进士。崇祯初,起太常寺少卿,提督四夷馆。后拜大理寺卿,转刑部右侍郎。崇祯十五年逝世。[7]朱大启游览海子桥时"不见镜光阁",故知海印寺在万历末或崇祯初不复存在。

五、《野墅平林图》之作者

西洋绘画技法传入中国,归功于意大利耶稣会士尼阁老(Giovanni Niccolo)。1582年,尼阁老与利玛窦同船抵达澳门,1583年为澳门大三巴教堂绘制了有可能是西方画家在中国绘制的第一幅油画《救世者》。随后,尼阁老在澳门和日本开设西洋美术学校,从而将欧洲文艺复兴时期新发明的油画技法传入中国和日本。[8]尼阁老为耶稣会中国教区培养了一批中国西洋画家,包括倪雅谷、游文辉、石宏基、徐必澄、邱良禀等。1614年,他第二次到澳门主持西洋美术教学,直到1626年去世。[9]

尼阁老在日本天草美术学校培养的学生倪雅谷是第一批中国西洋画家中的佼佼者,1579年(万历七年)生于日本,字一诚,教名Jacques Niva。父亲是中国人,母亲是日本

---

[1] [明]李东阳:《李东阳集》卷十九《西涯杂咏十二首》,长沙:岳麓书社,1984年,第421—422页。
[2] [明]王庞:《雅宜山人集》卷二,《四库全书存目丛书集部》第79册,济南:齐鲁书社,1997年,第23—24页。
[3] [明]湛若水:《海印寺镜光阁登高二首》;收入《甘泉先生文集》卷四十,北京大学图书馆藏明嘉靖十五年刻本,第7—8页。
[4] [明]蒋一葵:《长安客话》引何景明《慈恩寺》诗,北京古籍出版社,1960年,第15页。
[5] 沈榜,前揭书,第223页。
[6] 王彬,前揭书,2007年,第19页。
[7] [清]谢曼等监修:《江西通志》卷五十九,《影印文渊阁四库全书》第515册,台湾商务印书馆,1983年,第98页。
[8] Donald F. Lach and Edwin J. van Kley, *Asia in the Making of Europe*, vol.II; book 1, The University of Chicago Press, Chicago, 1994, p.67.
[9] 汤开建:《澳门——西洋美术在中国传播的第一站》,《美术研究》2002年第4期,第42页。

人。[1]1601年(万历二十九年),倪雅谷作为中国传教区画师从日本来澳门为重建大三巴教堂绘制圣像。[2]目前尚不清楚倪雅谷画过那些画,有学者认为澳门圣若瑟修道院藏《圣弥额尔大天神像》是倪雅谷之杰作,绘画手法采用西方透视学原理,但是在形象、造型和服饰方面颇具日本和东方色彩,现存澳门天主教艺术博物馆。[3]1602年(万历三十年),倪雅谷首次到北京绘制圣像,颇受利玛窦的赏识。《程氏墨苑》刊刻的第四幅西洋图像《圣母抱圣婴耶稣像》,就是倪雅谷带到北京的。关于倪雅谷到北京作画之事,利玛窦在札记中写道:"李玛诺去北京时,带了倪一诚(即倪雅谷)同往。他是一位画家,父亲是中国人,母亲是日本人,是在耶稣会修道院受的教育,但尚未入会。他的艺术造诣相当高,学的是西画。是巡阅使神父(即范礼安)派他陪伴李玛诺来中国视察教务。李玛诺与他在1602年7月由水路到达北京,路上没有遇到任何困难。李玛诺在北京住了两个月……看到教务在北京的顺利发展,离去时十分兴奋,决定献身发展中国之传教工作。倪一诚则留在北京。"[4]

万历三十二年(1604年),澳门大三巴教堂因失火重建,倪雅谷从北京返回澳门,绘制《圣母玛利亚升天图》等祭坛画。利玛窦去世时,倪雅谷不在京城,耶稣会士只好请游文辉为利玛窦画遗像。明神宗将北京阜成门外二里沟腾公栅栏儿(今北京市委党校)一所佛寺赐给利玛窦当作墓地。万历三十八年,倪雅谷进京为利玛窦墓园作画,用天主教绘画取代了寺内原来的佛像。崇祯八年刊《帝京景物略》记载:利玛窦"墓前堂二重,祀其国之圣贤"。[5]其实,倪雅谷所绘并非意大利圣贤,而是耶稣像。"画上基督坐在当中的一个辉煌的宝座上,天使在上面飞翔,下面使徒站在两侧聆听他的教导。"[6]

倪雅谷后来到南京为教堂作画。万历四十五年(1617年),南京教案发生后,被迫返回澳门。此后,倪雅谷是否回过内地不太清楚。只知道他与尼阁老曾经在澳门相会,并在这位意大利老师指导下画过一幅《沙勿略像》。[7]巴黎近郊尚蒂伊耶稣会档案馆藏有一幅用西方绘画技法创作的水墨画《沙勿略像》(图9-7),[8]我们认为,可能是精通东西方

---

[1] (法)荣振华:《在华耶稣会使列传及书目补编》,耿昇译,北京:中华书局,1995年,第459页。苏立文(Michael Sullivan)说倪雅谷的父亲是日本人,母亲是中国人[(英)苏立文著:《东西方美术的交流》,陈瑞林译,南京:江苏美术出版社,1998年,第47页],不知有何根据。关于倪雅谷的身世,参见沈艺:《日本教难与澳门圣保禄教堂》,《澳门研究》2015年第1期。
[2] [清]印光任、张汝霖撰:《澳门纪略》,上海古籍出版社,1990年重印本,第2890页。
[3] 莫小也,前揭书,第96—98页。
[4] 刘俊余、王玉川译:《利玛窦全集》第2册,台北:光启出版社/辅仁大学出版社,1986年,第412—413页。
[5] [明]刘侗、于奕正编:《帝京景物略》,北京古籍出版社,1983年,第207页。
[6] 裴华行,前揭书,第646页。
[7] 莫小也,前揭书,第96页。
[8] (法)雅克·布罗斯著:《发现中国》,耿昇译,济南:山东画报出版社,2002年,第42页插图。

各种绘画的倪雅谷所绘。1602年（万历三十年），澳门大三巴教堂重修时，耶稣会派画师重新绘制教堂内壁画。据一位耶稣会士的报告，"这些画是由一名日本画家画的，我们称他为'同宿'，他是根据我们的要求，由范礼安神父安排留在中国的。范神父吩咐他绘制种种绘画，将它们送给最近改宗的中国人，中国人期望以此替代以前存在的各种偶像。这位青年具有出乎意外的才华，精通所有的绘画技巧。他完成的绘画非常美丽，使中国人快乐无比"。正如莫小也指出的，这位画家就是倪雅谷。[1]既然倪雅谷"精通所有的绘画技巧"，那么尚蒂伊耶稣会档案馆所藏西方绘画技法创作的水墨画《沙勿略像》当出自这位多才多艺的耶稣会画师之手。尼阁老卒于天启六年（1626年），[2]那么这幅《沙勿略像》当绘于1626年以前。1638年（崇祯十一年）10月26日，倪雅谷在澳门逝世。[3]

法国学者伯德莱长期致力于18世纪入华耶稣会士画家研究。关于耶稣会重要画师倪雅谷，他评述说："利玛窦归化了几位大文豪或文士。中国人围绕着他们其中之一徐光启（Paul Siu）而大批聚集起来，如倪雅谷（Jacques Niva），他出生自一名中国父亲和一名日本母亲之家。此人是助理修士，也是天才画家，并且可能曾以其师利玛窦的名义为某些宗教画署名题款。"据伯希和考证，"在一封杜雅克神甫从中汲取灵感的佚失的信函中，我们看到，利玛窦热情洋溢地谈论倪雅古的绘画，实际上，此画是为中国宫廷而作，同样，在他的信中写道，非常多的参观者前来传教团'好奇地观看我们的绘画和雕塑'"。

关于倪雅谷为明神宗绘制贡画之事，伯希和分析说："这位教友（指倪雅谷）以其绘画赢得了全中国的赞扬，利玛窦神甫在他的一封信中如是说。在中国没有任何绘画能与之相比，世界上也没有人比中国人更敬仰这些绘画。不过，他的工作相当保密，只有两名非常忠诚的中国教徒协助他。如果不是这样，就会引起皇室的注意，那他就只能为宫廷里的达官显贵干活了。而要是不能满足这些高官，他就有得罪这些人的危险。"[4]

据以上材料，《野墅平林图》似为利玛窦给杜雅克信中提到那些"为中国宫廷而作"的贡画之一。这幅画之所以由利玛窦题款，目的是保护倪雅谷的安全，否则这位天才画师一旦被明神宗看中，就会像意大利画师郎世宁那样，被掳入清宫中当一辈子皇家"画奴"。《野墅平林图》与尚蒂伊耶稣会档案馆藏《沙勿略像》属于同一类绘画，采用西洋绘画技法创作中国绘画。作者兼通西洋油画和中国水墨画，并与利玛窦在华传教活动密切相关。具备上述条件似乎只有一个人，也就是利玛窦手下的耶稣会画师倪雅谷。

---

[1] 莫小也，前揭书，第98页。
[2] 汤开建：《澳门——西洋美术在中国传播的第一站》，《美术研究》2002年第4期，第42页。
[3] 荣振华，前揭书，第459页。
[4] （法）伯希和著，李华川译：《利玛窦时代传入中国的欧洲绘画与版刻》，《中华读书报》2002年11月6日（译自 P. Pelliot, "La Peinture et la Gravure Européennes en Chine au Temps de Mathieu Ricci", *T'oung Pao* 20, 1921, pp.1-18）。

图9-7 尚蒂伊耶稣会档案馆藏水墨画《沙勿略像》

综合全文的讨论,《野墅平林图》所绘银锭形木桥实乃北京什刹海银锭桥,而小桥东南岸的楼阁即银锭桥东南岸明代海印寺镜光阁。这幅青绿山水画所绘景色并非北京城郊外野景,而是燕京西涯八景第一美景"银锭观山"。据画上蔡金台题跋,《野墅平林图》原为清宫内府藏品,清末流出皇宫。这幅画的产生绝非偶然,当为利玛窦借用中国绘画形式进行宗教宣传的一个尝试,旨在展示西方先进的透视学以及欧洲文艺复兴时期新发明的绘画技法,借以宣传西方文明,为在中国传播上帝之福音开辟道路。有证据表明,《野墅平林图》的作者并非利玛窦,而是多才多艺的耶稣会中国籍画师倪雅谷。万历三十年至三十二年,倪雅谷第一次进京为南堂和明廷作画,那么,《野墅平林图》大约创作于倪雅谷第一次进京作画时期(1602年7月—1604年12月)。利玛窦在画上题款后觐献万历皇帝,并且成为紫禁城内府藏品。

10

大航海时代的忽鲁谟斯岛

一、忽鲁谟斯岛的变迁

　　1492年,哥伦布率西班牙船队横渡大西洋,发现美洲新大陆。1497年,达·伽马率葡萄牙船队越过非洲好望角,并于1498年首航印度西海岸古里。这些地理大发现标志着世界历史进入大航海时代,西欧各国殖民与海外贸易活动应运而生。1501年,第二次远航印度的葡萄牙舰队将古里两位景教徒带回里斯本。其中一位名叫若泽。他曾经前往罗马和威尼斯觐见教皇和执政官。1502年6月,若泽在威尼斯的讲演被整理成书,1507年以《若泽论印度航行》为题在威尼斯出版发行。该书记载:"印度的百货在此(指古里)汇集。以前契丹人在此贸易时尤甚。契丹人是基督徒,像我们一样白,十分勇敢。80或90年前他们在古里有一个特殊商站。古里王曾侮辱他们。一怒之下,他们集合了一只庞大的船队来古里,摧毁了它。从那时至今,他们从未来此贸易,但是他们到了一个属于那罗辛哈王(指统治马六甲的三佛齐国王)的名叫满剌加之地(Mailapetā)的城市。该城沿印度河东行1 090海里可至。这些人名叫大支那人(Malaāines)。他们运输来各种丝绸、铜、铅、锡、瓷器及麝香,换取完全加工过的珊瑚及香料。"[1]

　　1405—1421年,郑和舰队在满剌加(今马六甲)、印尼苏门答腊、孟加拉吉大港和印度古里相继设立过大明帝国的四个官厂。[2] 葡萄牙人戈雷亚宣称当时在古里见到一座中国城垒(Chinacota),并且绘有图画(图10-1)。这座城堡当即郑和在印度古里所设"官

---

[1] 金国平:《西方澳门史料选萃(15—16世纪)》,广州:广东人民出版社,2003年,第9页。
[2] 郑和在满剌加、苏门答腊和古里所设官厂见《郑和航海图》(向达整理:《郑和航海图》,北京:中华书局,2000年重印本,第50、53、58页)。关于吉大港官厂的考证,参见周运中:《明初张璇下西洋卒于孟加拉国珍贵史料解读》,《南亚研究》2010年第2期,第123—133页。

厂",[1]那么,1501年葡萄牙东来之前80年(1421年)或90年(1411年)远航印度洋的中国船队正是郑和率领的明帝国舰队。换言之,郑和下西洋结束后,中国与印度洋的海上贸易一度中断80或90年。

在葡萄牙人的推动下,明弘治年间中国与印度洋的陶瓷贸易得以恢复。英国考古学家威廉姆森博士在忽鲁谟斯岛(图10-2)发现许多景德镇弘治民窑青花瓷片(图10-3)。[2]2010年,哈伊马角市政府与英国考古队联合,抢救性发掘了佐尔法·努杜德港口遗址,并对出土的250片中国瓷片进行了整理及产地分析。这些瓷片以青瓷和青花瓷为主,器形主要为碗、盘,时代从南宋中期一直延续到明代晚期,其中包括景德镇弘治窑青花瓷片。[3]阿拉伯半岛南端出土过一个完整的景德镇弘治民窑青花碗(图10-4),现藏阿曼国家博物馆。法国考古队在阿联酋朱尔法遗址发现了类似的青花碗残片。[4]大航海时代始于明孝宗弘治年间,一个新兴的景德镇瓷器消费市场在欧洲形成。华盛顿国家美术馆藏有一幅乔万尼·贝立尼和提香创作的油画《诸神之宴》,大约绘于1514—1529年,画上绘有景德镇弘治窑青花碗和青花盘。[5]

1507年(正德二年),葡萄牙殖民者阿尔布奎克攻占忽鲁谟斯岛,并修建葡萄牙城堡(图10-5),[6]试图成为欧洲香料和陶瓷的主要供应商。1509年,葡萄牙人攻打阿拉伯舰队,试图封锁阿拉伯海和红海航道,只有亚丁成功抵御了葡萄牙人1513年的进攻。1510年,葡萄牙第二任印度总督阿尔布奎克攻占印度果阿。当时,果阿是印度西海岸仅次于古里的一个繁华商业中心,有河流与内陆相通,波斯和阿拉伯马就从果阿运入南亚次大陆。1510年,葡萄牙占领果阿后,在这里建立了葡萄牙殖民东方的首府和贸易中心。

---

[1] 金国平、吴志良:《1511年满剌加沦陷对中华帝国的冲击——兼论中国近代史的起始》,《学术研究》2007年第7期,第76页。
[2] 1975年,威廉姆森博士在阿曼进行考古调查时不幸引爆地雷,英年早逝。他在波斯湾地区的收集品由父母悉数捐赠给牛津大学阿什莫林博物馆,今称"威廉姆森藏品"。目前由英国考古学家康耐特(D. Kennet)博士主持研究,并随他调动工作转由英国杜伦大学考古系保存,初步研究成果参见康耐特指导的硕士研究生普里施曼的论文(Seth M.N. Priestman, *Settlement & Ceramics in Southern Iran: An Analysis of the Sasanian & Islamic Periods in the Williamson Collection*, Durham University: M.A. Thesis, 2005)。
[3] (法)赵冰等:《阿拉伯联合酋长国哈伊马角酋长国佐尔法·努杜德港口遗址出土中国瓷片》,《文物》2014年第11期,第33—46页。
[4] (法)毕梅雪撰,赵冰等译:《哈伊马角酋长国朱尔法古城遗址出土的远东陶瓷(十四—十六世纪)及其作为断代、经济与文化发展的标志》,《历史、考古与社会——中法学术系列讲座》第4号,法国远东学院北京中心,2003年,第3—12页,图12。
[5] 林梅村:《大航海时代东西方文明的交流与冲突——15—16世纪景德镇青花瓷外销调查之一》,《文物》2010年第3期,第84—96页。
[6] Ulrieh Wiesner, *Chinesische Keramik auf Hormuz: Spuren einer Handelsmetropole im Persischen Golf*, Cologne: Museum für Ostasiatische Kunst, Kleine Monographien 1., 1979, fig.22.

1511年，葡萄牙人占领马六甲，1513年首航广东珠江口Tamão岛（明史称"大澳"或"屯门"，今台山市上川岛），开启了中国与欧洲直接进行经济文化交流的新时代。1515年，葡萄牙人在波斯湾忽鲁谟斯岛建立了香料与陶瓷商品集散地。在葡萄牙战舰武力威胁下，阿拉伯人、波斯人、印度人被迫从印度洋海权竞争中隐退。英国考古学家威廉姆森在忽鲁谟斯发现的景德镇正德民窑瓷片（图10-6），正是葡萄牙人从广东上川岛运到波斯湾的。

　　1511年，葡萄牙人占领马六甲，切断了景德镇窑厂的钴料供应。景德镇窑工不得不生产红绿彩瓷，以满足市场需要。广东上川岛外销瓷遗址就发现许多景德镇正德民窑红绿彩瓷片。[1]威廉姆森博士在忽鲁谟斯岛还采集到一些明中期红绿彩瓷片（图10-7），与上川岛出土景德镇民窑红绿彩瓷片几乎完全相同，显然是葡萄牙人从广东上川岛贩运到波斯湾的。

　　1522年，在广东海道副使汪鋐所率明军的打击下，葡萄牙人被迫逃离在广东沿海的走私贸易港。在福建海商的引导下，葡萄牙人来到福建、浙江沿海继续从事走私贸易。史载"正德间，因佛郎机夷人至广，犷悍不道，奉闻于朝，行令驱逐出境，自是安南、满剌加诸番舶有司尽行阻绝，皆往福建漳州府海面地方，私自行商，于是利归于闽，而广之市井皆萧然矣"。[2]佛郎机是中国史书对葡萄牙人的古称。嘉靖五年，福建罪囚邓獠"越狱逋下海，诱引番夷，私市浙海双屿港，投托同澳之人卢黄四等，私通贸易"。[3]所谓"番夷"，就指16世纪初盘踞双屿的葡萄牙人。目前学界认为，双屿就在浙江舟山群岛的六横岛。[4]

　　六横岛在明代属于宁波府定海县郭巨千户所（今宁波市北仑区郭巨村），葡萄牙人称作Isles de Liampo（宁波岛）或Syongicam（双屿港），今属浙江舟山市普陀区。[5]尽管明王朝实行"片板不许入海"的海禁政策，但是葡萄牙人却与闽浙海盗勾结，在双屿港建立了全球贸易中心，来自美洲、欧洲、日本的白银源源不断运到这里，以换取中国丝绸、瓷器和茶叶。小小的双屿港在明代嘉靖年间竟然有1 200名葡萄牙人定居，在岛上从事走私贸易长达20余年，被日本学者藤田丰八称为"十六世纪之上海"。[6]

---

[1] 广东上川岛出土景德镇正德民窑红绿彩瓷片，参见香港城市大学中国文化中心陶瓷下西洋研究小组编：《陶瓷下西洋——早期中葡贸易中的外销瓷》，香港城市大学出版社，2010年，图9—10和12。
[2] [明]严从简：《殊域周咨录》，余思黎点校，北京：中华书局，1993年，第323页。
[3] [明]郑舜功：《日本一鉴·穷河话海》卷六，民国二十八年（1939年）据旧抄本影印。
[4] 方豪：《十六世纪浙江国际贸易港Liampo考》，《方豪六十自定稿》上册，台湾：学生书局，1969年，第91—121页；汤开建：《平托〈游记〉Liampo纪事考实》，收入《澳门开埠初期史研究》，北京：中华书局，1999年，第27—57页。
[5] 金国平编译：《西方澳门史料选萃（15—16世纪）》，广州：广东人民出版社，2005年，第57页。
[6] （日）藤田丰八著，何健民译：《葡萄牙人占据澳门考》，《中国南海古代交通丛考》，上海商务印书馆，1936年，第378—384页。

图 10-1　葡萄牙人 16 世纪绘制《古里中国城堡》

图 10-2　忽鲁谟斯岛

图 10-3　忽鲁谟斯岛出土景德镇弘治民窑青花瓷片

图 10-4　阿曼萨拉拉博物馆藏弘治窑宝杵缠枝莲纹青花碗

图10-5　忽鲁谟斯岛葡萄牙城堡平面图

2009年，我们在六横岛天妃宫附近采集到一片明青花碗底瓷片，上饰瓜棱纹。装饰风格与广东上川岛外销瓷遗址出土"大明嘉靖年造"款瓜棱纹青花盘片完全一致，当系景德镇嘉靖民窑青花盘残片。[1] 20世纪70年代，威廉姆森博士在忽鲁谟斯岛也发现大批景德镇嘉靖民窑青花瓷片，其中包括一片景德镇嘉靖民窑钴蓝釉瓷片（图10-8），当即葡萄牙人从浙江双屿港贩运到波斯湾忽鲁谟斯岛的。

据《明实录》记载，嘉靖三年（1524年）二月戊申，"舍剌思（今伊朗设拉子）等使满剌捏只必丁等三十二种进贡马匹方物，各奏讨蟒衣、膝襕、瓷器、布帛等物，诏量之"。[2] 1503年，伊朗萨法维王朝将设拉子纳入版图。1510年，击败乌兹别克首领昔班尼，萨法维王朝又将版图扩展至中亚河中地区。[3] 波斯萨法维使团显然从传统的西域贡路出访明朝，而明帝赏赐的瓷器亦从陆路输入伊朗设拉子城。瓷器易碎，分量太重，不易从陆路长途运输，这批明代官窑瓷器数量不会太多。日本学者三上次男提到伊朗设拉子附近有几个出土中国陶瓷的遗址，如加斯里·阿布·纳斯尔（Qasri Abu Nasr）和南边的菲鲁扎巴迪古城。[4] 忽鲁谟斯岛发现的景德镇嘉靖民窑青花瓷，主要是葡萄牙海商走私到波斯湾的。

---

[1] 黄薇、黄清华：《广东台山上川岛花碗坪遗址出土瓷器及相关问题》，《文物》2007年第5期，第84页，彩图二五。
[2] 《明世宗实录》卷三六，第3页。
[3] 张文德：《〈明史西域传〉失剌思考》，叶奕良主编：《伊朗学在中国论文集》第三集，北京大学出版社，2003年，第263页。
[4] （日）三上次男著：《陶瓷之路》，李经锡等译，北京：文物出版社，1984年，第104页。

二、忽鲁谟斯岛出土克拉克瓷

大航海时代开启以后,葡萄牙人一直主导着中国与西方的海上陶瓷贸易。1507年,葡萄牙殖民者阿尔布奎克攻占忽鲁谟斯岛,不久开辟为波斯湾国际贸易的中心之一。波斯及西方诸国皆在该岛转运中国和印度货物,以富庶而闻名于东方。直至1622年(明天启二年),波斯萨菲王朝阿巴斯大帝夺回了忽鲁谟斯岛。

萨菲王朝是一个由土库曼人建立的伊斯兰帝国,以什叶派"十二伊玛目"教义为国教。缔造者伊斯迈尔一世统一波斯,鼎盛时疆域包括今阿塞拜疆、伊拉克和阿富汗的一部分。萨菲王朝建立后,与奥斯曼帝国战争不断。1587年(万历十五年)阿巴斯大帝继位,迁都伊斯法罕,与奥斯曼帝国的土耳其人讲和,赶走乌兹别克人。在英国人的帮助下,从葡萄牙人手中夺得波斯湾口忽鲁谟斯岛,入侵霍尔木兹海峡南边的巴林,遂使波斯成为伊斯兰世界最重要的文化中心。1599年,波斯萨菲王朝阿巴斯大帝派使团赴欧洲,访问俄罗斯、挪威、德国和意大利等国。威尼斯总督府有一巨幅壁画(图10-9),[1]生动展示了1599年(万历二十七年)威尼斯总督府总督马里诺·格里玛尼(Mariano Grimani)接见波斯使团之盛况。

1602年,荷兰东印度公司在海上捕获一艘葡萄牙商船"克拉克号",船上装有大量中国青花瓷,因不明瓷器产地,欧洲人把这种瓷器称作"克拉克瓷"(Kraak Porcelain)或"汕头器"(Swatou)。[2]此后,中国与西方的海上陶瓷贸易改由荷兰人主导。在埃及福斯塔遗址、日本的关西地区以及澳门等地相继发现克拉克瓷,日本人称作"吴须手"、"交趾香合"。近年水下考古还发现许多装载克拉克瓷的沉船,如1600年菲律宾沉船"圣迭戈号"、1613年葬身于非洲西部圣赫勒拿岛海域的"白狮号"、西非海域沉没的荷兰东印度公司沉船班达号、越南海域发现的平顺号沉船、印尼海域发现的万历号沉船。[3]

1991年,一家专业探宝公司在菲律宾吕宋岛西南八打雁省纳苏戈布湾财富岛附近

---

[1] 本书威尼斯总督府壁画照片,引自"Safavid dynasty", *Wikipedia* (http://en.wikipedia.org/wiki/File: Embassy_to_Europe.jpg)。
[2] 栗建安对克拉克瓷作了如下定义:"在明清时期的外销瓷中,有种被称为'克拉克瓷'的瓷器。克拉克(Kraak)一词,原是当时荷兰人对葡萄牙货船的称呼。1603年,荷兰人在马六甲海峡截获了一艘名为'The Carrack Catherira'的葡萄牙商船,并将船上装载的瓷器拍卖,当时将这批瓷器称为克拉克瓷,以后相沿成习而将纹样、图案与其类似的瓷器均冠以这一名称。现在一般认为它的代表性器物是青花开光大盘,因而便直接以'克拉克瓷'作为此类青花开光大盘的别称"(栗建安:《克拉克瓷与漳州窑》,《中国文物报》2000年10月22日)。
[3] (英)甘淑美:《十六世纪晚期和十七世纪早期葡萄牙和西班牙的克拉克瓷贸易》,《逐波泛海——十六至十七世纪中国陶瓷与物质文明扩散国际学术研讨会论文集》,香港城市大学中国文化中心,2012年,第257—286页;Maura Rinaldi: *Kraak Porcelain: A Moment in the History of Trade*, London: Bamboo Publishing, 1989。

图 10-6　忽鲁谟斯岛出土景德镇正德民窑青花瓷片

图 10-7　忽鲁谟斯岛出土景德镇正德民窑红绿彩瓷片

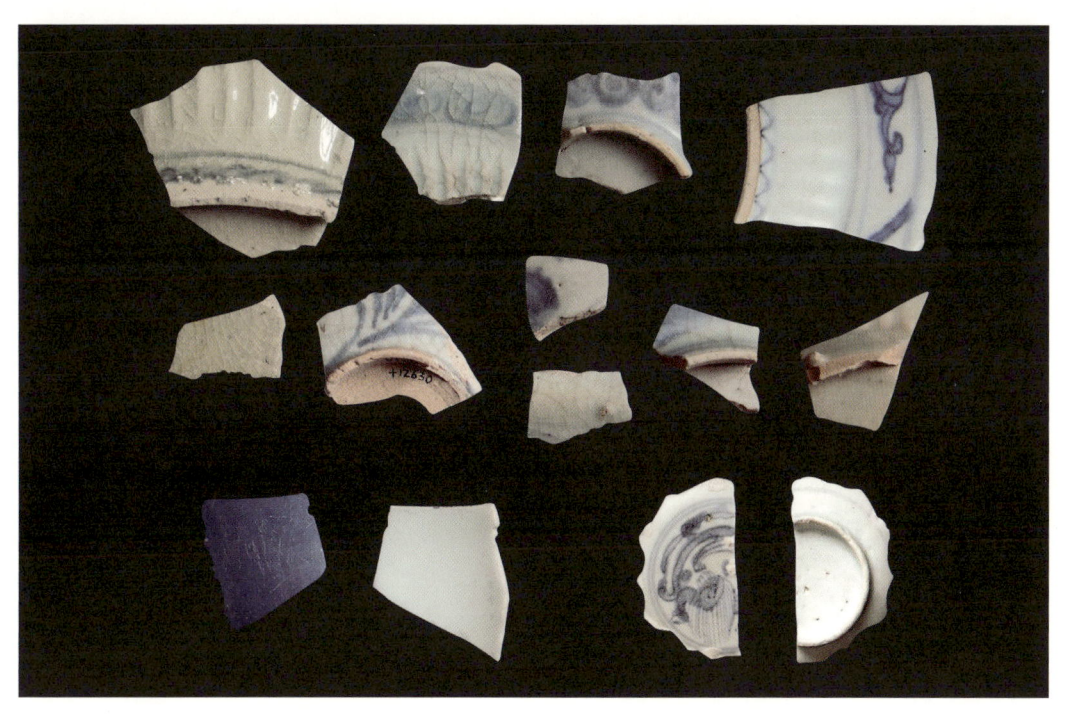

图10-8　忽鲁谟斯岛出土景德镇嘉靖民窑青花瓷片

图10-9　威尼斯总督府壁画——1599年总督马里诺·格里玛接见波斯萨非王朝使团

海域50—55米深处发现一条西班牙沉船,命名为"圣迭戈号沉船"。菲律宾政府邀请法国考古学家高第奥(Franck Goddio)海底打捞公司发掘这条沉船。此船长达35米(115英尺),本为1590年由中国人设计、菲律宾人建造的商船,后来改装为西班牙战舰。1600年12月14日,这条船在纳苏戈布湾一场海战中被荷兰舰队击沉。发掘工作历时三年(1991—1994年),在3.4万件出水文物中,陶瓷器多达5671件,主要为16世纪末17世纪初景德镇窑和漳州窑克拉克瓷,包括青花瓷盘、瓶、碗、盏、水器、酒器、罐、盖盒(用于盛香料),以及泰国、菲律宾等地烧造的陶器。沉船内还有2400余件金属制品,其中包括大型铁锚、铁炮、炮弹、殖民墨西哥的西班牙国王菲力普二世和三世银币、金项链、金簪、金饰品等,现藏马尼拉菲律宾国家博物馆。除景德镇窑产品之外,圣迭戈号内主要是漳州窑仿景德镇窑瓷。看来,漳州窑一部分产品先由中外商船运抵吕宋岛,再由马尼拉大帆船运往欧洲。[1] 1994年7月,美国《国家地理》曾经对这个重大水下考古发现作了全面报道。

荷兰人主导海上贸易后,忽鲁谟斯岛仍是国际贸易中心之一,英国考古学家威廉姆森博士在岛上发现了大批克拉克瓷。据我们观察,忽鲁谟斯岛的克拉克瓷可分为两类:一类是景德镇窑烧造的高质量克拉克瓷(图10-10:1);另一类克拉克瓷片,为福建地方民窑烧造的低档克拉克瓷。原产地主要在漳州平和,包括五寨洞口陂沟窑、花仔楼窑、田坑窑、大垅窑、二垅窑等窑址。为了提高产量,漳州窑不用匣钵,采用叠烧方式,因而在碗心留下涩圈。由于技术不过关,漳州窑克拉克瓷底部往往粘有沙粒(图10-10:2)。在明清外销瓷器当中,福建漳州窑和广东潮州窑同享盛誉。两者不仅地域相邻,而且产品和工艺非常相似,古陶瓷研究者以前把福建漳州窑器、广东石湾窑器归入漳州窑系,西方学者则称Swatow(汕头窑)。[2]

史载嘉靖"四十四年(1565年),奏设海澄县治,其明年隆庆改元,福建巡抚都御史涂泽民请开海禁,准贩东西二洋:盖东洋若吕宋、苏禄诸国,西洋若交阯、占城、暹罗诸国,皆我羁縻外臣,无侵叛,而特严禁贩倭奴者,比于通番接济之例。此商舶之大原也。先是发舶在南诏之梅岭,后以盗贼梗阻,改道海澄",[3] 成为清代海关的前身。[4] 于是"独澄之商舶,民间醵金发艅艎,与诸夷相贸易,以我之绮纨磁饵,易彼之象玳香椒,射利甚捷,是以人争趋之"。[5] 伊斯法罕四十柱宫藏克拉克瓷青花大盘,原为阿尔德比勒灵庙旧藏,属于景

---

[1] Franck Goddio, *Treasures of The San Diego*, Rundfunk Berlin-Brandenburg, 2007.
[2] (英)甘淑美:《葡萄牙的漳州窑贸易》,《福建文博》2010年第3期,第63页。
[3] [明]张燮:《东西洋考》卷七《饷税考》,谢方点校,北京:中华书局,2000年重印,第131—132页。
[4] 傅衣凌:《明清时代商人及商业资本》,北京:人民出版社,1956年,第111页。
[5] 张燮,前揭书,第152页。

德镇烧造的高档克拉克瓷（图10-11）。[1]为了和中国争夺陶瓷贸易市场，17世纪日本人在伊万里窑烧造了大批克拉克瓷，称为"芙蓉手"。无论葡萄牙人还是荷兰人，主要从东南亚海域和印度洋贸易获利，忽鲁谟斯岛出土的只有很少一部分克拉克瓷运到欧洲。

早在14世纪，叙利亚陶工就开始仿制元青花，制作了白底蓝花莲池纹大盘。高7.5厘米，口径35.5厘米，现为叙利亚大马士革博物馆藏品（插图10-12：1）。叙利亚人不会烧造瓷器，他们的仿制品实际上是一种白底蓝彩陶器。16世纪，奥斯曼帝国工匠模仿景德镇青花瓷，烧造过一批白釉蓝彩陶碗。伊斯坦布尔托普卡比宫和伦敦维多利亚·阿尔伯特博物馆藏有不少这类青花陶器（图10-13：3—4）。据史书记载，波斯萨菲王朝阿巴斯大帝（1587—1629年）从明朝招聘了三百名中国陶工，在伊朗仿造中国瓷器，并制作了大批青花陶器。[2]尽管此事有待在汉文史料中核实，但是16世纪波斯工匠确实仿制了不少中国瓷器。例如：土耳其托普卡比老王宫藏有15世纪伊朗陶工仿烧的龙泉青釉碗以及伊斯法罕四十柱宫藏克拉克瓷风格的波斯陶盘（图10-12：2）。

2013年访问英国杜伦大学考古系期间，我们在威廉姆森收集品中见到一些忽鲁谟斯岛出土克拉克瓷风格的陶片（图10-13：1），与景德镇民窑博物馆收藏的一件湖田窑烧造的克拉克瓷盘图案非常相似（图10-13：2）。关于克拉克瓷创烧年代，莫拉·瑞纳尔迪认为："要准确地确定克拉克瓷首次生产的日期是非常困难的，但是有一批带嘉靖（1522—1566年）款识并拥有克拉克瓷器装饰风格的盘子，可以充分说明它们是克拉克瓷器的前身。其中这些盘的口沿和盘腹没有纹饰，有些盘则带有边饰。这两种风格的盘，在盘口都有一个主题装饰，装饰着风景与鹿的纹饰，而在盘外壁则饰以折枝鸟纹。大多数的器形较大，说明它们是为出口而不是为国内市场生产的。在遥远的伊朗阿达毕尔（Ardebil）和葡萄牙的里斯本都已发现了这种盘。在这种情势下，中国人认识到欧洲人对这种瓷盘情有独钟，他们很快开始大批生产具有类似装饰风格但较为粗糙和便宜的瓷器。由此，我们可以推定大量外销到欧洲的真正意义上的克拉克瓷器，应该是葡萄牙于1557年在澳门建立贸易基地之后才生产的。"[3]

景德镇湖田窑遗址出土克拉克瓷盘很可能是嘉靖年间烧造的，景德镇民窑正式烧造克拉克瓷在万历—天启年间。据景德镇陶瓷学院曹建文教授观察："根据观音阁克拉克瓷青花料色、纹饰、造型特征和一片带有'万历年'的款识，同时结合窑址上伴随出土的带

---

[1] 阿尔德比勒清真寺藏有许多类似的克拉克瓷盘，参见John A. Pope, *Chinese Porcelains from the Ardebil Shrine*, Washington: Freer Gallery of Art, 1956, pp.100–104。
[2] 三上次男，前揭书，第103页。
[3] （意）莫拉·瑞纳尔迪著，曹建文、罗易扉译：《克拉克瓷器的历史与分期》，《南方文物》2005年第3期，第83—84页。

1　　　　　　　　　　　　　　2

图 10-10　忽鲁谟斯岛出土景德镇民窑烧造的克拉克瓷

1　　　　　　　　　　　　　　2

图 10-11　伊斯法罕四十柱宫藏景德镇民窑克拉克瓷盘

1 2

图 10-12 伊斯法罕四十柱宫藏克拉克瓷风格的波斯陶盘

1 2

3 4

图 10-13 景德镇湖田窑烧造的克拉克瓷盘与忽鲁谟斯岛出土克拉克瓷风格的波斯陶片

有'大明万历年制'、'天启年造'、'辛酉年制'（此辛酉年即天启元年）等纪年铭文的内销瓷器，大致可以框定观音阁克拉克瓷器生产的时间在明万历至天启时期，即1573年至1627年之间。"[1]

近年，剑桥李约瑟研究所柯玫瑰（Rose Kerr）对伦敦维多利亚·阿尔伯特博物馆收藏的中国外销瓷器进行整理，认为这批瓷器于19世纪购自伊朗，多属于16—17世纪，可以藉此窥得该时期外销中东的中国瓷器概貌。她根据器物风格的转变将这批器物以两个时段分别介绍，并对卡加王朝时期（1794—1925年）中东地区对中国外销瓷的二次加工工艺进行了深入探讨。[2]

明天启二年（1622年）2月，三千名波斯士兵在伊玛姆·古里·贝格的指挥下，向忽鲁谟斯城堡发动了总攻。在英国舰队和波斯军队双重夹击下，4月23日葡军不得不宣布投降。这样，忽鲁谟斯岛在葡萄牙人殖民统治一个多世纪后，终于重新回到波斯人的怀抱。从葡萄牙人手中夺回忽鲁谟斯岛后，波斯军队摧毁岛上房屋，并将商业中心转移至临海沿岸的阿巴斯港。[3]

---

[1] 曹建文：《克拉克瓷器在景德镇窑址的发现》，收入张之铸主编：《中国当代文博论著精编》，北京：文物出版社，2006年，第430页。

[2] 郑培凯、范梦园：《"逐波泛海——十六至十七世纪中国陶瓷外销与物质文明扩散国际学术研讨会"纪要》，《中国史研究》2011年第6期，第69页。

[3] 王平：《16—17世纪伊朗捍卫霍尔木兹岛主权论》，《重庆大学学报》2007年第3期，第107—108页。

11

普陀山访古

普陀山坐落在浙江省舟山市长江口南侧，与山西五台山、四川峨眉山、安徽九华山并称中国四大佛教名山，分别供奉文殊、普贤、地藏和观音菩萨。观音道场本来在南印度布呾落迦山，《大唐西域记》记载："秣剌耶山东有布呾落迦山，山径危险，岩谷欹倾。山顶有池，其水澄镜，派出大河，周流绕山二十市，入南海。池侧有石天宫，观自在菩萨往来游舍。其有愿见菩萨者，不顾身命，厉水登山，忘其艰险，能达之者，盖亦寡矣。而山下居人，祈心请见，或作自在天形，或为涂灰外道，慰喻其人，果遂其愿。"[1]宋代以来印度佛教式微，中印佛教交流逐渐中断，国人便以南海梅岑山取代南印度的布呾落迦山作为新的观音菩萨道场。[2]万历三十三年（1605年），浙江舟山群岛的宝陀观音寺赐名"护国永寿普陀禅寺"（今普济寺），而该寺所在地梅岑山改称普陀山。其名来自梵语Potalaka（花山），与西藏拉萨市的布达拉宫同名。[3]

在中国四大佛教名山中，普陀山是唯一供奉观音菩萨的道场。尽管《妙法莲华经》为观音信仰提供了经典基础，但是观音菩萨要在中国本土落叶生根，仍需获得独立身份。唐宋时代，灵应故事在深化观音信仰、使观音获得独立身份等方面充当了强有力的角色。2001年，美国哥伦比亚大学宗教系教授于君方出版《观音：观自在菩萨的中国化转变》一书，全面考察了浙江普陀岛成为观音道场、进而成为观音朝觐圣地的历史过程，从一个侧面揭示了观音从佛教向中国民间信仰转变的历史进程。[4]

---

[1] 季羡林等校注：《大唐西域记校注》，北京：中华书局，1985年，第861页。
[2] 贝逸文：《论普陀山南海观音之形成》，《浙江海洋学院学报》2003年第3期，第26—31页转76页。
[3] 季羡林等，前揭书，第861—862页，注1。
[4] Chun-Fang Yu: *Kuan-yin: the Chinese Transformation of Avalokitesvara*, New York: Columbia University Press, 2001.

明朝开国不久,朱元璋就下达"片板不许入海,寸货不许入蕃"的禁海令,以防御倭寇。顾祖禹《读史方舆纪要》记载:"明洪武五年汤信国(即汤和)经略海上,以岛民叛服难信,议徙之于近廓,二十年,尽徙屿民,废巡司,而墟其地。"永乐年间,郑和七下西洋,一度弛禁。江南释教总裁祖芳于永乐初年前往普陀山弘扬禅宗,"四方缁素,纷纷上山"。然而,好景不长。嘉靖三十二年,又徙僧毁寺,并告示"不许一人一船登山采樵及倡为耕种……如违,本犯照例充军"。[1]

隆庆开关后,明朝对日本仍实施海禁,不许僧俗上山进香。周应宾《重修普陀山志》记载:"真表,字一乘,翁洲人。年十二入山祝发,师明增。及壮誓志兴复,重创殿宇,规模一新。万历六年,礼部给札为住持。十四年,勅颁藏经到山,并赐金环紫袈裟衣。诣阙谢恩,赐延寿寺茶饭香金五十两,缁衣禅帽各一件而还。其为人性刚直,敬礼十方贤衲,结草庵五十三处,以故名僧皆归之。真融以客僧至山,顿创丛林,皆表赞扬之力也。"[2]万历六年,舟山和尚真表接任宝陀寺(普济寺前身)住持,万历八年协助大智真融禅师创建海潮庵(即今法雨寺的前身)。该寺位于普陀山白华顶的左侧,或称"后寺"。清康熙三十八年(1699年)敕令,拆迁金陵明故宫至普陀山,在后寺兴建九龙殿,并赐"天花法雨"匾额。后寺今名"法雨寺"即源于此。

近年我们对普陀山佛教建筑和文物,尤其是康熙皇帝拆迁金陵明故宫建普陀山法雨寺一事进行调查。草拟此文,介绍这项研究成果。

一、16—20世纪初西方学者的普陀山考察

16世纪中叶,葡萄牙人在舟山群岛的双屿港(今舟山六横岛)建立了全球贸易中心,西方商人和传教士纷纷搭乘葡萄牙商船来东方。嘉靖二十四年(1545年),西班牙商人迪斯(Pero Diez)从文莱乘中国式帆船到中国东南沿海,首先游历了漳州、双屿和南京,然后到日本经商。他的朋友阿尔瓦拉多(G.D. Alvarado)在里斯本写了一封信。信中说:"这个迪斯在中国海岸见到一个小岛。上面有一个寺庙,内有30个教士。他们身着宽大的黑服,戴开口的帽子;寺庙的房子很好,教士的起居、饮食有规矩,不进血腥,仅食蔬果;禁止女子入庙。祭坛上供奉着一个他们称为佛(Varella = 马来语Barhala)的女子的漂亮画像,她的脚下画了一些面目狰狞的魔鬼;属于什么修会、什么宗教不得而知。"中葡关系史

---

[1] [清]顾祖禹:《读史方舆纪要》卷九十九《福建五》,北京:中华书局,2005年,第4517页。
[2] [明]周应宾编纂修:《重修普陀山志》明万历张随刻本,《中国佛寺史志汇刊》第一辑,第9册,台北:明文书局,1980年,第177页。

专家金国平认为,这座岛上的佛寺或许是普陀山铁瓦殿。[1]周应宾《重修普陀山志》卷二记载:"国朝洪武二十年,信国公汤和徙居民入内地,焚其殿宇,供瑞相于郡东栖心寺,仅留铁瓦殿一所,使僧守焉。正德十年,僧淡斋于潮音洞南建正殿五间,方丈二十间。嘉靖六年,河南辉府施琉璃瓦三万、砖一万修饬。三十二年,东倭入犯,总督胡宗宪迁其殿宇于定海县东城外之招宝山,迎大士像供焉,余舍尽焚。"[2]据此,迪斯访问的普陀山佛寺应该是潮音洞南边某座佛寺。这是西方人首次考察普陀山。此后,普陀山成了东西方海上交通的中心之一。正如顾祖禹《读史方域纪要》所言,"往时日本、高丽、新罗诸国皆由此取道以候风信"。[3]

清乾隆五十八年(1793年),英国女王派特使马戛尔尼一行前往中国,企图与清王朝建立外交关系,开展对华贸易。英女王在信中要求:允许英国商船在珠山(今浙江舟山群岛)、宁波、天津等处经商,允许英国商人在北京设买卖货物的洋行,并在珠山(即舟山)、广州附近划一个小小岛为英国商人存放货物。乾隆帝对英王上述要求断然拒绝,但是英国人不虚此行。英使团画师威廉·亚历山大在访华期间对中国各地风光进行了素描。

图11-1　鲍希曼1887年拍摄的普济寺

---

[1] 金国平编译:《西方澳门史料选萃(15—16世纪)》,广州:广东人民出版社,2005年,第59—60页。
[2] [明]周应宾:《重修普陀山志》卷二,万历三十五年刻本,第139—138页。
[3] [清]顾祖禹:《读史方域纪要》卷九十二《浙江四》,上海书店出版社,1998年,第4255页。

英国铜版画艺术家阿罗姆后来借用威廉·亚历山大的素描稿重新绘制了19世纪中国风情铜版画,1843年出版《中国:古代帝国的景观、建筑与社会习俗》一书。[1]

近年李天纲将这本书编译出版,题为《大清帝国城市印象:19世纪英国铜版画》。书中有一幅普陀山佛寺铜版画。[2]李天纲介绍说,"1793年7月3日,马戛尔尼使团的'克拉伦斯号'使节船到达舟山,他们登上了觊觎已久的佛教圣地普陀山。在他们的笔下,在阿罗姆的《普陀山普济寺》画中,描绘了依山而筑的普济寺,气势恢宏,诸多清宫廷官员正在进寺拜佛,寺右还有一尊雕刻精美的大十字架。普陀山上曾有基督教痕迹这是罕见的,在现有的文史资料中,也找不到普陀山普济寺曾经有过基督教十字架的记载,这还有待于进一步考证"。[3]据我们观察此图,普济寺的宗教建筑似非十字架,而是藏传佛教的金刚杵。凡此表明,清乾隆年间藏传佛教仍对普陀山佛教有一定影响。

普陀山佛寺最古老的照片,是光绪十三年(1887年)美国海军上将罗伯特·舒斐特拍摄的。甲午战争时期,舒氏奉华府之命来中国协助开放朝鲜事宜。他先从山东芝罘港去朝鲜交涉,但朝鲜王声称本朝为大清属国,外交未便作主。舒氏只好到天津找李鸿章,后来帮助李鸿章对付清朝海关总税务官赫德。舒氏当年考察过普陀山,并拍摄了普济寺等一批普陀山佛寺照片。[4]

普陀山古建筑的科学考察始于20世纪初。1902年,德国建筑史家恩斯特·鲍希曼(Ernst Boerschmann)经印度来华,[5]受德国政府委托到山东胶州半岛殖民地主管建筑事务。在中国各地旅行时,鲍希曼萌生了考察中国古建筑的设想。这一设想后来在德国政府支持下展开。1906—1909年,鲍希曼穿越中国12个省区,行程数万里,拍摄了数千张中国建筑照片。回国后,相继出版了六部论述中国建筑的专著。1911年,鲍希曼第一部有关中国建筑的论著《中国建筑和宗教文化之一:普陀山》在柏林出版;[6]1913年,又推出《中国建筑和宗教文化之二:祠堂》一书。[7]

1914年第一次世界大战爆发,鲍希曼到军中服役,1923年才返回柏林工科大学继续

---

[1] Thomas Allom, *China: in a series of views, displaying the scenery, architecture, and social habits, of that ancient empire*, London: Peter Jackson, Late Fisher, Son and Co., 1843.
[2] 李天纲编译:《大清帝国城市印象:19世纪英国铜版画》,上海古籍出版社,2002年,第85页。
[3] 李天纲,前揭书,第84—85页。
[4] Robert W. Shufeldt, *1881-1887: Contributions to Science and Bibliographical Résumé of the Writings of R.W. Shufeldt*, New York, 1887.
[5] 其名或译"柏石曼",梁思成译作"鲍希曼"(梁思成:《中国建筑史》,天津:百花文艺出版社,1998年,第370页)。
[6] Ernst Boerschmann, Die Baukunst und Religiöese Kultur der Chinesen: Band I. P'ut'o Shan, Berlin: Druck und Verlag von Georg Reimer, 1911.
[7] Ernst Boerschmann, Die Baukunst und Religiöese Kultur der Chinesen: Band II, Gediacbtinistempel Tzé Táng, Berlin: Druck und Verlag von Georg Reimer, 1913.

从事教学与学术研究,不久出版《中国建筑与风景:十二省游记》一书。[1]此书附有万里长城、北京故宫,西安、山西、辽宁、四川、浙江、广西等地古建筑照片凡288幅。这本书给鲍希曼带来广泛的国际声誉。1926年该书出版英译本,题为《风景如画的中国:建筑与景观:十二省考察记》。[2]迟至2005年,鲍希曼的《中国建筑与风景:十二省游记》始有中文译本。[3]近年日本东洋文库将此书原版扫描成电子版,刊于数码丝绸之路稀有书籍网站。除《中国建筑与风景》之外,鲍希曼还出版了两卷本《中国建筑》、[4]《中国建筑的琉璃》,[5]以及《中国的建筑和宗教文化之三:中国的宝塔》。[6]

《中国建筑和宗教文化之一:普陀山》一书凡七章,书中介绍了普陀岛的地理位置,岛上佛寺的宗教意义和历史以及普陀山三大寺——普济寺、法雨寺和慧济寺的宗教生活。他还在书中介绍了岛上众多坟墓、墓碑和石刻,并且描述了当地居民在清明节和冬至扫墓的习俗。在该书结尾第七部,鲍希曼简要总结了普陀岛作为佛教圣地而成为佛教信徒们理想归宿的宗教含义,他将普陀山寺院建筑与世界上其他民族的建筑奇迹,如埃及的金字塔进行比较,充分肯定了普陀山佛教圣地作为人类共同拥有的文化遗产而具有的重大价值。

《普陀山》一书以相当大的篇幅介绍了法雨寺,鲍希曼不厌其烦地用57张照片、74幅实测图和速写以及20多处对于横匾题词和立柱上楹联的临摹,对法雨寺整个寺庙建筑群落,包括四大天王殿、钟楼、鼓楼、玉佛殿九龙殿、御碑亭、大雄宝殿、藏经阁、法堂、禅堂、斋堂、祖堂和方丈、达摩祖师殿以及两侧的客厅和库房,寺庙庭院外花园、池塘、海会桥、影壁、牌楼、旗杆和石狮等,做了详尽描述。此外,书中还讨论了法雨寺大雄宝殿的祭坛上供奉的如来佛的七个化身,分别是南无甘露玉如来、南无离怖畏如来、南无广博身如来、南无妙色身如来、南无保胜如来、南无多宝如来和南无阿弥陀如来。大殿的正前部供奉着的白衣大士观音菩萨也有许多不同的化身,如送子观音、浮海观音、千手观音、骑鳌观音、慈航观音、莲台观音和千首千臂观音等。据说"文化大革命"中,普陀山上有一万五千多尊菩萨被砸毁,三座主要寺庙的殿堂亦当作兵营。20世纪80年代以来,普陀山破败不堪的佛殿陆续重修,比较鲍希曼拍摄的照片不难发现,殿堂内部装饰和菩萨的模样均和以前大不一样。

---

[1] Ernst Boerschmann, Baukunst und Landschaft in China: Eine Reise durch zwoelf Provinzen, Berlin und Zuerich: Atlantis, 1923.
[2] Ernst Boerschmann, Picturesque China, Architecture and Landscape: a Journey through Twelve Provinces, New York: Brentano's Inc., 1926.
[3] 沈弘:《寻访1906—1909西人眼中的晚清建筑》,天津:百花文艺出版社,2005年,第173—178页。
[4] Ernst Boerschmann, Chinesische Architektur, 2 Bande, Berlin: Verlag Ernst Wasmuth A-G, 1925.
[5] Ernst Boerschmann, Chinesische Baukeramik, Berlin: Albert Lüdtke Verlag, 1927.
[6] Ernst Boerschmann, Die Baukunst und Religiöese Kultur der Chinesen, Band III: Chinesische Pagoden. Berlin und Lepzig: Verlag von Walter de Gruyter & Co., 1931.

图 11-2 鸟瞰普陀山法雨寺

正如20世纪初西方研究东方古建筑的瑞典学者喜龙仁一样,鲍希曼汉学知识有限,不能与同时代中国建筑史家梁思成、刘敦桢对中国古建筑的研究同日而语,许多地方甚至不如日本学者,但他毕竟是普陀山佛寺建筑科学考察的开拓者,尤其是他忠实记录了20世纪初普陀山佛寺的原貌,筚路蓝缕,功不可没。[1]

二、普陀山杨枝观音碑与鱼篮观音碑

普陀山观音道场之所以在万历六年复兴,归功于明神宗生母李太后。《明史·孝定李太后传》记载:"孝定李太后,神宗生母也,漷县(北京通县)人。侍穆宗于裕邸。隆庆元年三月封贵妃。生神宗。即位,上尊号曰慈圣皇太后……顾好佛,京师内外多置梵刹,动费钜万,帝亦助施无算。居正(张居正)在日,尝以为言,未能用也。"[2]万历十七年,宁波同知龙德孚撰《补陀山志序》记载:"维时万历丙戌(十四年)七月七日,瑞莲产慈宁宫,抽英吐翘,绝殊凡种。九月,瑞莲再产宫中,重台结蕊,又殊前种。主上大加赏异,敕中使出示辅臣,图而咏之。于是圣母,敕中使,二航莲花部主法像,及续锲藏经四十一函,并旧锲藏经六百三十七函,直诣庄严妙海,镇压普门,答灵贶,而结胜果也。"[3]慈圣皇太后以为慈宁宫产瑞莲,预示莲花部主观音菩萨将降祥瑞于皇家,刊行十五部《大藏经》,并颁赐予全国名山,祈望明神宗早生皇子。普陀山、崂山、峨眉山等是首批得到《大藏经》的佛教名山之一。

普陀山有三大镇山之宝,其一为万历三十六年所刻《杨枝观音碑》,现存法雨寺附近杨枝禅林庵。此碑高2.3米,宽1.2米,厚0.17米。碑上题记曰:"普陀佛像,摹自阎公,一时妙墨,百代钦崇。"线刻杨枝观音立像。珠冠锦袍,璎珞飘披,左手托净瓶,右手执杨枝,线条流畅(图11-3左)。

万历十六年,浙江指挥使侯继高督师海疆,游历普陀山。他在《游补陀洛迦山记》写道:"往余得吴道子所绘大士像,质素而雅。近又得阎立本所绘,则庄严而丽。二人皆唐名手,余并勒之于石。明发,复诣宝陀(今普济寺),植碑于前殿之中。"[4]万历二十六年,宝陀寺殿宇和碑刻毁于兵灾。三十六年,宁绍参将刘炳文觅得阎立本所绘杨枝观音碑拓

---

[1] 关于鲍希曼对中国古建筑研究的贡献,参见沈弘,前揭文,第173—178页;赖德霖:《鲍希曼对中国近代建筑研究之影响试论》,《建筑学报》2011年第5期,第94—99页。
[2] 《明史·孝定李太后传》,第3534—3536页。
[3] [明]龙德孚撰:《补陀山志序》(王亨彦辑:《普陀洛迦新志》卷十二),《中国佛寺史志汇刊》第1辑第10册,台北:明文书局,1980年,第598页。
[4] [明]侯继高:《游补陀洛迦山记》(王亨彦辑:《普陀洛迦新志》卷二),《中国佛寺史志汇刊》第1辑第10册,台北:明文书局,1980年,第132页。

本,请杭州工匠孙良重新勒碑,植于镇海寺附近寺庙,遂以"杨枝庵"命名。此本或与侯继高阁本相似。此碑保留至今,并著录于费慧茂辑、印光序《历朝名画观音宝相》一书。[1]

值得注意的是,杨枝观音碑观音像的通天冠与唐代石棺线刻仕女图(如陕西乾陵懿德太子李重润墓石棺线刻图)不尽相同,却与宋画所绘通天冠相同,可见普陀山杨枝观音碑并非唐代画师阎立本之作。据我们调查,杨枝观音碑很可能根据宫中藏画《宋人观音大士轴》摹刻(图11-3右)。《宋人观音大士轴》现存台北故宫博物院,纵131.7厘米,横56.2厘米,[2]据台北佛教艺术史家李玉珉考证,"画中观音像,身着华丽锦衣,披配各式璎珞,蓝色的长发垂肩,首戴庄严宝冠,冠中安置一尊阿弥陀佛像。一手执柳枝,一手持透明玻璃水杯。足踏青白莲花各一,款步而行,衣带飘扬。其容貌宁和,状甚安详。观音是阿弥陀佛的胁侍,手持水杯或净瓶中盛甘露,喻涤除众生无明尘垢,柳枝则代表观音拔苦济难。台北故宫旧典藏目录认为,这是一幅宋代画家的作品。尽管这幅观音的造形和流传到日本的宋代观音像近似,可是画家造观音的双眉、鼻子和下巴特别敷染白粉,衣纹的线条比较粗,这些表现手法皆与宋画不同,乃后人临摹宋人观音像。"[3]

如前所述,万历十六年,侯继高还派人在普陀山宝陀寺(今普济寺)刻了一方唐代画家吴道子所绘鱼篮观音碑。明弘治十二年进士都穆《寓意编》记载:"余家自高祖南山翁以来,好蓄名画。闻之,家君云:'妙品有吴道子《鱼篮观音像》、王摩诘《辋川图》、范宽《袁安卧雪图》。'惜今不存。"明人所谓吴道子鱼篮观音像,恐非吴道子之作,因为唐代文献和绘画中均无鱼篮观音像。鱼篮观音,唐代称马郎妇观音,北宋才演变为鱼篮观音。[4]目前所知最早的鱼篮观音像,是台北故宫博物院藏宋人绘鱼篮观音像。

如前所述,普陀山宝陀寺的鱼篮观音碑很可能摹自北京慈寿寺的鱼篮观音碑(图11-4)。万历十五年,明神宗朱翊钧为祝贺生母李太后42岁生日,御制鱼篮观音碑,并亲撰祝文,置于慈圣太后敕建的慈寿寺(北京海淀区玉渊潭乡八里庄)。该寺建于明正德年间太监谷大用墓地,俗称玲珑塔。清乾隆十年孙承泽撰《春明梦余录》记载:"寺在阜成门外八里庄,明万历丙子(万历四年)为慈圣皇太后建,赐名慈圣。敕大学士张居正撰碑。有塔十三级,又有宁安阁,阁榜慈圣手书。后殿有九莲菩萨像。"[5]

关于慈寿寺鱼篮观音碑,清乾隆年间英廉等编《日下旧闻考》记载:"右碑,前刻鱼篮

---

[1] 费慧茂辑:《历朝名画观音宝相》,上海净缘社,1940年。
[2] 台北故宫博物院联合管理处编:《故宫书画录》第四册,台北故宫博物院,1956年,第177页;台北故宫博物院编辑委员会编,前揭书,第三册,第319—320页。
[3] 李玉珉:《(传)宋人观音大士轴》,收入李玉珉编:《观音特展》,台北故宫博物院,2000年,第213—214页。
[4] 唐人李复言撰《续玄怪录·延州妇人》记有马郎妇观音故事;宋人黄庭坚在一首观音赞中用到马郎妇的典故。
[明] 侯继高:《游补陀洛迦山记》,第132页。
[5] [清] 李卫等监修:《畿辅通志》卷五十一,雍正十三年刊本。

观音像，赞同左，后刻关圣像并赞。明春坊谕德兼侍读南充黄辉撰，万历辛丑年立。"[1]右碑在塔西北，碑亭已毁，碑石尚存。碑座雕二龙戏珠，碑身刻鱼篮观音像，袒胸赤足，髻发慈面，左手提竹篮，内盛鲤鱼一尾，右臂微屈。双脚两侧有莲花七朵，脚下为草径。像左刻正书"赞曰"，文同左碑。像右刻篆书"慈圣宣文明肃皇太后之宝"，文同左碑。旁书"大明万历丁亥年造"。慈寿寺废弃于清光绪年间，仅存孤塔。塔北有两块万历年间石碑，左侧为紫竹观音像（亦称九莲菩萨），右侧为鱼篮观音像，背面为关帝像。台湾中正大学王俊昌在论文中刊布过一幅明鱼篮观音碑拓本，[2]据称拓于万历二十年，是目前所见最早的北京慈寿寺鱼篮观音碑拓本（图11-5左）。

据20世纪80年代全国文物普查资料，慈寿寺鱼篮观音碑是全国仅存的三幅明代鱼篮观音像之一，另一幅在四川西昌泸山观音阁。万历三十年，云南沾益州（今云南宣威）知州马中良进京时，从宫中太监处获御制鱼篮观音碑拓本。携回西昌后，延请工匠勒碑，在泸山建观音精舍三楹存放。此碑一直保存至今，并有清中期拓本流传于世，纵180厘米，横88厘米。泸山鱼篮观音碑右上角的碑文曰："赞曰：惟我圣母，慈仁格天，感斯嘉垂，阙产瑞莲，加大士像，勒石流传，延国福民，霄壤同坚。"左上角碑文曰："慈圣宣文明肃皇太后之宝，大明万历丁亥年造，原任云南沾益州知州臣马中良重刻石。"此碑右下角的童子原碑所无，重刻时补入（图11-5右）。[3]

除了北京慈寿寺、西昌泸山观音阁之外，江苏吴县昙花庵也藏有一块明代御制鱼篮观音碑，至今完好地供奉在吴县胥口蒋墩渔洋里昙花庵。苏州碑刻博物馆藏有此碑拓片，但是质量较差。此碑画面布局规范，题字圆润遒劲，且雕工精致，不知是否摹自万历十六年侯继高在普陀山宝陀寺所刻鱼篮观音碑。

三、法雨寺的兴建

南北朝时期，佛教在中国迅速发展，佛寺起初建在繁华的闹市区。唐代诗人杜牧《江南春》有诗曰："南朝四百八十寺，多少楼台烟雨中。"南朝佛寺一般在寺前或宅院中心造塔，礼拜佛塔中的舍利是唐以前信徒巡礼的主要内容。普陀山元代佛寺——多宝塔仍保留了南朝佛寺的传统形式。隋唐以后，造像成风，佛殿普遍代替佛塔，佛塔则被挤出寺院，或另辟塔院，置于寺庙前后或两侧。唐代佛寺多依山而建，与秀丽的山水融为一体。究其

---

[1] [清]英廉等编：《日下旧闻考》卷九十七《郊坰西七》，四库全书本，第1611页。
[2] 王俊昌：《试探鱼篮观音文本的社会涵义》，《中正历史学刊》2006年第8期，第87—118页。本文所用拓本照片见第117页。
[3] 刘世旭、张正宁：《西昌泸山"鱼篮观音"画像碑考略》，《四川文物》1992年第3期，第48—49页。

图11-3 普陀山杨枝观音碑拓片与台北故宫藏《宋人观音大士轴》

图11-4 北京慈寿寺鱼篮观音碑

图11-5　北京慈寿寺鱼篮观音碑万历二十年拓本

原因,当与禅宗学说的兴起有关,禅僧喜欢生活在"幽涧泉清、高峰月白"的山林中,以便在大自然中陶冶性情。唐代佛寺建筑布局亦随之变化,流行伽蓝七堂制。

普陀山法雨寺位于普陀山锦屏峰脚下千步沙北端。北宋乾德五年(967年),太祖赵匡胤派太监来宝陀山(今普陀山)进香。神宗元丰三年(1080年),钦差大臣王舜封奉旨出使三韩(今朝鲜半岛),遇风暴而望潮音洞叩祷,得以平安济渡。归国后,奏明皇帝,宋神宗赐建宝陀观音寺,即今普济寺前身。绍兴六年(1136年),宋高宗诏令渔民迁出,岛上辟为佛家净土。南宋嘉定七年,宋宁宗指定普陀山专供奉观音菩萨,普陀山便成了著名观音道场。普陀山有普济寺(前寺)、法雨寺(后寺)和慧济寺(山顶寺)三大佛教建筑群。万历八年,因泉石幽胜,大智禅师在光熙山(今锦屏山)结茅为庵,初名海潮庵;

万历二十二年，改名海潮寺；三十四年敕名护国镇海禅寺。崇祯十六年，镇海寺圆通殿遭火焚烧。

普陀山佛教复兴与明王室直接相关。万历十四年，慈圣太后"命工刊印续入藏经，四十一函。并旧刻藏经，六百三十七函。通行颁布本寺（指宝陀寺）"。[1]为此，明神宗颁《赐宝陀寺藏经敕》。二十六年十月，宝陀寺遭火。明神宗于次年遣使再赐《大藏经》六百七十八函、《华严经》一部、《诸品经》二部，颁《再赐藏经敕》，万历二十七年，明皇室遣使赐普陀山"佛氏藏经旧刊六百三十七函。我圣母慈圣宣文明肃皇太后，续刊四十一函"，明神宗发布《三赐全藏经敕》。为了保存明皇室颁赐的《大藏经》，普陀山大兴土木，兴造禅寺。普陀山观音道场得以复兴。万历年间所赐佛经当系永乐北藏。[2]

法雨寺天王殿，明代镇海寺藏经阁（龙藏阁），原来藏有慈圣太后所赐南北大藏经。崇祯辛巳（崇祯十四年），云南悉檀寺僧道源法师往朝南海，从普陀山请回万历嘉兴藏一部。此藏原于万历十七年开始在五台山妙德庵雕刻。五台山交通不便，万历二十一年刻经地点迁到浙江。按紫柏大师和居士冯梦祯等人建议，在径山化城寺寂照庵雕刻经版和印刷，并在嘉兴楞严寺请经发行，故称《径山藏》或《方册大藏》，属于民间刻经。

2008年，我们在江苏镇江博物馆参观时，在展厅内见到一部《大乘妙法莲华经》永乐十八年刻本（图11-6），据说出自镇江大港镇东霞寺一尊佛像中。与之共出的还有《敕建南海名山普陀胜境》万历刻本（图11-7）、崇祯十年《南海普陀山签》等，可知这部《大乘妙法莲华经》亦得自普陀山。《万历御制圣母印施佛藏经序》记载："朕闻儒术之外，释氏有作以虚无为宗旨，以济度为妙用，其真诠密微，其法派闳演。贞观而后，代译岁增，兼总群言苞里八极，贝叶有所不尽，龙藏（指永乐北藏）有所难穷。惟兹藏经缮始于永乐庚子（永乐十八年），梓成于正统庚申（正统五年），由大乘般若以下计六百三十七函。我圣母慈圣宣文明肃皇太后，又益以《华严玄谈》以下四十一函，而释典大备。"[3]该书称镇海寺有"龙藏阁"，说明当年曾经是慈圣太后所赐南北大藏经收藏之所。据周绍良考证，永乐十八年刊刻《大乘妙法莲华经》为经折装，每页五行，每行十五字。[4]镇江博物馆藏《大乘妙法莲华经》永乐十八年刻本，或许是镇海寺龙藏阁藏经。不知什么原因，被人从普陀山镇海寺龙藏阁请回镇江东霞寺，收藏在这尊佛像之中。镇江博物馆藏《敕建南海名山普陀胜境》将法雨寺称作"敕建镇海寺"，那么此图当绘于万历三十四年至四十年之间。

---

[1]［民国］王亨彦辑：《普陀洛迦新志》卷四，《中国佛寺史志汇刊》第1辑第10册，台北：明文书局，1980年。
[2] 有关永乐北藏所用锦缎装潢，参见中央美术学院美术系编：《中国锦缎图案》，北京：人民美术出版社，1953年。
[3]［明］周应宾撰：《重修普陀山志》卷一，《中国佛寺史志汇刊》第1辑第10册，台北：明文书局，1980年，第39—41页。
[4] 周绍良：《明永乐年间内府刊本佛教经籍》，《文物》1985年第4期，第39—41页。

所标"大明敕建普陀禅寺"即今普济寺,而"太子塔"指多宝塔。其他明代地名如小洛迦山、海印池、永寿桥、紫竹林、潮音洞、千步沙等,一直沿用至今。

在万历帝生母慈圣太后大力支持下,普陀山大兴土木,镇海寺伽蓝七堂当按明代官式建筑修建。关于明代镇海寺建筑布局,周应宾《重修普陀山志》说:"智度桥(今海会桥),在镇海寺(今法雨寺)前,剡人周汝登题。敕赐护国镇海禅寺,在普陀寺(今普济寺)东约五里许,一山矗峙,曰光熙峰(今锦屏山)。有麻城僧真融,自五台、伏牛、峨嵋、銮华,咸创饭僧之所。至万历八年,复来普陀,结茆数楹于峰下,渐建圆通等殿,然尚以海潮庵名,迄二十二年,郡守吴安国改额曰海潮寺。真融殁,其徒如寿等,又为增建殿宇,规制弘丽。三十四年,御马监太监党礼请于朝,赐今额。郡人大方伯冯叔吉、礼部主事屠隆记。圆通殿(今九龙殿)、天王殿(今大雄宝殿)、伽蓝殿、祖师殿、山门(今九龙壁),俱在镇海寺。千佛阁(今玉佛殿)、龙藏阁(今天王殿),奉南北藏经。止阁,在龙池上,郡司理阳羡何士晋题。景命堂、华严堂、大觉堂、净业堂、龙王堂、土地堂(今天后阁)、延寿堂,俱在镇海寺内。水月楼(今水月楼)、白华楼(今松风阁)、智食楼(今斋楼)、钟楼(今钟楼)、鼓楼(今鼓楼),在镇海寺。东西厢楼,各三十间,作十方公用之所。方丈(今方丈殿),在净业堂(今藏经阁)左。香积厨、观亭,在方丈后,会稽陶望龄题。华严铜塔,在寺东首,安供以镇山门。千佛塔,在寺内。法雨寺大智塔,在镇海寺西山之麓。"[1]

周应宾《重修普陀山志》卷一附有镇海寺殿堂分布图,书中提到法雨寺许多殿堂,可惜图上没有一一标注。无论如何,今天法雨寺殿堂的布局是明万历年间奠定的。从《重修普陀山志》卷一附图看,法雨寺从右旁门进寺,门旁有土地祠。山门为中轴线起点,主要建筑分别为:藏经阁(今天王殿)、千佛阁(今玉佛阁)、圆通殿(今九龙殿)、天王殿(今大雄宝殿),其后有方丈殿(今方丈殿),作为中轴线的终点。从《重修普陀山志》殿堂分布图看,明代镇海寺山门开在今天九龙壁,并以此作为该寺建筑群中轴线的起点,从右边进山门后为土地祠,山门正对藏经殿(今天王殿),殿后有东西两配殿(今钟鼓楼),藏经殿正对千佛阁(今玉佛阁),阁后有东西两配殿,千佛阁正对圆通殿(今九龙殿)。圆通殿后有一无名寺(今大雄宝殿)作为镇海寺建筑群中轴线的终点。此图简略,《重修普陀山志》所述镇海寺诸多佛殿未在图上标出。明代禅院前一般设放生池,普济寺和法雨寺前皆有放生池。法雨寺放生池上的海会桥,明代称智度桥。清代山门天后阁,明代为土地祠;今九龙壁所在地为明代山门。进山门后,第一层院落主殿为天王殿(明代建藏经阁)。

---

[1] [明]周应宾撰:《重修普陀山志》卷一,第117—119页。

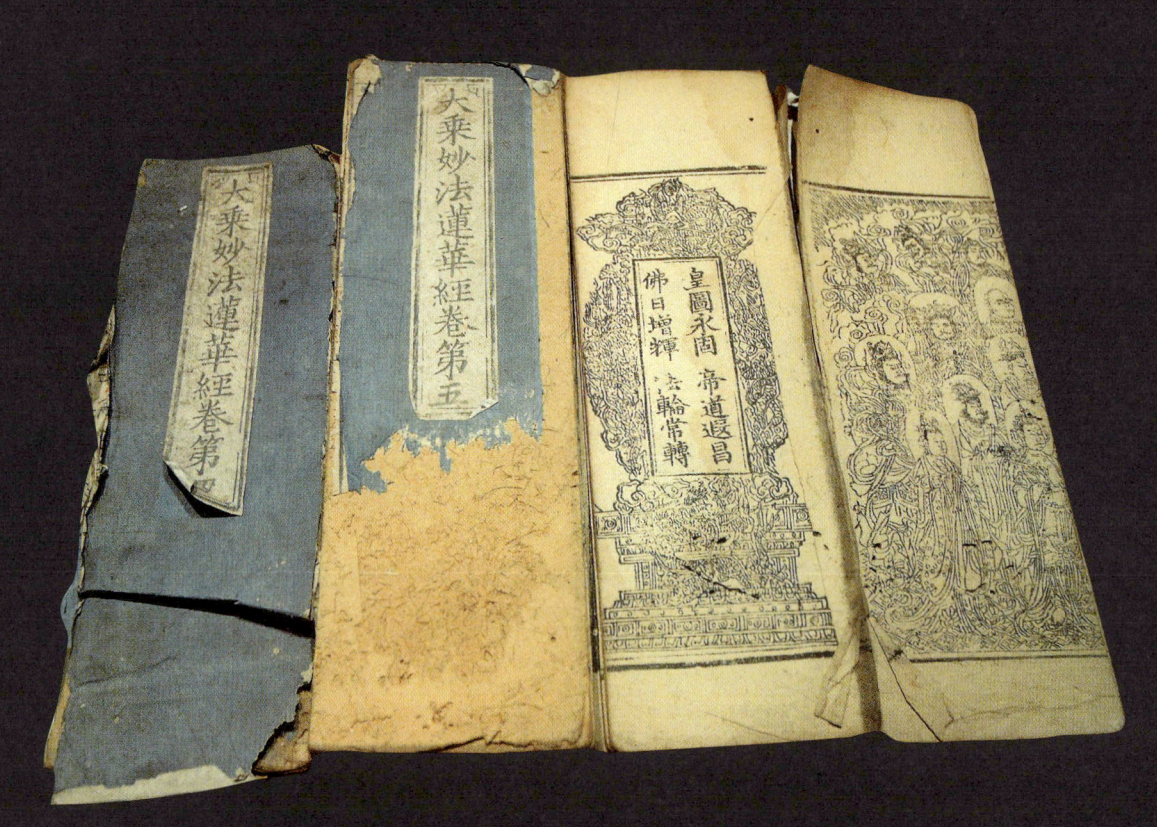

图 11-6　镇江博物馆藏《大乘妙法莲华经》永乐十八年刻本

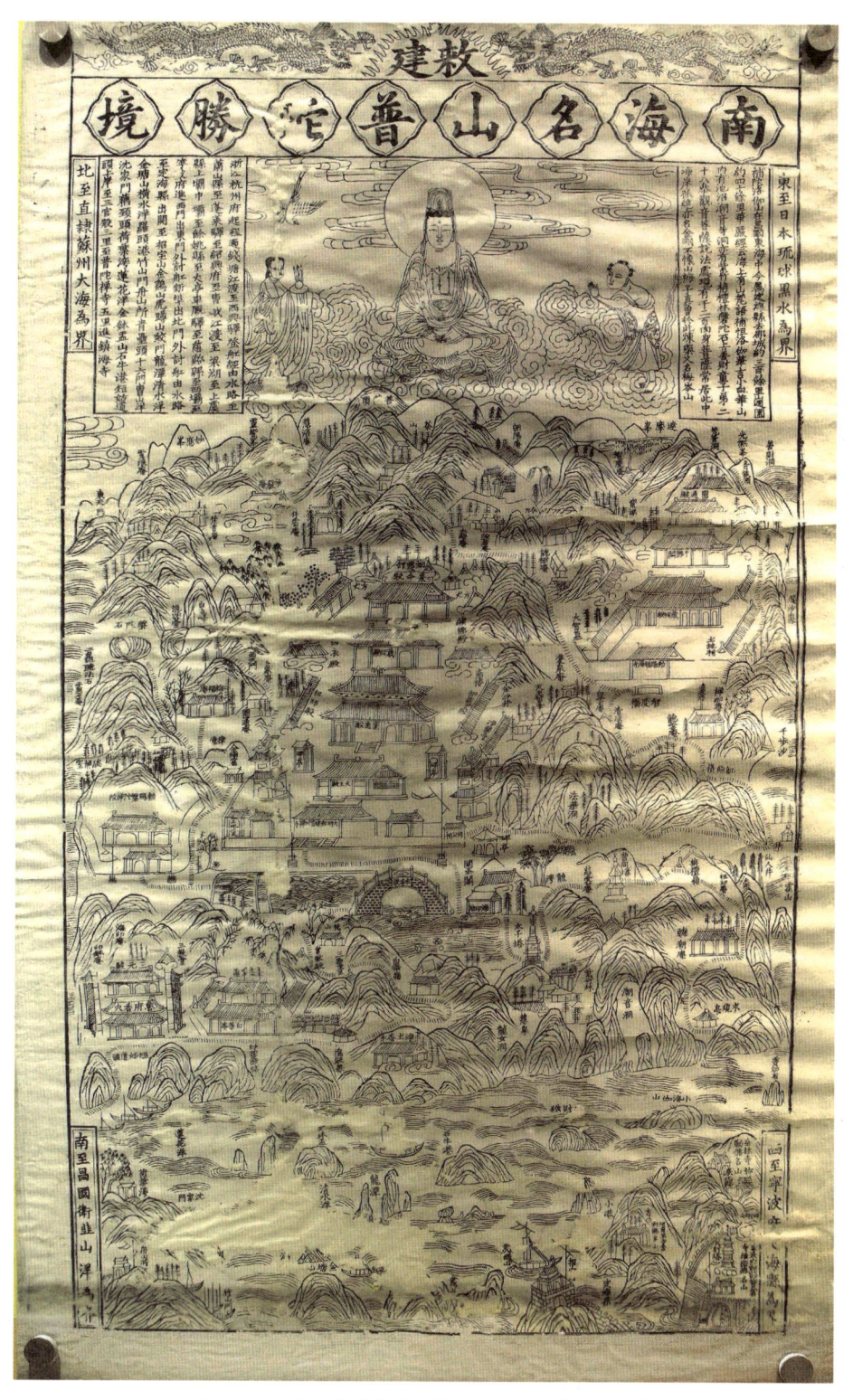

图 11-7 镇江博物馆藏《敕建南海名山普陀胜境》

法雨寺前放生池上的海会桥，《南海普陀山胜境》万历刻本称之为"智度桥"。光绪十五年，法雨寺住持化闻募资重修。据浙江省文物考古研究所宋煊对浙江明清石桥的调查，"从石桥方面看，明代晚期还普遍采用纵联并列砌法，清代早期开始较多采用错缝的并列砌法"。[1]法雨寺山门天后阁，为明代土地祠所在地。《普陀洛迦新志》卷七记载："天后阁在法雨寺前。清雍正九年，住持法泽建。宣统二年，开然重修。"[2]

法雨寺第一座殿堂是天王殿，原为明代镇海寺藏经阁（或称龙藏阁）所在地，内藏南北大藏经。天王殿供弥勒佛，东西两旁为四大天王。天王殿之后，左右两侧为钟鼓楼，然后是玉佛殿（明代千佛阁），其后左配殿为水月楼，右配殿为松风阁，再后是九龙观音殿（明代圆通殿），左配殿为香积厨，右配殿为斋楼。周应宾《重修普陀山志》提到明代镇海寺内有钟鼓楼，但书中插图及《南海普陀山胜境》万历刻本均未标出。为了便于讨论，我们在图上标出这些殿堂的位置（图11-8）。

据《重修普陀山志》附图，明代镇海寺千佛阁原为两层楼阁式建筑，与北京智化寺万佛阁相同，清康熙年间改为重檐歇山式，即今九龙殿。法雨寺第三座殿堂是九龙观音殿，明代镇海寺圆通殿所在地。康熙三十八年拆南京明故宫而建。据《南海普陀山胜境》万历刻本，明代镇海寺圆通殿为单檐歇山式，清代改为重檐歇山式。古代供奉观音、文殊、普贤三菩萨的佛殿，称三大士殿，专供观音的佛殿则称圆通殿。

万历年间《重修普陀山志》记载：敕赐护国镇海禅寺，有圆通殿。按照规制，"圆通大殿，七间十五架，面阔一四丈，进深八丈八尺，明间阔二丈八尺，左右次间各阔二丈四尺，左右稍间各阔二丈，左右次稍间各阔一丈五尺，高五丈八尺，甬道四丈"。[3]民国年间王亨彦编《普陀洛迦新志》卷五记载："法雨禅寺……大圆通殿，七闲，十五架。高六丈五尺六，广十二丈七尺，纵八丈二。上盖九龙盘栱，及黄瓦，故又呼九龙殿。光绪五年，与大雄殿，立山重修九龙殿。"[4]东配殿，明代称"白华楼"，今称松风阁。

法雨寺第四座佛殿为万寿御碑殿，始建于康熙年间。殿中供奉千手观音，明代此地无佛殿建筑。《普陀洛迦新志》卷七记载："万寿御碑亭，一在普济寺海印池北……一在法雨寺第五层，五闲。并清康熙四十一年建。安置康熙御制文碑石。法雨寺碑亭，亦名天章阁，御书亭。"[5]

---

[1] 宋煊：《浙江明代海防遗迹》，《东方博物》2005年第3期，第68页，注26。
[2] ［民国］王亨彦辑：《普陀洛迦新志》卷七，《中国佛寺史志汇刊》第1辑第10册，台北：明文书局，1980年，第458页。
[3] ［明］周应宾撰：《重修普陀山志》卷一，第118页。
[4] ［民国］王亨彦辑：《普陀洛迦新志》卷七，第262页。
[5] ［民国］王亨彦辑：《普陀洛迦新志》卷七，第450页。

法雨寺第三层院落的主殿是大雄宝殿,其后有藏经阁、方丈殿、三官阁等。法雨寺第五座殿堂是大雄宝殿,供奉释迦牟尼佛,重檐歇山顶,明代有无名佛殿。大雄宝殿铺设黑琉璃瓦,与明正统八年所建北京智化寺铺黑琉璃瓦相同。法雨寺后山有方丈殿,方丈是寺院的最高领导者,印光法师曾经在此殿修行,明代此地无佛殿建筑。

四、康熙拆迁明故宫旧殿至普陀山法雨寺调查

南京明故宫创建于至正二十五年(1289年)十二月,南北长五华里,东西宽四华里。经过一年多时间,建成奉天、华盖、谨身三大殿及乾清、坤宁二宫。明故宫以奉天殿为正殿,俗称"金銮殿"(图11-9)。建文四年六月,燕王朱棣攻破京师,"都城陷,宫中火起",烧毁了奉天殿等宫殿,建文帝与马皇后在宫中自焚死(一说逃往南方)。

永乐十二年,尼泊尔高僧五明板的达室利沙(或译"实哩沙哩卜得罗")来朝。"永乐甲午(永乐十二年),入中国。谒文皇帝于奉天殿。应对称旨。命居海印寺。"[1]南京奉天殿在靖难之役中毁于大火,永乐十二年明成祖会见尼泊尔高僧当在北京燕王府(今中南海)奉天殿,而非南京的奉天殿。由于南京奉天殿被焚毁,明成祖只好在南京奉天门接见外国贡使。《明太宗实录》记载:永乐十三年"十一月壬子,麻林国及诸番国进麒麟、天马、神鹿等物,上御奉天门受之,文武群臣稽首称贺曰:'陛下圣德广大,被及远夷,故致此嘉瑞。'上曰:'岂朕德所致,此皆皇考深仁厚泽所被及,亦卿等勤劳赞辅,故远人毕来。继今,宜益尽心秉德,进贤达能,辅朕为理,远人来归,未足恃也。'"[2]这座奉天门实乃南京奉天门(图11-9)。

洪熙元年,明仁宗诏令重修南京皇城,准备翌年还都南京,后因仁宗去世而作罢。宣德帝继位后,也打算迁回南京,北京仍称"行在"。正统六年,北京三大殿和乾清宫重建工程竣工。英宗诏告天下,废除北京各衙署"行在"二字,重新确定北京为京师,以南京为陪都。正统十四年六月,南京风雨雷电。谨身、奉天、华盖三殿皆灾,奉天诸门亦毁。景泰元年四月,南京谨身殿灾。由于南京三大殿、奉天门损毁严重,正德十四年十二月,明武宗至南京,不入旧内,而居南门内之公廨。天启六年十月,西华门内紫城烟起,不见火光。礼臣往视,旧宫材木埋土中,烟从中出,土石皆焦热,掘其地,以水沃之,三日始灭。由此可知,南京紫禁城金銮殿在明天启六年彻底焚毁。

---

[1] [明]释明河:《补续高僧传》卷二十五《大善国师传》,《续修四库全书·子部·宗教类》第1283册,上海古籍出版社,1991年,第335页。
[2] 《明太宗实录》,第1898页。

图 11-8　周应宾《重修普陀山志》所见法雨寺建筑布局

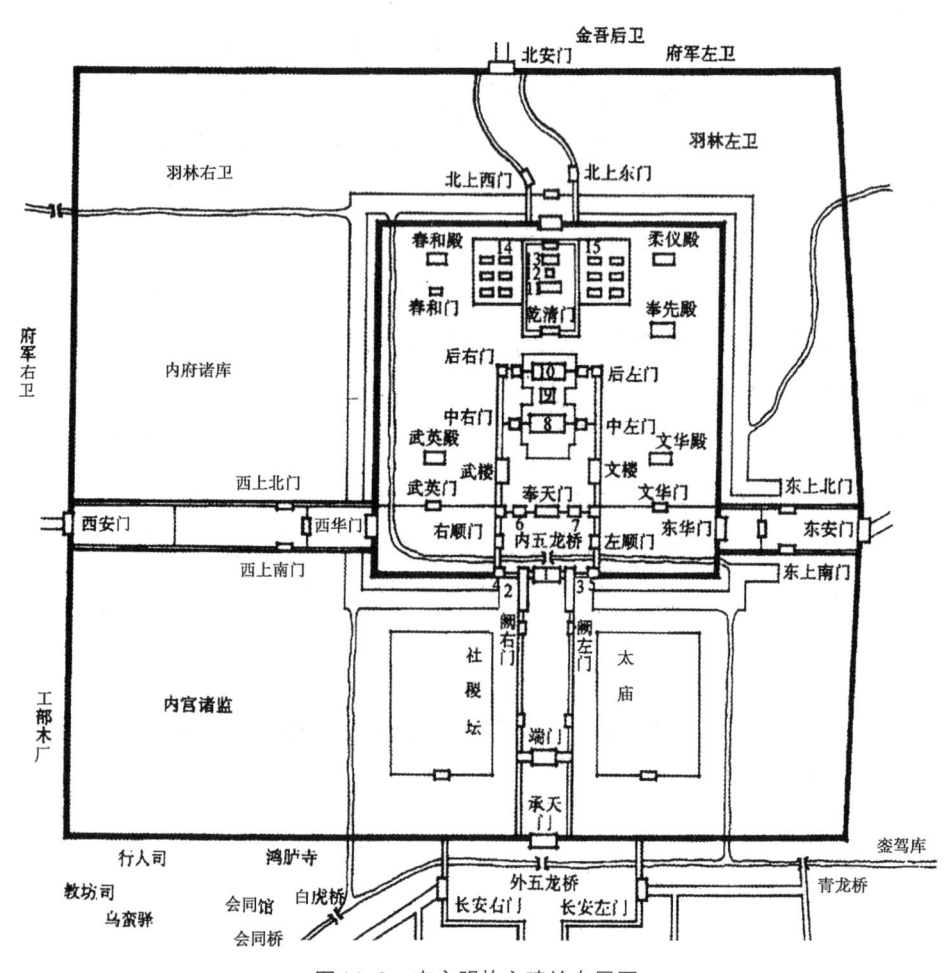

图 11-9　南京明故宫建筑布局图

崇祯十七年（清顺治元年）正月"初十，修奉先殿及午门、左右掖门……四月三十日……谒奉先殿……以内守备府为行宫，驻跸焉……五月十五，王即帝位于武英殿；诏以明年为宏光元年。"[1]十一月"初四，西宫旧园落成，赐名慈禧殿"。[2]清顺治二年五月，南都降。明故宫成为清军驻防城，在南京明故宫汉王府设将军署。[3]换言之，1645年清军占领南京时，明故宫仅存奉先殿、内守备府、武英殿、慈禧殿和汉王府。康熙二十二年，玄烨第一次南巡江宁，以将军署为行宫，作《金陵旧紫禁城怀古》诗。三十八年三月，康熙皇帝驾临杭州，派乾清宫太监、提督顾问行内务府广储司郎中丁皂保、太监马士恩鼎建普陀山寺。"又准两寺住持奏请，发金陵城内琉璃瓦，一十二万，改盖两寺大殿。"[4]所谓"两寺"，就指普济寺和法雨寺。

普济寺又称"前寺"，占地面积37 019平方米，共有殿堂楼阁轩357间，建筑总面积15 288平方米。普济寺正山门：重檐歇山。正山门内为御碑殿，有明万历、清康熙御碑。普济寺山门前海水龙纹丹樨（图11-10），当为金陵明故宫之物。

图11-10 普济寺龙纹海水丹樨

---

[1] [清]计六奇撰：《明季南略》卷二，上海：商务印书馆，1936年，第24、40和41页。
[2] 计六奇，前揭书，第106页。
[3] [明]文震亨撰：《福王登极实录》，收入吴跰人编：《痛史》，福州：福建人民出版社，1981年。
[4] [民国]王亨彦辑：《普陀洛迦新志》卷七《中国佛寺史志汇刊》第1辑第10册，台北：明文书局，1980年，第219—220页。

《普陀洛迦新志·营建门》卷七记载："万寿御碑亭，一在普济寺海印池北，五闲。高三丈八尺，深四丈，广共六丈。"[1]清康熙、雍正两朝对法雨寺进行扩建，中轴线上依次为天王殿、玉佛殿、大圆通殿、万寿御碑殿、大雄宝殿和藏经楼。由于地形的局限，清代扩建法雨寺时只在中轴线右侧新建山门天后阁，明代山门改为天王殿，重檐歇山式，黑琉璃瓦顶，其后新建玉佛殿，面阔三间，重檐歇山式，黄琉璃顶，殿前有狮子望柱石围栏，左右仍为钟楼和鼓楼。明代大佛殿改为九龙观音殿，明代祖师殿和伽蓝堂分别扩建为水月楼、松风阁。九龙殿后新建万寿御碑殿，殿宇五间，黄瓦盖顶。明代法堂改为大雄宝殿，明代藏经楼继续沿用，左右仍为方丈院和禅堂。方丈院为全寺最高处，二层檐楼房一排共27间，分隔为五个院落。在清朝皇帝支持下，法雨寺占地面积33 408平方米，建筑面积15 956平方米，现有殿宇382间，成为江南第一名刹。

关于金陵明故宫旧殿迁往普陀山之事，清雍正年间定海县令黄应熊撰《重建普陀前后两寺记》记载："大圆通殿，七闲，十五楹。周匝石阑，四十六柱，狮子生活，张牙欲扑。中供大观世音一尊，白衣如意像各一尊，又内造观音一尊，列十八尊者于旁。殿后以太湖石琢送子观音一尊，叩之琤琤然响，祷亦如响。圣祖御书之额，曰天花法雨者，丽于殿上。其殿盖九龙盘栱及黄瓦，亦圣祖（指康熙）命撤金陵旧殿以赐者，故又呼九龙殿。"[2]重檐歇山式宫殿亦称"九脊殿"，所谓"歇山"是清式建筑名称。除正脊、垂脊之外，还有四条戗脊。正脊的前后两坡是整坡，左右两坡是半坡。重檐歇山顶的第二檐与庑殿顶的第二檐基本相同。在宫殿等级上仅次于重檐庑殿顶。天安门、太和门、保和殿、乾清宫等皆为重檐歇山顶。九龙殿高22米，重檐歇山式、黄琉璃顶，斗拱承托，平身科思重翘三昂，柱头和角科是重翘四昂，下层面宽七间，外加廊檐，上层五间，进深六间外加廊檐（图11-11）。

2006年国务院下发国发（2006）19号文，核定文化部确定的第六批全国重点文物保护单位，共计1 080处，将浙江普陀山法雨寺列为清式建筑保护单位。殊不知，九龙殿保存了金陵明故宫许多建筑构件，如龙纹石雕柱础、龙凤纹琉璃瓦以及精美的九龙藻井。法雨寺九龙殿台基海水龙纹丹樨，与1966年苏州市虎丘乡新庄明墓出土、现藏中国国家博物的《宪宗元宵行乐图卷》所绘丹樨相同，当为金陵明故宫之物。

20世纪90年代，赵振武、丁承朴对普陀山古建筑进行科学勘测，绘制了许多古建筑平面图和剖面图，1997年所出《普陀山古建筑》一书，极大便利了后人的研究。[3]从建筑规格看，九龙殿采用重檐歇山顶，而明故宫正殿奉天殿应采用重檐庑殿顶，那么九龙殿的梁

---

[1]［民国］王亨彦辑：《普陀洛迦新志》卷七，第450页。
[2]［民国］王亨彦辑：《普陀洛迦新志》卷七，第267页。
[3] 赵振武、丁承朴：《普陀山古建筑》，北京：中国建筑工业出版社，1997年，第75—79页、第139—160页。

架并非从明故宫金銮殿落架拆迁。重檐歇山顶为明故宫的谨身殿建筑样式，这座宫殿在清代官式建筑中属于第二等级。南京明故宫谨身殿、奉天门以及万历年间重建的北京故宫建极殿（清代改称"保和殿"），皆面阔九间，进深五间，而法雨寺九龙殿面阔仅七间，面阔35.35米，进深20.31米，殿内共立48根大柱。殿中八根金柱的柱础是精致的石雕龙纹柱础，可能系金陵明故宫之物（图11-12）。

中国古代琉璃建材可分四类：一类是筒瓦和板瓦，用来铺盖屋顶。第二类是脊饰，也即屋脊上的装饰，有大脊上的鸱尾（正吻）、垂脊上的垂兽、戗脊上的走兽等等。走兽的数目根据建筑物的大小和等级而决定。明清宫殿的脊兽最多11个，最少3个，其排列顺序是，最前面的是骑鹤仙人，然后为龙、凤、狮子、麒麟、獬豸、天马等。第三类是琉璃砖，用于砌筑墙面和其他部位。第四类是琉璃贴面花饰，有各种不同的动植物、人物故事以及各种几何纹样，装饰性很强。主要使用黄、绿、蓝三色，往往以黄色为最高等级，只能用在皇宫、社稷、坛庙等皇家建筑上。即便在皇宫中，也不是全部建筑都用黄色琉璃瓦，次要建筑用绿色琉璃或绿色琉璃"剪边"（镶边），皇太子府用绿色琉璃，而文渊阁则用黑色琉璃。

中国古代宫殿建筑装饰什么样的琉璃，有着森严的等级制度。如脊兽的等级、大小、奇偶、数目、次序均有严格规定。关于普陀山琉璃瓦的来源，康熙年间裘琏撰《重盖大殿琉璃瓦记略》记载："潮公主席普济九年，辟荒举废，百度改观。乃治梅岑之麓，为息耒之园。将以憩劳而悦定焉。未几，山左陶客，有以工琉璃瓦之技见售者。公慨然曰：吾费资以宴身，何如竭财以奉佛哉！且琉璃之盖，宝陀旧事也。于是辍息耒之役，而专志于陶。诹日治厂，厂竟，工曰：山中土粗而卤，不可用。必得闽之福州、越之萧山，其土乃可治耳。遂治畚锸，发徒众，帆数大艘以往。自掘至运，及出舟，入厂，往返峙粮之具，约泥一斤，费钱十文。一瓦，约用泥一十五斤。一殿，计瓦三万。盖一瓦未见，而三四千缗立尽矣。役将半，琏以志事入山。见所治之瓦，已崇复钜，既圆且方。殿之脊，别治大瓦。其中刻划螭虯，禽鸟葩卉之属，精妙欲活。四周八隅，翚飞矢棘之区，各踞狮子镇天神于其端。威神生动，鉴明玉润。其工之巧，而成之难，如此。公忧工甫半，而资竭。陶人且言，冬可毕，春可盖，我辈悉力安心，以俟和尚大缘之至耳。公于是属予预为之记。遂叙述以遗公。使览者，知公用心之苦、成功之难，而敬佛如此其至也。"[1]

金陵明故宫龙纹瓦当皆为行龙（奔龙），而且以侧面龙样式出现，明代石雕和瓷器有正面龙纹，但是迄今未见明代有正面龙纹瓦当。因此，九龙殿的正面龙纹瓦当显然是清代之物（图11-13）。

---

[1]［民国］王亨彦辑：《普陀洛迦新志》卷七，第248—249页。

图11-11 鲍希曼1874年拍摄的九龙殿

图11-12 九龙殿金柱龙纹柱础

图 11-13　九龙殿龙纹琉璃构件

图 11-14　普陀山法雨寺九龙殿的藻井

中国古建筑往往在梁下用天花枋组成木框,目的是不露出建筑梁架,框内放置密且小的木方格,俗称"天花"。藻井是高级天花,一般用在殿堂明间正中,形式有矩形、八角、圆形、斗四、斗八等形式。九龙殿顶部内槽九龙藻井,原是南京明故宫之物。康熙三十八年从明故宫整体搬迁来。九条木雕金龙,一龙盘顶,八龙环八根重柱,古朴典雅。

按照北宋李诫《营造法式》的记载,斗拱属于一种大木作,但是在建筑物装修所用小斗拱则属于小木作。宋代以后小斗拱才开始用于藻井。元明时代在藻井上大量使用小斗拱,但斗拱挑檐功能逐渐弱化,逐渐演变成以装饰为主的构件。

元明时代藻井的最大的特点是,采用大量小斗拱作为装饰用在藻井里,其后又装饰各种花纹,藻井装饰性逐渐加强。不光是藻井上有这些小木作的装饰性东西,就是大殿承檐的大斗拱也比古代小得多,于是斗拱挑檐的功能减弱,而出檐变短了,不像早期斗拱那样出檐比较大,如山西代县元至正年建文庙大成殿三爪龙纹藻井。

北京故宫三大殿、天坛祈年殿装饰有明清皇家最高级别的藻井。其中太和殿蟠龙藻井最后一次重建于康熙年间,藻井内雕有一条俯首下视的巨龙,口衔银白宝珠,与大殿内巨柱上的金色蟠龙互相映衬。这座藻井位于大殿的正中央,共分上、中、下三层,上为圆井,下为方井,中为八角井。这种设计体现了中国传统文化"天圆地方"之说。普陀山法雨寺九龙藻井与北京故宫太和殿不同,按照古朴典雅的九龙戏珠图案雕刻,一条龙盘顶,八条龙环八根垂柱昂首飞舞而下,正中悬吊一盏琉璃灯,组成九龙戏珠的立体图案(图11-14),为我们研究金陵明故宫藻井提供了生动的第一手材料。

12

尚蒂伊的中国花园

随着中国经济的崛起，越来越多的中国游客飞往巴黎，或在香榭丽舍大街的名牌店疯狂购物，或到卢浮宫等博物馆欣赏西方古典艺术。一个朋友私下对我说：东西方游客逛巴黎，卢浮宫是必不可少的节目，主要看三个美人。通常用10分钟欣赏希腊美神维纳斯雕像，10分钟在希腊胜利女神雕像前合影留念，10分钟观赏意大利文艺复兴时期大画家达·芬奇的名作《蒙娜丽莎》，再用30分钟排队上厕所，一小时结束全部参观过程。对于中国人来说，巴黎其实还有许多地方值得一看。巴黎北郊尚蒂伊宫就有一座中国花园，见证了中华帝国昔日的辉煌与梦想。

早在13世纪，欧洲人就从《马可·波罗游记》一书了解到中国皇家园林艺术，这位意大利旅行家写道：南宋行在（今杭州）有"华丽宫殿，国王范福儿（Fanfur，波斯语"天子"）之居也。其先王围以高墙，周有十哩，内分三部，中部有一大门，由此而入……墙内余二部，有小林，有水泉，有果园，有兽圃、畜獐鹿、花鹿、野兔、家兔"。[1]不过，中国园林艺术对欧洲产生实质性影响，还是从18世纪初开始的。

明万历九年（1655年），意大利传教士卫匡国在阿姆斯特丹出版了他的名著《中华地图新集》(Novus Atlas Sinensis)。[2]关于紫禁城的花园，他在书中写道："有一条河引进皇宫，可以行舟，它在宫里分成许多小叉，既可交通，也可游乐，它们随着一些小山而曲折，小山在河的两侧，全由人工堆成。中国人堆山的奇技发展到极其精细的水平，山上按照特殊的规则种着树木和花卉；有人在花园里见到过非常奇特的假山。"[3]中国园林模仿自然，

---

[1]（法）沙海昂校注：《马可·波罗行纪》，冯承钧译，上海书店出版社，2001年重印本，第363—364页。
[2] 高泳源：《卫匡国（马尔蒂尼）的〈中国新图志〉》，《自然科学史研究》1982年第4期，第366—372页。
[3] 陈志华：《中国造园林艺术在欧洲的影响》，济南：山东画报出版社，2006年，第21—22页。

图12-1　巴黎北郊的尚蒂伊宫

图12-2　尚蒂伊王宫门前的青铜猎犬

图12-3 中国花园的假山

图12-4 英国17世纪画家笔下的中国水车

那些错落有致的小山、迂回盘绕的石径、蜿蜒曲折的小溪，与欧洲古典园林讲究对称、几何形布局、笔直的林荫道，形成鲜明对照。

在中国园林艺术影响下，自然风景花园首先在英国兴起，18世纪中叶逐渐取代古典主义园林在欧洲的统治地位。这种自然风景花园经英国人稍加改造，传入法国后，称作"中英花园"（Jardin Sino-Anglo）或"英中花园"（Jardin Anglo-Chinois）。由于这种花园的浓郁中国色彩，也有人径称"中国花园"（Jardin Chinois）。除了法国之外，这种中国色彩的自然风景花园相继传入德国、俄国乃至整个欧洲大陆，并与18世纪风靡法国、颇具中国色彩的罗可可艺术（Rococo Art）一起，在欧洲上流社会形成了一股追求东方时尚的"中国热"。

1840年，鸦片战争爆发，旧中国愚昧落后的一面在西方人面前暴露无遗。1748年，意大利那不勒斯发现庞贝遗址，至19世纪中叶这座罗马古城的神秘面纱被逐步揭开，从中发现了大批精美的古罗马艺术品。庞贝城的发现重新恢复了西方人对古典艺术的信心。新古典主义艺术在欧洲崛起，并迅速取代罗可可艺术，而西方大造中国花园之风亦戛然而止。19世纪以来，欧洲许多中国花园被拆毁，重新恢复成欧洲的古典主义花园。不过，仍有一些中国花园在欧洲一直保存下来，巴黎北郊的尚蒂伊宫就是突出一例。2009年春，我在法国高等实验学院讲学期间，专程到巴黎以北40公里的尚蒂伊小镇，寻访传说中的"中国花园"。

尚蒂伊宫地处巴黎北郊森林的西南缘，从巴黎的里昂火车站乘慢车1个小时，快车25分钟可达尚蒂伊小镇，再从火车站步行30分钟可达王宫所在地。尚蒂伊还是法国耶稣会的一个中心，许多欧洲耶稣会士都是从这里派往中国的。法国耶稣会士荣振华（Joseph Dehergne）1936年从法国前往中国，曾在上海天主教大学——震旦大学讲授历史和法文课，自1946年起任《震旦大学学报》学术干事，旅居中国长达15年，著有《中国的犹太人》一书。[1] 1951年回国后，他一直在尚蒂伊主持巴黎耶稣会档案馆工作。1974年以来，尚蒂伊耶稣会中心一共召开过七届国际汉学讨论会。由于人生地不熟，我和朋友叫了一辆出租车当向导。我们首先兴致勃勃地赶到耶稣会所在地——枫丹，不料大门紧闭。原来，在当今世界经济危机的大潮下，远离尘世的耶稣会也未能幸免。由于经济拮据，这处风景秀丽的花园式建筑已卖给私人，不再对外开放。我们只好改道去尚蒂伊宫，尽管耶稣会与王宫在火车站不同方向，但是两地之间实际上只有几分钟车程。

巴黎及附近王宫是外国游客们必不可少的参观项目，我的一个学生参观巴黎近郊凡尔赛宫时，据说排了4个多小时队，闭馆前1小时才进去，令人惊讶。我们到尚蒂伊宫

---

[1]（法）荣振华、李渡南等著：《中国的犹太人》，耿昇译，石家庄：大象出版社，2005年。

时,游客已在门口排起了长龙,好在我们只等了半个小时。从尚蒂伊宫大门口的游览指南上,可知这座王宫是17世纪末路易十四时代的孔蒂王子出资,凡尔赛宫设计者、法国建筑大师勒诺特设计的。在法国大革命期间,这座王宫一度遭到摧毁。1875—1885年奥诺雷·多梅为了保存欧马公爵,也就是国王路易之子亨利·奥尔良的画廊,在14世纪奥热蒙堡垒的基础上重新修建了王宫。1886年,欧马公爵将王宫及藏品全部捐赠给了法兰西学院。此后,尚蒂伊宫成为法国国家级博物馆之一,今称"孔蒂博物馆"。

欧洲王宫一般采用宫殿、花园、园林三位一体形式。尚蒂伊宫建在巴黎北郊一座大森林边缘地带,花园占地面积达7 800公顷,宫殿则建在花园的中心。如果说游王宫需要2小时,那么游览整个花园至少需要6小时。由于花园面积巨大,很少有人能够游遍整个花园。为此,管理者在王宫大门口安排了游览车,可以乘车游览花园各个角落。尚蒂伊宫门前有一对青铜猎犬,与意大利艺术大师郎世宁为圆明园大水法创作的十二生肖青铜兽如出一辙。

尚蒂伊皇家花园由三个颇具特色的主题花园组成,分别为17世纪落成的法兰西花园、18世纪末兴建的中国花园、19世纪初建成的英伦花园。法兰西花园与王宫相连,由凡尔赛宫设计者勒诺特亲自操刀,巧妙地将湖泊、河道、喷泉、树木与草坪融为一体。武则天的宠臣王𫓯宅在长安城太平坊曾经建过一个喷泉,《唐语林》记载:"宅内有自雨亭子,檐上飞流四注,当夏处之,凛若高秋,又有宝钿井栏,不知其价。"[1]《旧唐书·西域传下》记载:拂林国盛暑时,"引水潜流,上遍于屋宇……观者惟闻屋上泉鸣,俄见四檐飞溜,悬波如瀑,激气成凉风"。[2]据傅熹年考证,"自雨亭子传自拂林国,唐和西域、中亚交通频繁,服饰、器用、图案纹饰受自西域影响很多。自雨亭子之事说明建筑上也受影响"。[3]拂林国,即东罗马帝国。如果傅先生的推测是正确的,那么,唐长安城"自雨亭子"当即罗马人发明的人工喷泉(fountain)。

喷泉是欧洲人的一大发明,如法国凡尔赛宫和大运河之间的勒托喷泉。清代称喷泉为"水法"。圆明园大水法就是法国耶稣会士蒋友仁模仿欧洲喷泉设计监造的,而大水法的十二生肖青铜兽首则由意大利艺术家郎世宁主持设计。[4]除了圆明园之外,乾隆朝权臣和坤还在自己的官邸建过一座水法,为了掩人耳目,偷偷地建在室内,这座室内水法近年在和坤旧宅(今北京恭王府)发现。尚蒂伊宫的喷泉比较简单,没有任何雕塑装饰,

---

[1] [宋]王谠撰:《唐语林》,北京:中华书局,1987年,第498页。
[2] 《旧唐书·西戎传》,第5314页。
[3] 傅熹年主编:《中国古代建筑史》第二卷,北京:中国建筑工业出版社,2001年,第442页。
[4] (法)毕梅雪:《郎世宁与乾隆皇帝西洋楼的多学科研究》,《国立博物馆学报》1989年第4期,台北,第1—12页;《国立博物馆学报》1989年第5期,第1—16页。

图 12-5　中国花园的农舍和水车

图 12-6　尚蒂伊宫收藏的清代瓷器

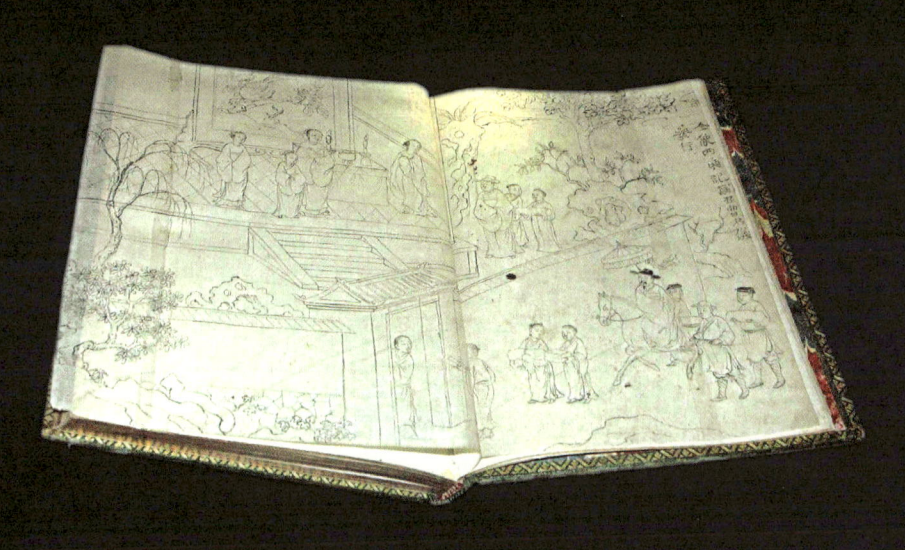

图 12-7　尚蒂伊宫图书馆藏《全像西厢记》清刻本

图 12-8　尚蒂伊宫的图书馆

只在喷水池旁陈设了一些古典艺术风格的大理石雕像。中国花园与法兰西花园相邻,标志性建筑是一座规模不大的假山,上面有石块砌筑的登山小路。假山前有一条蜿蜒曲折的小河,河边建茅草小屋。18世纪中国最大的对外开放口岸在广州,欧洲的中国花园实际上可能按照广东花园模式建造。清人俞洵庆《荷廊笔记》记载:"广州城外滨珠江之西,多隙地,富家大族及士大夫宦成而归者,皆于是处治广囿,营别墅,以为休息游宴之用。……其宏观巨构,独擅台榭水石之胜者,咸推潘氏园。园有一山,冈陂峻坦,松桧蓊蔚,石径一道可以拾级而登。"[1]尚蒂伊宫中国花园的假山,与俞洵庆所述清代广东花园如出一辙。

中国花园的水车似乎更能画龙点睛,说明这是中国农舍。水车是中国人发明的,自瓦特发明蒸汽机后,英国人似乎对机器最有兴趣。1793年马戛尔尼率领英国使团访华时,对中国水车感到十分新奇。英国使团翻译斯当东(G.T. Staunton)记录了中国水车的制作和工作流程。他在《英使谒见乾隆记实》中写道:"当地人创造了一个很巧妙的设计,用更经济的材料,有效地解决了问题。他们从河床到河岸牢牢地打下成行的硬木木桩,每排都是两根,向河岸垂直。在两根木桩上面,架上一个十英尺左右长的耐久的大轮轴。轮子包括两个大小不等的轮缘。靠近河岸的轮缘的直径比外缘的直径略短十五英寸。"[2]英国使团画师托马斯·希基(Thomas Hickey)还把这个水车画了下来,题为《瓜岛水车》。[3]中国花园农舍旁的水车,正是模仿中国水车设计制造的。

穿过尚蒂伊中国花园则进入英伦花园。花园中间是一座小湖,离岸边不远处建有一座英式小楼,楼前有几匹骏马在漫步;湖边有瀑布飞泻,湖中有白天鹅在水中嬉戏。显然,这座花园刻意模仿18世纪风靡英国的自然风景花园。

走进尚蒂伊宫,珠光宝气迎面扑来,金碧辉煌的豪华装潢,令人眩目。宫内卧房、会客厅、餐厅、书房极尽豪华;墙壁和天花板上装饰的世界名画、古典艺术风格的大理石雕像,鳞次栉比;各类高档家具、东西方名贵陶瓷餐具充斥其中。展柜内有名贵钻石,琳琅满目的珠宝首饰,伊斯兰艺术风格的玻璃器,中国、日本和西方的各类瓷器,古埃及文物乃至中国玉器等,可谓尽收天下宝物。宫内所藏世界名画和文物不亚于卢浮宫藏品,拿破仑时代大画家安格尔的名作《泉》就保存在尚蒂伊宫,这幅画从1820年开始直到1856年才最后完成,堪称安格尔毕生致力于美的结晶。虽是他晚年的作品,所绘裸体女性的美姿却超过了他以往所有同类作品。总之,尚蒂伊宫藏品的方方面面,无不显示王宫主人昔日的奢华

---

[1] 李天纲编译:《大清帝国城市印象》,上海古籍出版社,2002年,第202页。
[2] (英)斯当东:《英使谒见乾隆纪实》,叶笃义译,上海书店出版社,1997年,第483页。
[3] 李天纲编译,前揭书,第178—179页。

生活。

我们感兴趣的是尚蒂伊宫收藏的中国文物。在王宫正门内有两个藏宝柜,上层格子内有一件清代仿古玉觚(一种商代礼器),一件清代玉佛手,下层格子内陈设了许多明清时代官窑青花和粉彩瓷,甚至包括圆明园烧造的珐琅彩瓷。我们怀疑,这些中国文物可能是法国远征军当年从圆明园劫掠的战利品。在17世纪西欧上流社会,往往以拥有中国瓷器为荣,将之视为最高级的馈赠品,作为艺术欣赏的古玩,作为宗教寺庙和王室贵族宫廷的装饰品等等。中国瓷器对罗可可艺术风格产生过深刻的影响。[1]

尚蒂伊宫的图书馆有着丰富的藏书,顶天立地的书架上,大都是羊皮烫金书皮的西方典籍。不过,我们在一个展柜中看到一部印刷精良的《全像西厢记》(图12-7)。在西方羊皮书的汪洋大海中(图12-8),这部清刻本中国图书显得格外与众不同。结束尚蒂伊宫的游览后,我们找不到回火车站的出租车。当地的规矩是电话订车,由于路途太近,出租车司机都不肯来,只好步行到火车站。在一位好心的当地居民指点下,我们沿着一条笔直的林荫大道边走边看,不到半个小时就走到了火车站。途中经过一个活马博物馆和一个巨大的赛马场,不远处是一望无际的大森林,所以这里的空气格外清新。

我们到尚蒂伊那天是个星期六,路边停满了雷诺、奔驰、宝马和法拉利。从车牌号看,大部分是从巴黎来度假的,青年男女成双结对在林荫道上散步;法国年轻人相当浪漫,旁若无人地当街索吻;有的则拖家带口,身旁的小孩子在大草坪上追跑打闹,看样子是全家来度周末,尽情享受大自然赋予尚蒂伊的优美风景和清新空气。纵然尚蒂伊有着金碧辉煌的王宫,收藏了无数价值连城的世界级宝物,但是在我看来,它最美丽动人之处还是优美的自然环境。崇尚自然的中国园林艺术在这里大放异彩,吸引了无数游客前来度假或观光游览。无论如何,尚蒂伊之行为我在巴黎的学术访问留下了极其美好的回忆。

---

[1] 叶文程:《中国古外销瓷研究论文集》,北京:紫禁城出版社,1988年,第337页。

主题索引

A

阿巴斯大帝　129,181,185
阿巴斯港　66,188
阿丹国（亚丁）　116,117,176
阿尔布奎克（Afonso de Albuquerque）　46,80,81,87,176,181
阿拉伯（航海家）　2-5,15,22,24,39,45,58,61,66,79,116,118-121,123,128,132,137,143,176,177
阿拉伯史料　5
阿拉伯船（尖底船）（缝合木船）　5,45
阿拉伯半岛　2,8,66,117,176
阿拉伯语　22,24,28,58,115,118-120,136
阿拉伯文（美术字）　22,24,58-60,121,132
阿拉伯马　80,121,176
阿瑜陀耶（大城）（王朝）　84,85,125
埃及（金字塔）　1,32,34,40,52,181,193,220
安息（帕提亚）　4,52
安平　140,143,144
安南（越南）　17,25,33,34,41,79,97,143,177
奥斯曼帝国　15,28,29,36,129,181,185
澳门（大三巴）　2,26,43,46,79,81,84,85,87,97,98,100,101,111,121,124,125,128,137,146,148,153,160,171-173,175,177,181,185,191

B

八思巴文　22
八丹土塔　8,10
巴达维亚　133,135,137,146
巴生港（吉令港）　20
巴喇西国（波斯）　117,125
白羊王朝　125,128,132
白晋（Joachim Bouvet）　152
北挞（北鞑）　138
榜葛剌（孟加拉）　33,34,40,42,175
北部湾　122
宾坦岛　80,89
波斯（银盒）（王宫）（军队）　1-5,11,17,20,24,32,34,48,52,58,61,66,80,115,117,119-121,125,127-132,176,177,180,181,183,185,187,188
波斯文　16,22,24,32,58,60,66,118,127-129,131
波斯语　3,16,21,22,24,28,58,60,66,84,89,118,125,127,128,143,213
波斯风格　17,18
波斯细密画　15,17,29,30,48,60
波斯湾　2,5,11,33,66,67,115-117,120,129,176,177,180,181
玻璃（帕提亚）（伊斯兰）（盏）　4,6,17,38,125,127,196,220
浡泥（文莱）　20,25,33,41
鲍希曼　191-193,195,210

C

茶叶　12,13,17,98,177
茶弼沙国（拜占庭）　28

蔡老大　85,86
蔡迪　85
蔡金台　158,161,162,174
宣州（菲律宾）　4
长崎　12,101,141
刺桐（泉州）　8
朝鲜李朝　26
朝贡贸易　11,15,33,37,39,44,85,117,125,132

D

大澳（Tamão 屯门）　87,97,177
大玙（太监）　25
大航海时代　1,11,16,33,36,52,79,80,89,115,129,130,132,175,176,181
《大明混一图》　53,54,56-58,60,61,63,77,142
《大明东西洋海道图》《郑芝龙航海图》）　118,156
大铁锚（墓园）（双爪）（四爪）　11,14,79,81-83
大屿山（大蚝山大奚山）　41,43-46,87
达·伽马　1,11,36,37,41,47,48,80,121,175
玳瑁　3,20,46
典船校尉　3
东方新航线　1,37,40,43,47,79
东京湾　122
东山（文化）（商人）　2,20,39,40
东罗马帝国（拜占庭）　28,36,217
洞庭商帮　17,20

F

发现碑　80-83,87,88,90
法利亚（别琭佛哩）　84,98,100
番舶（蕃舶）　16,21,22,41,44,92,93,97,125,143,177
番禺　2,3,38
梵蒂冈　135,157
矾红瓷器　24,25

丰臣秀吉　56
菲律宾　4,15,17,18,36,41,48,49,51,79,138,148,149,152,181,184
菲鲁扎巴迪古城　180
飞剪式帆船　13
扶南（柬埔寨）　4
芙蓉手　185
福船　5
福建　2,5,11,12,16,17,20,37,40,49,52,56,58,68,81,84,85,97,105,108,109,116-118,124,133,135,137,141-143,145,146,148,149,153,177,184,190,207
浮梁（景德镇）　20,22,25,93
福摩萨（台湾）　124
富尔顿（Rober Fulton）　13
傅永纪　20
拂菻（拂林）　127,217
佛郎机　20-22,26,88,89,93,97,101,104,115,117,128,130,137,138,140,145,177

G

哥伦布　11,36,79,175
高丽　33,121,191
古里（科泽科德）　11,33,34,36,37,41,47-49,80,117,118,121,122,141,143,175,176,178,188
顾应祥　21,22,93,94
《古兰经》　22,24,32
官厂　11,34,37,116,175
广东（市舶司）　2,4,5,16,20,21,26,32,33,37-41,43-46,48,81,86-89,92-95,97,98,101,104,117,125,132,141,146,161,175,177,180,184,191,220
广州　2,3,5,8,11,13,14,21,26,37-40,42,43,45,49,69,81,87-89,92-94,98,101,117,120,123,124,135,146,175,177,191,220
《归汾图》　77,78
郭巨（郭瞿）　98,105,109,112,177

果阿 46,80,121,176

H

海权 1,12,13,141,177

海路 4,16,26,29,38,39,89,115-117,125

海南岛 2,3,45,122,148

海运仓遗址 9

海印寺 168-171,174,205

海闸门 104,109,111

海禁 11,12,33,34,85,98,104,177,184,190

航海罗盘 5,149,151

航海标柱 80

汉武帝 2,3

杭州三司 72,73,76,77

鹤秣城 66

合浦 2,3

好望角 1,13,36,79,80,120,121,175

化人 137,138,140,145,153,155,161

华夷图 61

怀远驿 22,37,39,93

何良俊 67,72-74

河西回回

荷兰(和兰) 1,12,115,121,124,130,133,135,137,138,141,145,146,149,152,153,155,156,159-161,181,184,185

胡黑丹 125,127,128

黄门 3,4

《混一疆理历代国都之图》 55,56,60,61,142

黄支国(康奇普拉姆) 2,3

红毛番 117,138,145

弘治窑青花 17,19,29,41,47-49,176

红绿彩瓷 32,46,177,182

火者亚三 20,21,89,93-95

火者哈桑 89

回回字(回回文) 16,22-24,31

回回图子 66

回青 25,26,32

会同馆 29,93,94

忽鲁谟斯(忽鲁谟厮,忽鲁没思,霍尔木兹) 11,34,56,116-118,125,143,175-188

霍尔木兹(旧港,今米纳布) 11,34,56,66,116,125,129,181,188

J

基督徒 24,36,175

机郎佛国(佛郎机国) 20,22,93,104

吉零国 20,125

吉令港 20,21

吉大港 33,34,175

计里画方 53

鲫屿(积峙村) 112,113

嘉峪关 29,75-78,118

加必丹末(甲比单末) 21,89,93

加兹温尼 58-60

加隆岛 66

建水青花 26

建安(福州) 3,181

交趾刺史部 2

交州 2,4

交广 4

焦点透视法 162

教皇子午线 79

江彬 21,89,93,95

金陵明故宫(藻井) 190,207-209,212

金叶表文 16

金士衡 56,61

京畿道广州官窑 26

京杭大运河 165

景教徒 36,175

景德镇 15-17,20,22,23,25,26,29,32,34-37,41,43-49,51,52,89,92-95,98-101,109,110,115,117,128-130,132,176,177,179,180,182-188

景德镇瓷器消费市场 16,37,176

净海寺(静海寺) 65

九龙殿 190,193,201,204,208-212

九真 2,3
君士坦丁堡（伊斯坦布尔） 28,29,32,34,36,185

K

勘合 16,26,33,49
勘合贸易 33,49
堪舆罗盘 5
康泰 4
克鲁扎多 40,98
克拉克瓷 181,184-188
葵涌 45,88

L

喇哒 84,85
剌那麻 58,118
浪白（珠海） 87
郎世宁 160,161,173,217
李贽 11
李泽民（李汝霖） 56,58,60,61,63,77
利纳沉船（Lena Cargo） 17,18,41,48
《历代宝案》 85,86
里斯本 29,36,47,48,52,80,121,128,175,185,190
利玛窦（墓园） 138,140,149,157,159,160,162-165,171-174
利纳沉船 17,18,41,48
林邑（越南） 4
凌濛初 20
岭南 2,46
六国码头 9
六横岛 97,98,101,103-105,108,109,111-114,128,177,180,190
料罗湾大捷 12,145,149,156
琉球（小琉球） 33,37,84,85,100,120,121,123,124,126,143,152,153
刘家港（娄江港） 9,11,63,115-117
龙溪 40,117,143

楼船将军 2
《罗德里格斯海图》 121-124
罗杰图板 66,119
罗洪先 56,60,61,143
鲁迷国（芦眉） 28,29
隆庆开关 12,133,190
吕宋（王城） 45,81,133,136,138,140,144,145,181,184
轮船 13

M

马戛尔尼 191,192,220
马汉（Alfred T. Mahan） 1,12,13
《马可·波罗游记》 36,79,213
马六甲（满剌加） 12,20,26,28,33,36,37,41,46,52,79-81,84-87,89,100,105,107,115,117,121,124,128,132,149,152,175,177,181
马鲁古群岛（香料群岛） 133,138
马木鲁克苏丹 40
蛮夷贾船 3,5
麻林迪 34-36,41,48,80,121
满剌加（马六甲）（使团）（王宫） 20,21,25,26,33,34,38-41,45,46,49,52,80,81,84,85,88,89,93,95,97,104,105,115,117,175-177
麦加（朝觐） 39,65,115-117
茅元仪 63-65,109,116
茅坤 65
《蒙古山水地图》 53,61,66,72,76-78
贸易中心 25,45,46,80,81,98,121,128,140,176,177,184,190
孟加拉（银币） 33,34,40,42,175
美洲白银 12,133
明朝皇家艺术 15,29
明武宗 22,44,46,205
明代四爪大铁锚 11,14,81
明代沉船 17,34,36,41,49,51

摩尔人　36,49,79
默伽（麦加）　117
穆斯林（海商）（工匠）（商人）　15-17,20-22,24,28,29,33,37,40,48,49,52,66,89,115,119,120,132,165
穆斯林国家君主　37

N

南海（郡）（贡道）　2-4,8,16,25,33,34,38,40,61,66,81,98,105,122,125,140,141,143,144,147,148,177,181,189,200,203-205
南越国　2,3
南越王墓　2,3
《南枢志》　64,65,77
南头（寨）　45,46,87,88
南蛮屏风画　101,102
南蛮贸易　101
尼坎姆（A. Neckman）　5
尼阁老（Giovanni Niccolo）　171-173
倪雅谷（Jacques Niva）　171-174
宁诚　89,93-95
宁波　37,79,97,98,101,105,111,177,191,195

O

欧维士（Jorge Alveres）　86-88,90,123
欧洲定制瓷　95
偶像崇拜　22

P

帕塔林　85
帕提亚（安息）　4,6
怕鲁湾（怕六湾）　38
平托（Fernão M. Pinto）　98,101,105,108,177
屏风画　157,161-164
葡萄牙　1,20,26,28,33,36,37,40,43,45-49,52,66,79-89,91-95,97-101,104,105,107-109,112,115,117,120-125,128-130,132,136-138,140,141,145,146,149,153,156,175-178,180,181,184,185,188,190
葡萄牙钱币　88,92,93,98
葡萄牙式双爪大铁锚
葡萄牙使团　20-22,89,94
葡萄牙大黑船　102
葡萄牙城堡　176,180
普陀山　109,189-201,204-209,211,212

Q

清代海关的前身　184
清真寺　22,28,80,185
清真言　22
青绿山水画　53,56,61,68,77,157,174
牵星术　4,119,120
契丹　36,165,175
泉州（刺桐）（海商）　5,7-9,11,12,37,56,85,115,117,118,120,130,133,136,140,143,144,146,147,153
权近　56,58

R

日本　9,12-14,29,33,37,55,56,60,66,69,73,79,84,85,97,98,100-102,104,112,116,124,129,140-143,145,146,148,149,152,156,161,171-173,177,180,181,185,190,191,193,195,196,220
日南郡　2
日落国　28,66

S

萨珊波斯　4
萨菲王朝　181,185
撒马儿罕　15,24,37-39
三保庙　81
三洲　87,97
桑托斯宫　29,47,48,50,129,131

227

色目婢女　11

尚蒂伊　172-174,213,214,216-221

上川岛　32,46,87-90,94,95,97,109,177,180

《声教广被图》(《声教被化图》)　56,58,61,63,77

沙勿略墓园　87

圣保罗教堂　80,105,107

圣母教堂　108

圣经故事图　162

圣迭戈号沉船　184

升龙(越南河内)　122

世界地图集　66,153

已程不国(Serendiva,斯里兰卡)

私诃条国(斯里兰卡)　4

斯里兰卡　3,4,125

丝绸之路(中间商)(通商用语)　1,2,5,15,16,29,40,77,79,81,116,117,125,127,136,193

四夷馆　21,171

粟特　15,52,125

苏州　4,9,63,68,72,74,76,119,120,132,197,208

苏门达腊(苏门答剌)　25,26,28

苏麻离青(苏渤泥青)　25

苏伊士运河　13

素可泰陶瓷　17,34,130

苏禄国　33

宋元工笔画　17,48

索非亚大教堂　28

食人番　140

施琅　146,148,152,153

施世骠　148,149,152,153,156

狮子　31,32,36,38,44,46,116,129,208,209

市舶司　9,37-40,44,46,94,95

汕头器　181

沈福宗　135,136

双屿(Liampo)　96-101,103-105,108,109,111-114,128,129,177,180,190

双屿门　109,110

水精碗　4

水密隔仓　5

水车　215,218,220

T

塔里牙(鸦片)　128

泰加勒沉船　5

台湾　4,9,12,46,65,85,92,97,117,124,137,141,145,146,148,153,171,177,197

太仓港　9

唐荣　85

天堂(麦加)　116,117

天方国　24,39,117

天主教(教堂)(圣像)　12,33,52,108,135,146,164,172,216

天主教徒墓碑　107

天妃宫(妈祖庙)　65,108-110,116,180

通事(翻译)　20-22,41,93,94

通惠河　165

吐鲁番　24

土青　26,43

土耳其　28,32,34,60,92,117,129,181,185

土库曼人　129,181

屯门岛(Tamão)　45,46,84,87,88,97,123

屯门澳　45,46,81,88

托尔德西里亚斯条约　79

托普卡比宫　29-32,34,37,48,91,92,117,185

W

万老高　137,138,153,155

万丹　133,135,146

万里石塘　122,123

汪鋐　21,93,97,177

汪大渊　8,116,122

王直　71,73,100,104

威尼斯(银币)(画家)　34,36,40,42,48,79,81,175,181

威尼斯总督府壁画　181,183
威廉姆森（收集品）　11,176,177,180,184,185
文莱　15,41,79,148,149,152,190
文徵明　72-74,76
文若虚　20
文禄之役　56
倭寇　9,73,74,190
梧屿　93,98,115,117,130,140,143
乌蛮驿　29,30
吴国造船业　4
吴门（苏州）　56,61,63,67,68,72-74,77,138
吴门画派　61,68,72-74
倭寇　9,73,74,190

X

西班牙　1,12,28,36,66,79,93,137,138,140,141,145,146,149,153,155,156,164,175,181,184,190
西澜（锡兰山）　125
西域　5,25,28,29,33,38,39,61,64,75,116-118,143,169,180,189,217
西域贡道　25,29,33,38
《西域土地人物图》　76
西洋（图像）（美术学校）　11,13,33,34,36,37,40,45,49,53,60,63-65,85,104,109,116-118,120,122,130,132,133,136-138,140,143,145-149,152,153,156,157,159,161,162,164,171-173,175,177,184,190,217
西南夷　2,44,141,142
西文山异域风格的浮雕石碑　106
锡兰山　33
锡兰山布施碑　16
下港　133
下海通番　11,15,16,38,49,132
暹罗（泰国）（商船）　16,33,34,37,41,44-46,79,84,88,89,100,120,125,128,130,132,133,148,152,184

巽他国（发现碑）　81
香山（千户所）　16,69
香港竹篙湾　17,19,26,32,35,36,41,46,48,49,52,81,88
香料　36,37,44,79-81,100,121,133,175-177,184
香料群岛　120,121,133,138
行在　65,205,213
谢环（谢廷询、谢庭循）　68,69,71,72,77
谢时臣　72-74,76,77
新加坡海峡　80
叙利亚　15,17,19,29,48,185
《雪尔登中国地图》　115,117,133-136,138-147,149,153
宣德号沉船　128-131

Y

鸦片　13,128
鸦片战争　13,104,216
哑齐（亚齐）　26,28,117
杨士奇　69,71,72,77
杨枝观音碑　195,196,198
耶稣会　8,129-131,135,148,157,171-174,216,217
伊本·白图泰　8
伊本·马基德　36,80,121
伊利汗国　58
伊万里窑　185
伊斯兰风格　15,17,22,32,48,101,130
伊斯兰教　15,22,24,32,115,121
伊斯兰文化　22,48
伊斯兰地图　58,60,77,119
伊斯坦布尔城　28,29,32,34,36
伊斯法罕　129,181,184-187
伊第利斯（《方形世界地图》）　66,119,121
亦思巴奚战乱　9
夷州（台湾）　4
《舆地图》　56,57,60,61

229

银锭桥　164-170,174

印度　1-6,8,10,11,26,33,34,36,46,48,49,
　　56,66,79-81,84,98,107,116,121,123,124,
　　128,133,135,137,141,145,146,148,149,
　　151,153,165,175-177,181,189,192

印度洋　3-5,8,11,12,14,34,36-38,60,63,
　　79,81,115,120,121,130,132,133,141-144,
　　149,176,177,185

御窑厂　22,23,25,26,29,37,101

御河（玉河）　165

越南　2,4,41,122,148,149

云南　25,26,28,34,39,65,115,116,135,197,
　　200

元代海舶　8

元代地理学　53

元宫内府　53,61

Z

占城　20,33,37,41,117,143,152,184

瞻思　61

谌离国（克拉地峡）　2

张士诚　8,9,11,68

漳州　15,16,40,41,45,84,93,97,116,117,
　　138,140,177,184,190

漳州窑　109,110,181,184

自雨亭子（喷泉）　217

真腊（柬埔寨）　33,143

郑和下西洋　11-13,15,26,33,34,37,38,65,
　　66,81,120,132,143,149,176

《郑和航海图》（《郑和出使水程》）　20,21,34,
　　53,63-68,72,77,109-111,116,132,143,
　　148,175

涨海（南海）　123

浙江　4,9,15,28,37,57,58,68,73,97,98,
　　100,101,103,104,111,112,116-118,142,
　　177,180,189,191,193,195,200,204,208

郑芝龙（一官）　12,14,117,133,140-146,148,
　　149,152,153,156

《郑芝龙航海图》　117,123,141,146,148,149,
　　151-153,155

郑成功（别号国姓爷）　12,138,145,146,148

正德窑青花　22,26,27,32,35,91-94

指南针　5

种子岛　100

中国城堡（中国花园）　178,213,215-218,220

中国大陆海岸线　2

中国帆船（中国式帆船）　13,84,146

中国园林艺术　213,216,221

重农抑商　2,12

朱纨　33,98,100,101,105,108,112,113

朱思本　56,60,61,143

朱元璋　9,11,33,61,63,68,190

珠崖（海南岛）　2

珠江口　16,44-46,81,87,88,123,177

周位（周玄素）　62,63,77

舟山　73,97,98,101,103,104,108,112,128,
　　177,189-192

爪哇　9,16,26,33,37,46,49,56,81,85,89,
　　120-122,132,133,146

爪哇语　121

参考文献目录

古　籍

［明］佚名:《两种海道针经》,向达点校,中华书局,1961。
［清宣统］佚名:《香山县乡土志》,中山市地方志编纂委员会办公室影印本,1988。
（葡）佚名:《葡萄牙人发现和征服印度纪事（手稿）》,杨平译,《文化杂志》(澳门)1997年夏季号,第17—18页。

B

［汉］班固:《汉书》,中华书局,1975。
［元］勃兰肹等:《元一统志》,赵万里校辑,中华书局,1966。
（英）博克舍（Charles R. Boxer）编注:《十六世纪中国南部行纪》,何高济译,中华书局,1990。

C

［晋］陈寿:《三国志》,中华书局,1975。
［清］陈锳等编修:《海澄县志》,载《中国方志丛书》第92册,台北成文出版社,1968。
［明］陈文辅:《都宪汪公遗爱祠记》,载［清］舒懋官、王崇熙编修:《新安县志》卷二三,清嘉庆二十四年刊本,第6—7页。
［明］程君房:《程氏墨苑》,载《四库全书存目丛书·子部·谱录类》79册,齐鲁书社,1995。
（朝）成伣:《慵斋丛话》,载陈满铭编:《韩国汉籍民俗丛书》第3册,台北万卷楼图书股份有限公司,2012。

D

［唐］杜佑:《通典》卷一九一《边防典》,上海商务印书馆,1935。

F

［晋］法显:《法显传校注》,章巽校注,上海古籍出版社,1985。
［明］范景文编:《南枢志》,载《中国方志丛书·华东地方》第453种,台北成文出版社,1983。
［清］傅维鳞:《明书》,载《四库全书存目丛书·史部》第40册,齐鲁书社,1996。

G

［晋］葛洪:《抱朴子内外篇校释》增订本,王明校释,中华书局,1986。

［清］高士奇:《江邨销夏录》,台北汉华文化事业股份有限公司,1971,第446—447页。
［明］高濂:《遵生八笺》,载《四库全书珍本九集》卷一四,第13册,上海商务印书馆,1935。
［清］顾祖禹:《读史方舆纪要》,中华书局,2005。
［明］顾炎武:《天下郡国利病书》,载《续修四库全书》,上海古籍出版社,2013。
［明］顾应祥:《静虚斋惜阴录》,载北京图书馆古籍编辑组编:《北京图书馆古籍珍本丛刊》第64册,书目文献出版社,1987。

H

［清］郝玉麟等监修:《福建通志》,载《景印文渊阁四库全书》第530册,台北商务印书馆,1986。
［明］何乔远:《闽书》,厦门大学古籍整理研究所历史系古籍整理研究室点校,福建人民出版社,1995。
［明］何良俊:《四友斋丛说》卷三八《四友斋画论》,载《四库全书存目丛书·子部》第103册,齐鲁书社,1995。
［清］黄虞稷:《千顷堂书目》,瞿凤起、潘景郑整理,上海古籍出版社,2001。
［明］黄瑜:《双槐岁抄》,中华书局,1999。
［明］黄省曾:《西洋朝贡典录校注》,谢方校注,中华书局,1991。
［清］黄可垂:《吕宋纪略》,载［清］王大海编《海岛逸志》,姚楠、吴琅璇校注,香港学津书店,1992。
［明］侯继高:《游补陀洛迦山记》,载［民国］王亨彦辑《普陀洛迦新志》卷二,《中国佛寺史志汇刊》第1册,台北明文书局,1980。

J

［清］嵇璜、刘墉等:《续通典》,纪昀等校订,浙江古籍出版社,2000。
［清］计六奇:《明季南略》,上海商务印书馆,1936。
［清］计六奇:《明季北略》,中华书局,1984。
［清］江日昇:《台湾外记》,福建人民出版社,1983。
［明］姜绍书:《无声诗史　韵石斋笔谈》,印晓峰点校,华东师范大学出版社,2009。
［明］蒋一葵:《长安客话》,北京古籍出版社,1960。
［明］蒋一葵:《尧山堂外纪》,载《四库全书存目丛书·子部》第148册,齐鲁书社,1995。

L

［清］蓝鼎元:《平台纪略》清雍正元年刊本,中华书局,1991。
［明］郎瑛:《七修类稿》,上海书店出版社,2009。
［清］勒德洪等:《大清历朝实录》,中华书局,1985—1987。
［明］李东阳等:《大明会典》,载《续修四库全书》卷七九一《史部·政书类》卷一一二,上海古籍出版社,2002。
［明］李东阳:《李东阳集》,岳麓书社,1984,第421—422页。
［明］李东阳:《怀麓堂集》卷三二《南隐楼记》,载［清］于敏中等辑:《摛藻堂四库全书荟要·集部》第64册,台北世界书局影印,1985。

[明]李东阳:《怀麓堂集》,上海古籍出版社,1991。
[明]李光缙:《景璧集》,江苏广陵古籍刻印社,1996。
[明]李开先:《中麓画品》,载王伯敏、任道斌编:《画学集成》,河北美术出版社,2002。
[明]李鳞:《跋周东村长江万里图后》,载[明]唐顺之:《荆川先生文集》卷十七,上海涵芬楼藏明万历刊本,载张元济等编:《四部丛刊初编》第1590册,上海商务印书馆,1919,第23页。
[明]李日华:《味水轩日记》,屠友祥校注,上海远东出版社,1996。
[明]李贤等:《大明一统志》,三秦出版社,1990。
[明]凌濛初:《初刻拍案惊奇》,天津古籍出版社,2004。
[明]刘侗、于奕正:《帝京景物略》,北京古籍出版社,1983。
[后晋]刘昫等:《旧唐书》,中华书局,1975。
[明清]琉球国史官编:《历代宝案》第一集,台湾大学影印本,1972。
[清]刘献廷:《广阳杂记》,汪北平、夏志和点校,中华书局,1957。
[明]罗洪先:《念庵集》卷十《跋九边图》,载《文澜阁四库全书》,杭州出版社,2006。

M

[明]马欢:《瀛涯胜览校注》,冯承钧校注,上海商务印书馆,1935(中华书局,1955重印)。
[明]茅元仪编:《郑和航海图》,向达整理,中华书局,1961。

N

[明]倪岳:《青溪漫稿》,载《四库明人文集丛刊》,上海古籍出版社,1991。

O

[元]欧阳玄、王沂、杨宗瑞等:《金史》,中华书局,1975。

P

(西)帕莱福(Juan de Palafoxy Mendoza)等:《鞑靼征服中国史》,何高济译,中华书局,2008。
(葡)皮列士(Tomé Pires):《东方志:从红海到中国》,何高济译,江苏教育出版社,2005。
(葡)平托(Fernão M. Pinto):《远游记》,金国平译,葡萄牙大发现纪念澳门地区委员会等,1999。

Q

[清]钱谦益:《列朝诗集小传》,上海古籍出版社,1983。
[清]屈大均:《广东新语》,中华书局,1985。

S

(法)沙海昂(A.J.H. Charignon)校注:《马可·波罗行纪》,冯承钧译,上海商务印书馆,1936(上海书店出版社,2001重印)。
[明]沈德符:《万历野获编》,中华书局,1959。
[明]沈榜:《宛署杂记》,北京古籍出版社,1983再版。

［清］史澄：《光绪广州府志》，载《中国方志丛书》第一号，《广东省广州府志》第2册，台北成文出版社，1966。

［明］释明河：《补续高僧传》，载《续修四库全书·子部·宗教类》第1283册，上海古籍出版社，1991。

［明］慎懋赏：《四夷广记》，载郑振铎辑：《玄览堂丛书续集》，国立中央图书馆，1947。

［汉］司马迁：《史记·西南夷列传》，中华书局，1972，第2993—2994页。

（英）斯当东（George T. Staunton）：《英使谒见乾隆纪实》，叶笃义译，上海书店出版社，1997。

（阿拉伯）苏莱曼、艾布·载德、哈桑·西拉菲：《中国印度见闻录》，穆根来等译，中华书局，1983。

［明］宋濂等撰：《元史》，中华书局，1976。

［明］宋应星：《天工开物》，中国社会出版社，2004。

T

［清］谈迁：《国榷》，张宗祥校点，北京古籍出版社，1958。

W

［东吴］万震：《南州异物志》，载［宋］李昉：《太平御览》卷八〇八《珍宝部七》引，中华书局，1960，第3591页下。

［元］汪大渊：《岛夷志略校释》，苏继庼校释，中华书局，1981。

［宋］王谠：《唐语林》，中华书局，1987。

［明］王宠：《雅宜山人集》，载《四库全书存目丛书·集部》第79册，齐鲁书社，1997，第23—24页。

［明］王圻：《续文献通考》，载《四库全书存目丛书·子部》第185册，齐鲁书社，1997。

［元］王士点、商企翁编次：《秘书监志》，高荣盛点校，浙江古籍出版社，1992。

［明］王世懋：《窥天外乘》，载王云五主编：《丛书集成初编》第2810—2811册，上海商务印书馆，1937。

［明］文震亨：《福王登极实录》，载由缪等主编：《中国野史集成》第33册，巴蜀书社，1993。

［明］吴朴：《渡海方程》，收入［明］董谷编：《碧里杂存》卷下，载樊维城辑：《盐邑志林》第十七册，上海商务印书馆，1937，第93—96页。

［清］吴长元辑：《宸垣识略》，北京古籍出版社，1983。

［元］乌斯道：《春草斋文集》，载《景印文渊阁四库全书·集部六·别集类五》第1232册，台北商务印书馆，1983—1986。

X

［明］谢肇淛：《五杂俎》，上海书店出版社，2001年。

［明］谢廷杰：《两浙海防类考》，上海图书馆藏万历三年刻本。

［清］谢旻等监修：《江西通志》，载《景印文渊阁四库全书》第515册，台北商务印书馆，1983。

［元］熊梦祥：《析津志辑佚》，北京图书馆善本组辑，北京古籍出版社，1983。

［唐］玄奘、辨机：《大唐西域记校注》，季羡林等校注，中华书局，1985。

Y

［明］严从简：《殊域周咨录》，余思黎点校，中华书局，1993。

［明］叶盛：《水东日记》，魏中平校点，中华书局，1980。

（摩洛哥）伊本·白图泰：《伊本·白图泰游记》，马金鹏译，宁夏人民出版社，1985。

［唐］义净：《大唐西域求法高僧传校注》，王邦维校注，中华书局，1988。

［清］印光任、张汝霖：《澳门纪略》，上海古籍出版社，1990。

［清］英廉等：《日下旧闻考》卷九十七《郊坰西七》，北京古籍出版社，1983。

［明］应槚、刘尧海等：《苍梧总督军门志》，台北学生书局，1970（全国图书缩微复制中心，1991重印）。

［明］俞汝楫：《礼部志稿》，载《景印文渊阁四库全书》第598册，台北商务印书馆，1983。

Z

［明］湛若水：《甘泉先生文集》，北京大学图书馆藏明嘉靖十五年刻本，第7—8页。

［清］张廷玉等：《明史》，中华书局，1977。

［明］张辅、杨士奇等：《明实录》，黄彰健等校勘，中研院历史语言研究所校印，1962。

［明］郑若曾：《筹海图编》，李致忠点校，中华书局，2007。

［明］郑舜功：《日本一鉴》明抄本，民国二十八年影印。

［南明］郑大郁：《经国雄略》，载哈佛大学哈佛燕京图书馆编：《美国哈佛大学哈佛燕京图书馆藏中文善本汇刊19》，收入《中国古籍海外珍本丛刊》，商务印书馆/广西师范大学出版社，2003。

［民国］赵尔巽等：《清史稿》，中华书局，1977。

［明］周应宾：《重修普陀山志》万历三十五年刻本，载《中国佛寺史志汇刊》第9册第1辑，台北明文书局，1980。

［清］周学曾等：《晋江县志》，福建人民出版社，1990。

［明］祝允明：《野记》，上海商务印书馆，1936。

［明］朱纨：《甓余集》，载陈子龙等选辑：《明经世文编》第205卷，中华书局，1962。

［明］朱纨：《甓余杂集》，载汤开建主编：《明清时期澳门问题档案文献汇编》第5卷，人民出版社，1999。

［元］朱思本撰，［明］罗洪先、胡松增补：《广舆图》，载《续修四库全书》第586册，上海古籍出版社，2002，第412—528页。

［明］朱谋垔：《画史会要》，载徐娟主编：《中国历代书画艺术论著丛编》第1册，中国大百科全书出版社，1997。

［明］邹维琏：《达观楼集》卷一八《奉剿红夷报捷疏》，载《四库全书存目丛书·集部》第183册，齐鲁书社，1997。

中文论著

A

（土耳其）爱赛·郁秋克主编：《伊斯坦布尔的中国宝藏》，欧凯译，伊斯坦布尔：阿帕设计出版印刷公司，2001。

（意）白蒂（Patrizia Carioti）：《远东国际舞台上的风云人物——郑成功》，庄国土等译，广西人民出版社，1997。

（新西兰）安东尼·里德（Anthony Reid）：《1400—1650年贸易时代的东南亚》（一），钱江译，《南洋资料译丛》2008年第1期，第47—63页。

（新西兰）安东尼·瑞德：《东南亚的贸易时代：1450—1680年》第二卷，商务印书馆，2010。

北京市文物研究所等：《北京玉河——2007年度考古发掘报告》，科学出版社，2008。

北京大学考古文博学院、江西省文物考古研究所、景德镇市陶瓷考古研究所：《江西景德镇观音阁明代窑址发掘简报》，《文物》2009年第12期，第39—57页。

贝逸文：《论普陀山南海观音之形成》，《浙江海洋学院学报》2003年第3期，第26—31页转76页。

（法）毕梅雪（Michéle Pirazzoli-t'Serstevens）：《郎世宁与乾隆皇帝西洋楼的多学科研究》，《国立博物馆学报》（台北）1989年第4期，第1—12页；《国立博物馆学报》（台北）1989年第5期，第1—16页。

（法）毕梅雪：《哈伊马角酋长国朱尔法古城遗址出土的远东陶瓷（十四—十六世纪）及其作为断代、经济与文化发展的标志》，赵冰等译，《历史、考古与社会——中法学术系列讲座》第4号（法国远东学院北京中心，2003），第3—12页。

（英）博克瑟（Charles R. Boxer）：《郑芝龙（尼古拉·一官）兴衰记》，松仪摘译，《中国史研究动态》1984年第3期，第14—21页。

（法）伯希和（Paul Pelliot）：《利玛窦时代传入中国的欧洲绘画与版刻》，李华川译，《中华读书报》2002年11月6日。

（荷）包乐史（Leonard Blussé）：《荷兰东印度公司时期中国对巴达维亚的贸易》，温广益译，《南洋资料译丛》1984年第4期，第69页。

C

曹建文：《克拉克瓷器在景德镇窑址的发现》，张之铸主编：《中国当代文博论著精编》，文物出版社，2006，第430页。

陈方主编：《南头风物》，海天出版社，1990。

陈覆生：《纪功与记事：明人〈抗倭图卷〉研究》，《中国国家历史博物馆馆刊》2012年第2期，第8—33页。

陈得芝：《〈混一疆理历代国都之图〉西域地名考释》，刘迎胜主编《〈大明混一图〉与〈混一疆理图〉研究——中古时代后期东亚的寰宇图与世界地理知识》，凤凰出版集团，2010，第6—7页。

陈高华：《元代泉州舶商》，载《陈高华文集》，上海辞书出版社，2005，第543—545页。

陈高华：《元代泉州的舶商》，载《陈高华文集》，上海辞书出版社，2005，第543—545页。

陈佳荣、谢方、陆峻岭编《古代南海地名汇释》，中华书局，1986。

陈佳荣：《清浚元图记录泉州对伊斯兰地区的交通》，《海交史研究》2009年第1期，第27—33页。

陈佳荣：《现存最详尽、准确的元朝疆里总图——清浚〈广轮疆里图〉略析》，《海交史研究》2009年第2期，第1—30页。

陈佳荣：《新近发现的〈明代东西洋航海图〉编绘时间、特色及海外交通地名略析》，《海交史研究》2011年第2期，第52—66页。

陈擎光：《从宗教性纹饰探讨十七至十八世纪中国贸易瓷供需之问题》，《中国古代贸易瓷国际学术讨论会论文集》，台北历史博物馆，1994。

陈泗东:《李贽的家世、故居及其妻墓碑——介绍新发现的有关李贽的文物》,《文物》1975年第1期,第34—43页。

陈志华:《中国造园林艺术在欧洲的影响》,山东画报出版社,2006。

陈自强:《论吴朴的海洋意识》,《漳州师范学院学报》2008年第3期,第112—116页。

陈宗仁:《Lequeo Pequeño 与 Formosa——十六世纪欧洲绘制地图对台湾海域的描绘及其转变》,《台大历史学报》第41期,2008年,第109—164页。

崔福元:《近代非洲沿海的航海标柱》,《航海》2003年第1期,第20—21页转第19页。

D

邓之诚:《骨董琐记全编》,邓珂点校,北京出版社,1996。

F

(美)范岱克(Paul A. van Dyke):《荷兰东印度公司在1630年代东亚的亚洲区间贸易中成为具有竞争力的原因与经过》,查忻译,《暨南史学》第三辑,暨南大学出版社,2000,第123—144页。

范金民、夏爱军:《洞庭商帮》,黄山书社,2005。

范金民:《郑和〈娄东刘家港天妃宫石刻通番事迹记〉校读》,朱诚如、王天有编:《明清论丛》第10辑,紫禁城出版社,2010,第337—845页。

方豪:《十六世纪浙江国际贸易港 Liampo 考》,载《方豪六十自定稿》上册,台北学生书局,1969,第91—121页。

方豪:《中国天主教史人物传》,中华书局重印本,1988。

费慧茂辑:《历朝名画观音宝相》,上海净缘社,1940。

(法)费琅(G. Fernand):《阿拉伯波斯突厥人东方文献辑注》,耿昇、穆根来译,中华书局,1989。

(意)菲立普·米尼尼(Filippo Mignini)等编:《利玛窦——明末中西科学技术文化交融的使者》,首都博物馆,2010,第224页。

冯明珠主编:《经纬天下:饭冢一教授捐赠古地图展》,台北故宫博物院,2005。

冯鹏生:《中国书画装裱技法》,北京工艺美术出版社,2003。

福建省博物馆:《漳州窑》,福建人民出版社,1997。

福建省泉州海外交通史博物馆:《泉州湾宋代海船发掘与研究》,海洋出版社,1987。

傅衣凌:《明清时代商人及商业资本》,人民出版社,1956。

傅熹年主编:《中国古代建筑史》第二卷,中国建筑工业出版社,2001。

付阳华:《中国画"渊明逸致图"的渐次丰满》,《文艺研究》2006年第9期,第131—138页。

(美)弗兰克(Andre G. Frank):《白银资本》,刘北城译,中央编译出版社,2000。

G

(英)甘淑美(Teresa Canepa):《葡萄牙的漳州窑贸易》,《福建文博》2010年第3期,第63页。

(英)甘淑美:《十六世纪晚期和十七世纪早期葡萄牙和西班牙的克拉克瓷贸易》,郑培凯主编:《逐波泛海——十六至十七世纪中国陶瓷与物质文明扩散国际学术研讨会论文集》,香港城市大学中国文化中心,2012,第257—286页。

耿引增:《中国人与印度洋》,大象出版社,2009。

高泳源:《卫匡国(马尔蒂尼)的〈中国新图志〉》,《自然科学史研究》1982年第4期,第366—372页。

高荣盛:《元代海外贸易的管理机构》,《元史论丛》第七辑,江西教育出版社,1999,第87—96页。

耿宝昌:《明清瓷器鉴定》,紫禁城出版社,1993。

广西文物考古写作小组:《广西合浦西汉木椁墓》,《考古》1972年第5期,第28页。

广东省文物管理委员会等编:《南海丝绸之路文物图集》,广东科技出版社,1991。

广州象岗汉墓发掘队:《西汉南越王墓发掘初步报告》,《考古》1984年第3期,第222—230页。

广州市文物管理处:《广州东山明太监韦眷墓清理简报》,《考古》1977年第4期,第280—283页。

故宫博物院/上海博物馆编:《明清贸易瓷》,上海书画出版社,2015。

顾国兰:《浅析戴进〈灵谷春云图〉》,《国画家》2005年第2期,第66—67页。

龚缨晏、杨靖:《近年来Liampo、双屿研究述评》,《中国史研究动态》2004年第4期,第13—19页。

龚缨晏:《中国古地图上的双屿》,《文化杂志》(澳门)第72期,2009,第140—152页。

龚缨晏:《古代西方手稿中的中国地图》,《地图》2011年第1期,第131页。

龚缨晏:《国外新近发现的一幅明代航海图》,《历史研究》2012年第3期,第156—160页。

郭育生、刘义杰:《〈东西洋航海图〉成图时间初探》,《海交史研究》2011年第2期,第67—81页。

H

胡廷武、夏代忠主编:《郑和史诗》,云南人民出版社,2006。

黄时鉴:《巴尔布达〈中国新图〉的刊本、图形和内容》,《中国测绘》2009年第6期,第62—69页。

黄盛璋:《〈过洋牵星图〉起源阿拉伯与中国发展、提高的贡献指谜解难》,刘迎胜主编:《〈大明混一图〉与〈混一疆理图〉研究》,凤凰出版社,2010,第135—136页。

黄薇:《广东台山上川岛"花碗坪"遗址出土明代外销瓷器及其相关问题研究》,北京大学考古文博学院硕士论文,2006。

黄薇、黄清华:《广东台山上川岛花碗坪遗址出土瓷器及相关问题》,《文物》2007年第5期,第78—88页。

黄薇、黄清华:《上川岛与十六世纪中葡早期贸易》,载香港城市大学中国文化中心陶瓷下西洋研究小组编:《陶瓷下西洋——早期中葡贸易中的外销瓷》,香港城市大学出版社,2010,第59—69页。

J

纪念葡萄牙发现事业澳门地区委员会编:《澳门:从地图绘制看东西方交汇》,澳门东方基金会,2011。

江苏太仓市普查组:《江苏太仓海运仓遗址》,国家文物局编:《2008年第三次全国文物普查重要新发现》,科学出版社,2009。

江苏省淮安县博物馆:《淮安县明代王镇夫妇合葬墓清理简报》,《文物》1987年第3期,第4页。

金诚、吴双:《历史上的"西涯八景"》,《海内与海外》2009年第12期,第56页。

金建荣:《谢时臣绘画考述》,《艺术百家》2008年第5期,第110页。

金国平、吴志良:《西力东渐——中葡早期接触追昔》,澳门基金会,2000。

金国平、吴志良:《欧洲首幅中国地图的作者、绘制背景及年代》,《澳门理工学报》2003年第1期,第79—87页。

金国平、吴志良:《葡萄牙史料所载郑和下西洋史事探微》,陈信雄、陈玉女编:《郑和下西洋国际学术研讨会论文集》,台南稻乡出版社,2003,第330—331页。

金国平、吴志良:《欧洲首幅中国地图的作者、绘制背景及年代》,《澳门理工学报》2003年第1期,第79—87页。

金国平、吴志良:《过十字门》,澳门成人教育学会,2004。

金国平、吴志良:《"巴喇西"与"巴儿西"试考》,载金国平、吴志良:《过十字门》,澳门成人教育学会,2004,第410—420页。

金国平编译:《西方澳门史料选萃(15—16世纪)》,广东人民出版社,2005。

金国平、吴志良:《流散于葡萄牙的中国明清瓷器》,《故宫博物院院刊》2006年第3期,第98—113页。

金国平、吴志良:《郑芝龙与澳门——兼谈郑氏家族的澳门黑人》,载金国平、吴志良:《早期澳门史论》,广东人民出版社,2007。

金国平、吴志良:《1511年满剌加沦陷对中华帝国的冲击——兼论中国近代史的起始》,《学术研究》2007年第7期,第73—95页。

金国平、吴志良:《"火者亚三"生平考略:传说与事实》,中国社会科学院历史研究所明史研究室编:《明史研究论丛》第10辑,紫禁城出版社,2012,第226—244页。

金国平、吴志良:《1541年别㻞佛哩时代定制瓷之图饰、产地及定制途径考》,郑培凯主编:《逐波泛海——十六至十七世纪中国陶瓷与物质文明扩散国际学术研讨会论文集》,香港城市大学中国文化中心,2012,第287—300页。

金国平:《"The Selden Map of China"中"化人"略析——兼考"佛郎机"与"佛郎机国"》,中国社会科学院历史研究所明史研究室编:《明史研究论丛》第十二辑,中国广播电视出版社,2014,第209—223页。

金国平、吴志良:《从葡萄牙语及琉球汉语文献论析Cheilata之生平与事迹》(待刊)。

金敬轩:《本世纪来关于秦汉古象郡的争论》,《中国史研究动态》1995年第4期,第9—12页。

K

孔祥吉:《蔡金台密札与袁世凯告密之真相》,《广东社会科学》2005年第5期,第133—137页。

L

赖德霖:《鲍希曼对中国近代建筑研究之影响试论》,《建筑学报》2011年第5期,第94—99页。

李毅华:《两件正德朝阿拉伯文波斯文瓷器——兼谈伊斯兰文化的影响》,《故宫博物院院刊》1984年第3期,第49—52页。

李金明:《明初泉州港衰落原因新论》,《海交史研究》1996年第1期,第57—61页。

李玉珉:《(传)宋人观音大士轴》,李玉珉编:《观音特展》,台北故宫博物院,2000,第213—214页。

李德霞:《浅析荷兰东印度公司与郑氏海商集团之商业关系》,《海交史研究》2005年第2期,第67—80页。

李启斌:《牵星术》,刘南威主编:《中国古代航海天文》,科学普及出版社广州分社,1989。

李天纲编译:《大清帝国城市印象:19世纪英国铜版画》,上海古籍出版社,2002。

李玉安、黄正雨编:《中国藏书家通典》,中国国际文化出版社,2005。

李宏为:《沉寂数百年 一鸣传天下——〈大明混一图〉引起世人关注》,《历史档案》2004年第1期,第133—136页。

李庆新:《明前期市舶宦官与朝贡贸易管理》,《学术研究》2005年第8期,第102—148页。

李零:《论西辛战国墓裂瓣纹银豆——兼谈我国出土的类似器物》,《文物》2014年第9期,第58—70页。

栗建安:《克拉克瓷与漳州窑》,《中国文物报》,2000年10月22日。

(意)利玛窦(Matteo Ricci):《利玛窦札记》,金尼阁(Nicolas Trigault)整理,何高济等译,中华书局,1983。

(意)利玛窦:《利玛窦全集》,刘俊余、王玉川译,台北光启出版社/辅仁大学出版社,1986。

(意)利玛窦:《利玛窦书信集》上册,罗渔译,《利玛窦全集》第3册,台北:光启出版社/辅仁大学出版社,1986。

梁欣立:《北京古桥》,北京图书馆出版社,2007。

梁二平:《寻访漂在英伦的"大明东西洋航海图"》,《深圳晚报》2011年10月18日。

梁启超:《论太平洋海权及中国前途》,《新民丛报》(横滨)1903年第26号。

梁思成:《中国建筑史》,百花文艺出版社,1998。

林梅村:《丝绸之路考古十五讲》,北京大学出版社,2006。

林梅村:《元人画迹中的欧洲传教士》,《九州学林》五卷四期,香港城市大学/上海复旦大学,2008,第204—231页。

林梅村:《寻找成吉思汗》,《两岸发展史学术演讲专辑》第六辑,台北中央大学出版中心,2009,第83—159页。

林梅村:《六横岛访古》,《澳门研究》2010年第2期,第169—184页。

林梅村:《大航海时代东西方文明的交流与冲突:15—16世纪景德镇青花瓷外销调查之一》,《文物》2010年第3期,第84—96页。

林梅村:《蒙古山水地图》,文物出版社,2012。

林梅村:《郑芝龙航海图——牛津大学鲍德林图书馆藏〈雪尔登中国地图〉名实辩》,《文物》2013年第9期,第64—82页。

林梅村:《最后的辉煌——落马桥型元青花》,《大朝春秋——蒙元考古与艺术》,故宫出版社,2014,第339—367页。

林天人:《坐看天下小 故宫新藏地图刍议》,载冯明珠主编:《经纬天下:饭塚一教授捐献古地图展》,台北故宫博物院,2001。

林仁川:《明末清初私人海上贸易》,华东师范大学出版社,1987,第85—87页。

林南中:《早期葡萄牙银元流入闽南小考》,《中国钱币》2014年第1期,第25页。

廖大珂:《福建海外交通史》,福建人民出版社,2002。

刘朝辉:《明代瓷器外销与沿海贸易港口:香港竹篙湾出土瓷器及相关问题研究(摘要)》,郑培凯主编:《逐波泛海——十六至十七世纪中国陶瓷与物质文明扩散国际学术研讨会论文集》,香港城市大学中国文化中心,2012,第43—44页。

刘世旭、张正宁:《西昌泸山"鱼篮观音"画像碑考略》,《四川文物》1992年第3期,第48—49页。

刘九庵:《宋元明清书画家传世作品年表》,上海书画出版社,1997。

刘新光、李孝聪:《状元罗洪先与〈广舆图〉》,《文史知识》2002年第3期,第26—34页。

刘淼、吴春明:《明初青花瓷业的伊斯兰文化因素》,《厦门大学学报》2008年第1期,第121—128页。

刘迎胜:《汪大渊两次出洋初考》,《"郑和与海洋"学术研讨会论文集》,中国农业出版社,1988,第301—312页。

刘迎胜:《唐元时代的中国伊朗语文与波斯语文教育》,《新疆大学学报》1991年第1期,第18—23页。

刘迎胜:《〈混一疆理历代国都之图〉相关诸图间的关系——以文字资料为中心的初步研究》,刘迎胜主编:《〈大明混一图〉与〈混一疆理图〉研究:中古时代后期东亚的寰宇图与世界地理知识》,凤凰出版社,2010,第88—99页。

刘迎胜:《丝路文化:海上卷》,浙江人民出版社,1995。

刘迎胜:《海路与陆路——中古时代东西交流研究》,北京大学出版社,2011。

陆位世:《十六世纪双屿港港址考略》,《普陀潮》2008年第5期,第50—51页。

陆九皋:《谢廷循〈杏园雅集图卷〉》,《文物》1963年第4期,第24页。

陆明华:《明代官窑瓷器》,上海人民出版社,2007。

陆明华:《明弘治景德镇官窑:瓷业的衰落》,刘新园主编:《景德镇陶瓷》1986年第2期,第53—36页。

骆爱丽:《十五—十六世纪的回回文与中国伊斯兰教文化研究》,台北文史哲出版社,2008,第167—168页。

M

马兴东:《〈故马公墓志铭〉的历史价值》,《云南民族学院学报》1994年第3期,第64页。

(苏)马吉多维奇,约·彼:《世界探险史》,屈瑞译,世界知识出版社,1988。

马文宽、孟凡人:《中国古瓷在非洲的发现》,紫禁城出版社,1987。

马建春:《元代东传回回地理学考述》,《回族研究》2002年第1期,第14—18页。

马金科主编:《早期香港史研究资料选辑》上册,香港三联书店,1998。

M

毛德传:《"双屿"考略》,《中国方域——行政区划与地名》1997年第2期,第24—25页。

毛德传:《十六世纪的上海——双屿历史地理考略》,《舟山师专学报》1996年第4期,第31—34页转84页。

(美)牟复礼(Frederick W. Mote)、(英)崔瑞德(Denis C. Twitchett)主编:《剑桥中国明代史》,张书生等译,中国社会科学出版社,1992。

穆益勤编:《明代院体浙派史料》,上海人民美术出版社,1985,第6—7页。

莫小也:《十七—十八世纪传教士与西画东渐》,中国美术学院出版社,2002,第47—52页。

(意)莫拉·瑞纳尔迪(Maura Rinaldi):《克拉克瓷器的历史与分期》,曹建文、罗易扉译,《南方文物》2005年第3期,第83—84页。

N

纳巨峰:《明武宗回教信仰考》,《世界宗教研究》2012年第2期,第143—157页。

P

（西）帕莱福（Juan de Palafoxy Mendoza）等：《鞑靼征服中国史》，何高济译，中华书局，2008。

（法）裴华行（Henri Bernard）：《利玛窦评传》，管震湖译，商务印书馆，1993。

（德）普塔克（Roderich Ptak）：《明正德嘉靖年间的福建人、琉球人与葡萄牙人：生意伙伴还是竞争对手》，赵殿红译，《暨南史学》第二辑，暨南大学出版社，2003，第320页。

Q

钱江：《一幅新近发现的明朝中叶彩绘航海图》，《海交史研究》2011年第1期，第1—7页。

钱江：《古代亚洲的海洋贸易与闽南商人》，亚平、路熙佳译，《海交史研究》2011年第2期，第40页。

钱茂伟：《明代宁波双屿港区规模的重新解读》，张伟主编：《浙江海洋文化与经济》第1辑，海洋出版社，2007，第152—158页。

R

任世江、何孝荣：《明代"倭患"问题辨析》，《历史教学》2008年第5期，第5—6页。

（法）荣振华（Joseph Dehergne）：《在华耶稣会使列传及书目补编》，耿昇译，中华书局，1995。

（法）荣振华、李渡南等：《中国的犹太人》，耿昇译，大象出版社，2005。

S

（英）斯当东（George T. Staunton）：《英使谒见乾隆纪实》，叶笃义译，上海书店出版社，1997。

孙喆：《康雍乾时期舆图绘制与疆域形成研究》，中国人民大学出版社，2003，第37—44页。

孙光圻、苏作靖：《中国古代航海总图首例——牛津大学藏〈雪尔登中国地图〉研究之一》，《中国航海》2012年第2期，第84—88页。

孙果清：《混一疆理历代国都之图》，《地图》2005年第4期，第89—90页。

孙果清：《最早的北京城古代地图——〈北京城宫殿之图〉》，《地图》2007年第3期，第106—107页。

（英）苏立文（Michael Sullivan）：《东西方美术的交流》，陈瑞林译，江苏美术出版社，1998。

宋岘：《郑和航海与穆斯林文化》，《回族研究》2005年第3期，第64页。

宋后楣：《元末闽浙画风与明初浙派之形成二》，《故宫学术季刊》（台北）1989年第1期，第127页。

宋煊：《浙江明代海防遗迹》，《东方博物》2005年第3期，第68页。

［清］孙承泽：《春明梦余录》卷六十六，北京古籍出版社，1992，第1280页。

孙机：《简论"司南"兼及"司南佩"》，《中国历史文物》2005年第4期，第9页。

单国强：《戴进》，吉林美术出版社，1996，第118—124页。

邵彦：《明代永乐宣德宫廷绘画艺术》，《文物天地》2010年第10期，第27页。

施存龙：《葡人入居澳门前侵入我国"南头"考实》，《中国边疆史地研究》1999年第2期，第51—63页。

沈艺：《澳门圣保禄教堂与日本教难》，北京外国语大学硕士学位论文，2014，第30页。

沈艺：《日本教难与澳门圣保禄教堂》，《澳门研究》2015年第1期，第124—137页。

沈弘：《寻访1906—1909西人眼中的晚清建筑》，百花文艺出版社，2005，第173—178页。

T

（澳）塔林、尼古拉斯（Nicholas Tarling）主编:《剑桥东南亚史》第1卷,贺圣达等译,云南人民出版社,2003。

台北故宫博物院联合管理处编:《故宫书画录》,台北故宫博物院,1956年。

谭志泉:《西海老人——名画家周怀民》,载北京什刹海研究会、什刹海历史文化旅游风景区管理处编:《京华胜地什刹海》,北京出版社,1993,第111—115页。

汤开建:《平托〈游记〉Liampo纪事考实》,载汤开建:《澳门开埠初期史研究》,中华书局,1999,第27—57页。

汤开建:《中葡关系的起点：上、下川岛——Tamão新考》,载《澳门开埠初期史研究》,中华书局,1999,第27—57页。

汤开建:《澳门——西洋美术在中国传播的第一站》,《美术研究》2002年第4期,第42页。

陶喻之:《利玛窦画艺肤谈》,《新民晚报》2010年3月29日B7版。

陶喻之:《关于新发现徐光启行书诗扇与相传利玛窦画通景屏幅》,《文化杂志》(澳门)第72期,2010,第127—142页。

陶亮:《论葡萄牙东方海上贸易帝国的兴衰》,《印度洋经济体研究》2015年第4期,第37页。

W

汪前进、胡启松、刘若芳:《绢本彩绘〈大明混一图〉研究》,载曹婉如等编:《中国古代地图集》明代卷,文物出版社,1995,第54—55页。

王俊昌:《试探鱼篮观音文本的社会涵义》,《中正历史学刊》2006年第8期,第87—118页。

［民国］王亨彦辑:《普陀洛迦新志》,载《中国佛寺史志汇刊》第1辑,台北明文书局,1980。

王彬:《北京微观地理笔记》,三联书店,2007。

王彬、徐秀珊:《北京地名典》修订版,中国文联出版社,2008。

王慕民:《十六、十七世纪葡萄牙与宁波之关系》,《澳门研究》1999年第1期,第1—31页。

王宏凯:《刘大夏焚毁郑和出使水程质疑》,《郑和研究论文集》第一辑,大连海事大学出版社,1993。

王元林:《明代初期广东沿海贡舶贸易港考》,《中国历史地理论丛》2003年第1期,第57页。

王建保:《宋加洛瓷器的磁州窑风格》,《收藏》2014年第8期,第52—53页。

王平:《16—17世纪伊朗捍卫霍尔木兹岛主权论》,《重庆大学学报》2007年第3期,第107—108页。

王子今:《秦汉时期南岭道路开通的历史意义》,《中国社会科学报》2012年12月28日第A06版。

王仲殊:《试论鄂城五里墩西晋墓出土的波斯萨珊朝玻璃碗为吴时由海路传入》,《考古》1995年第1期,第81—87页。

王元林:《秦汉时期番禺等岭南港口与内地海上交通的关系》,《中国古都研究》第二十三辑,三秦出版社,2007年,第151—174页。

（葡）文德泉（Padre M. Teixeira）:《中葡贸易中的瓷器》,吴志良主编:《东西方文化交流》,澳门基金会,1994,第207—215页。

闻人军:《南宋堪舆旱罗盘的发明之发现》,《考古》1990年第12期,第1127—1131页。

翁文灏:《清初测绘地图考》,《地学杂志》第18卷第3期,1930,第405—438页。

巫鸿:《重屏:中国绘画中的媒材与再现》,文丹译,上海人民出版社,2009。
吴珊珊、李永昌:《中国古代海洋观的特点与反思》,《海洋开发与管理》2008年第12期,第15—16页。
吴征宇:《海权的影响及其限度——阿尔弗雷德·塞耶·马汉的海权思想》,《国际政治研究》2008年第2期,第97—107页。

X

夏蓓蓓:《郑芝龙:十七世纪的闽海巨商》,《学术月刊》2002年第4期,第59—62页。
夏鼐:《扬州拉丁文墓碑和广州威尼斯银币》,《考古》1979年第6期;收入中国社会科学院考古研究所编:《夏鼐文集》下卷,社会科学文献出版社,2000,第117—126页。
(美)希提(Philip K. Hitti):《阿拉伯通史》,马坚译,商务印书馆,1990。
席龙飞等主编:《中国科学技术史　交通卷》,科学出版社,2004年。
冼剑民:《南越国边界考》,《广东社会科学》1992年第3期,第85—90页。
香港大学冯平山博物馆、景德镇市陶瓷考古研究所编:《景德镇出土五代至清初瓷展》,香港大学冯平山博物馆,1992。
香港城市大学中国文化中心陶瓷下西洋研究小组编:《陶瓷下西洋——十三至十五世纪中国外销瓷》,香港城市大学出版社,2003。
香港城市大学中国文化中心陶瓷下西洋研究小组编:《陶瓷下西洋——早期中葡贸易中的外销瓷》,香港城市大学出版社,2010。
徐明德:《论十六世纪浙江双屿港国际贸易市场》,《海交史研究》1987年第1期,第14—24页。

Y

(法)雅克·布罗斯(Jacques Brosse):《发现中国》,耿昇译,山东画报出版社,2002。
(葡)雅依梅·科尔特桑(J. Cortesao):《葡萄牙的发现》6卷本,王华峰等译,中国对外翻译出版公司,1996。
严敦杰:《牵星术——我国明代航海天文知识一瞥》,《科学史集刊》9,科学出版社,1966,第77—88页。
杨雨蕾:《韩国所见〈两仪玄览图〉》,《文献》2002年第4期,第273页。
杨仁恺:《明代绘画艺术初探》,载《中国美术五千年》第1卷,人民美术出版社等联合出版,1991,第325页。
杨仁凯:《国宝沉浮录——故宫散佚书画见闻考略》,上海古籍出版社,2007。
杨国桢:《闽在海中》,江西高校出版社,1998。
叶兢民:《意大利所藏中国古陶瓷考察记略》,《故宫博物院院刊》2000年第3期,第11—12页。
叶文程:《中国古外销瓷研究论文集》,紫禁城出版社,1988,第337页。
(意)伊拉里奥·菲奥雷(Hilario Fiore):《画家利玛窦》,白凤阁、赵泮仲译:《世界美术》1990年第2期,第26—27页。
(意)伊拉里奥·菲奥雷:《画家利玛窦与〈野墅平林图〉》,杨仁恺主编《辽宁省博物馆藏宝录》,上海文艺出版社/香港三联书店,1994,第152—153页。
尹吉男:《明代宫廷画家谢环的业余生活与仿米氏云山绘画》,《艺术史研究》第九辑,中山大学出版社,2007,第103页。

尹吉男:《关于淮安王镇墓出土书画的初步认识》,《文物》1988年第1期,第67页。

Z

张先清:《17世纪欧洲天主教文献中郑成功家族故事》,《学术月刊》2008年第3期,第139—140页。

张荣、刘义杰:《〈顺风相送〉校勘及编成年代小考》,《国家航海》第三辑,上海古籍出版社,2012,第78—96页。

张增信:《十六世纪前期葡萄牙人在中国沿海的贸易据点》,《中国海洋发展史论文集》卷二,台北,1986,第75—104页。

张增信:《明季东南中国的海上活动》上编,台北私立东吴大学中国学术著作资助委员会,1988。

张文:《了解非洲谁占先?——〈大明混一图〉在南非引起轰动》,《地图》2003年第3期,第7—15页。

张文德:《〈明史西域传〉失剌思考》,叶奕良主编:《伊朗学在中国论文集》第三集,北京大学出版社,2003,第263页。

张文德:《明与帖木儿王朝关系史研究》,中华书局,2006。

郑锡煌:《中国古代地图学史大事记·清代》,曹婉如等编:《中国古代地图集》清代卷,文物出版社,1997。

郑广南:《中国海盗史》,华东理工大学出版社,1998。

郑和下西洋六百周年筹备领导小组等编:《云帆万里照重洋》,中国社会科学出版社,2005。

郑鹤声、郑一钧编:《郑和下西洋资料汇编》,海洋出版社,2005。

郑一钧:《关于"南京静海寺郑和下西洋残碑"》,胡廷武、夏代忠主编:《郑和史诗》,云南人民出版社,2005,第106页。

郑培凯、李果等:《香港西北区出土陶瓷的文化意义》,《东方博物》2012年第4期,第23—34页。

郑培凯主编:《逐波泛海——十六至十七世纪中国陶瓷与物质文明扩散国际学术研讨会论文集》,香港城市大学中国文化中心,2012。

(法)赵冰、罗伯特·卡尔特尔等:《阿拉伯联合酋长国哈伊马角酋长国佐尔法·努杜德港口遗址出土中国瓷片》,《文物》2014年第11期,第33—46页。

赵晓华:《明利玛窦野墅平林图屏幅》,《辽宁省博物馆藏书画著录·绘画卷》,辽宁美术出版社,1998。

赵振武、丁承朴:《普陀山古建筑》,中国建筑工业出版社,1997。

中央美术学院美术系编:《中国锦缎图案》,人民美术出版社,1953,第1—24页。

中共广州市委宣传部、广州市文化局编:《广州文化遗产》文献辑要卷,文物出版社,2008。

周敏民编:《地图中国:图书馆特藏》,香港科技大学图书馆,2003。

周振鹤:《西洋古地图里的中国》,载周敏民编:《地图中国:图书馆特藏》,香港科技大学图书馆,2003,第1—2页。

周钰森:《郑和航路考》,台北海运出版社,1959。

周绍良:《明永乐年间内府刊本佛教经籍》,《文物》1985年第4期,第39—41页。

周永卫:《西汉前期的蜀商在中外文化交流史上的贡献》,《史学月刊》2004年第9期,第37—38页。

周运中:《论〈武备志〉和〈南枢志〉中的〈郑和航海图〉》,《中国历史地理论丛》2007年第2辑,第146页。

周运中:《郑和下西洋阿拉伯海航线考》,《暨南史学》第七辑,广西师范大学出版社,2007,第145—146页。

周运中:《〈大明混一图〉中国部分来源试析》,刘迎胜主编《〈大明混一图〉与〈混一疆理图〉研究——中古时代后期东亚的寰宇图与世界地理知识》,凤凰出版集团,2010,第100—119页。

周运中:《明初张璇下西洋卒于孟加拉国珍贵史料解读》,《南亚研究》2010年第2期,第123—133页。

周运中:《牛津大学藏明末万老高闽商航海图研究》,《文化杂志》(澳门)2013年夏季刊,第1—22页。

周益锋:《"海权论"东渐及其影响》,《史学月刊》2004年第4期,第39页。

庄国土:《论17—19世纪闽南海商主导海外华商网络的原因》,《东南学术》2001年第3期,第68页。

邹爱莲、霍启昌编:《澳门历史地图精选》,文华出版社,2000。

西文论著

Ahmad, Sayyid Maqbul, "Cartography of al-Sharīf al-Idrīsī", in: *Harley/Woodward* 1992, pp.156–174.

Allom, Thomas, *China: In a Series of Views, Displaying the Scenery, Architecture, and Social Habits, of that Ancient Empire*, London: Peter Jackson, Late Fisher, Son and Co., 1843.

Andaya, Leonard Y., *The World of Maluku:Eastern Indonesia in the Early Modern Period*, Honolulu: University of Hawaii Press, 1993, pp.152–156.

Boerschmann, Ernst, Die Baukunst und Religiöese Kultur der Chinesen: Band Ⅰ (P'ut'o Shan), Berlin: Druck und Verlag von Georg Reimer, 1911.

Boerschmann, Ernst, Die Baukunst und Religiöese Kultur der Chinesen, Band Ⅱ (Gediacbtinistempel Tzé Táng), Berlin: Druck und Verlag von Georg Reimer, 1913.

Boerschmann, Ernst, *Baukunst und Landschaft in China: Eine Reise durch zwoelf Provinzen*, Berlin und Zuerich: Atlantis, 1923.

Boerschmann, Ernst, Chinesische Architektur, 2 Bande, Berlin: Verlag Ernst Wasmuth A–G, 1925.

Boerschmann, Ernst, *Picturesque China, Architecture and Landscape: A Journey through Twelve Provinces*, New York: Brentano's Inc., 1926.

Boerschmann, Ernst, Chinesische Baukeramik, Berlin: Albert Lüdtke Verlag, 1927.

Boerschmann, Ernst, Die Baukunst und Religiöese Kultur der Chinesen, Band Ⅲ (Chinesische Pagoden), Berlin und Lepzig: Verlag von Walter de Gruyter & Co., 1931.

Bosworth, C.E. and Bullet R., *The New Islamic Dynasties: A Chronological and Genealogical Manual*, Columbia University Press, 1996, p.275.

Boxer, Charles R., *South China in the Sixteenth Century*, London: The Hakluyt Society, 1953.

Brook, Timothy J., *Mr. Selden's Map of China: Decoding the Secrets of a Vanished Cartographer*, New York, Bloomsbury, 2013.

Brown, Roxanna M., "Xuande-Marked Trade Wares and the 'Ming Gap'", *Oriental Art Magazine*, XLIII–2, 1997, pp.2–6.

Brown, Roxanna M. and Sjostrand Stein, *Maritime Archaeology and Shipwreck Ceremics in Malaysia*,

Kuala Lumpur: Department of Museum and Antiquities, 2004.

Brown, Roxanna M., *The Ming Gap and Shipwreck Ceramics in Southeast Asia: Towards a Chronology of Thai Trade Ware*, Bangkok: The Siam Society under Royal Patronage, 2009.

Carswell, John, *Blue and White: Chinese Porcelain around the World*, London: British Museum, 2000.

Clunas, Craig (ed), *Chinese Export Art and Design*, London: Victoria and Albert Museum, 1987.

Crick, Monlque, "The First Chinese Trade Ceranics Made to Order for the Portuguese Market",《中国古代贸易瓷国际学术研讨会论文集》,台湾历史博物馆,1994,第82—94页。

Goddio, Franck, Stacey Pierson et al., *Sunken Treasures: Fifteenth-century Chinese Ceramics from the Lena Cargo*, London: Periplus Publishing, 2000.

Goddio, Franck, *Treasures of The San Diego*, Rundfunk Berlin-Brandenburg, 2007.

Howe, Christopher, *The Origins of Japanese Trade Supremacy: Development and Technology in Asia from 1540 to the Pacific War*, Chicago: The University of Chicago Press, 1996, pp.11, 14–16.

Harley, John Brian/David Woodward (eds.), *The History of Cartography*, vol.2, Book. 1: *Cartography in the Traditional Islamic and South Asian Societies*; Book. 2: *Cartography in the Traditional East and Southeast Asian Societies*, Chicago: University of Chicago, 1992.

Hayes, James, "Archaeological Site At Penny's Bay, Lantau", *JHKAS*, XI, 1984–1985, pp.95–97.

Hitti, Philip Khuri, *History of the Arabs*, London, Macmillan, 1936.

Ibn Battuta, *The Travels of Ibn Battuta A.D. 1325–1354*, vol.I–IV, trans. by H.A.R. Gibb, London, 1994.

Kerr, Rose, "16th and 17th Century Chinese Export Ceramics for the Middle East in the Victoria and Albert Museum", 郑培凯主编:《逐波泛海——十六至十七世纪中国陶瓷外销与物质文明扩散国际学术研讨会论文集》,香港城市大学中国文化中心,2012,第130—146页。

Krahl, Regina and Nurdan Erbahar, *Chinese Ceramics in the Topkapi Saray Museum, Istanbul: A Complete Catalogue*, London: Sotheby's Pubns., 1986.

Kockelberg, Iris, *Mercator: Exploring New Horizons,* Antwerp: Plantijn-Moretus Museum, 2012, pp.95 99.

Lam, Peter Y.K., "Ceramic Finds of the Ming Period from Penny's Bay-An Addendum", *JHKAS*, XIII, 1989–1992, pp.79–90.

Lin Li-chiang, *The Proliferation of Images: The Ink-stick Designs and the Printing of the Fang-shih mo-p'u and the Ch'eng-shih mo-yuan*, Ph.D. Dissertation (Princeton University, 1998), pp.202–204.

Lin Meicun and Ran, Zhang, "Zheng He's voyages to Hormuz: the archaeological evidence", *Antiquity* 89, London: Cambridge University Press, 2015, pp.417–432.

Lion-Goldschmidt, Daisy, "Les porcelaines chinoises du palais de Santos", *Arts Asiatiques*, Extrait du tome XXXIX–1984, pp.3–70.

Laufer, Berthold, "Chhristian Art in China", Mitteilungen des Seminars für Orientalische Sprachen, Berlin: In Kommission bei Walter de Gruyter [etc.], 1910.

Lochschmidt, Maria Fernanda, Chinesisches Blauweiß Exportporzellan Die portugiesischen Bestellungen vom Anfang des 16 Jahrhunderts bis 1722: Eine neue Chronologie mit Beiträgen zu Form und Dekor, Wien, im April, 2008.

Mahan, Alfred T., *The Influence of Sea Power Upon History: 1660–1783*, Boston: Little, Brown, 1890.

Maqbul, Ahmad, S., "Cartography of al-Sharīf al-Idrīsī", J.B. Harley and D. Woodward, *The History of Cartography vol.2 Book 1: Cartography in the traditional Islamic and South Asian Societies*, Chicago: University of Chicago Press, 1992, pp.156–174.

MacKenzie, D.N., *A Concise Pahlavi Dictionary*, London: Oxford University Press, 1971.

Mills, John Vivian Gottlieb (tr. and ed.), *Ying-Yai Sheng lan: The Overall Survey of the Ocean's Shores (1433), by Ma Huan*, Cambridge: Hakluyt Society, 1970 (rprt. Bangkok: White Lotus, 1997).

Mote, Frederick Wade/Twitchett, Denis Crispin(eds.), *The Cambridge History of China, Vol.7: The Ming Dynasty (1368–1644), Part 1.* Cambridge: Cambridge University, 1988.

Olsin, Benjamin B., "A Sixteenth Century Portuguese Report concerning an Early Javanese World Map", *Hist. cienc. saude-Manguinhos*, vol.2, no.3 Rio de Janeiro Nov./Feb. 1996, pp.97–104.

Pelliot, Paul, "La Peinture et la Gravure Européennes en Chine au Temps de Mathieu Ricci", *T'oung Pao* 20, 1921, pp.1–18.

Pelliot, Paul, "Le Hoja et le Sayyid Husain de L'histoire de Ming", *T'oung Pao*, 39, 1949, pp.193–208.

Pierson, Stacey, Crick, Monique and Goddio, Franck: *Sunken Treasures of the Lena Cargo*, London: Periplus Publishing, 2000.

Rinaldi, Maura, *Kraak Porcelain: A Moment in the History of Trade*, London: Bamboo Publishing, 1989.

Pirazzoli-t'Serstevens, Michéle, "La céramique extrême-orientale a Julfar dans l'émirat de Ra's al-Khaimah (XIV–XVI siècle), indicateur chronologique, économique et culturel", *Cabier* No.4, Centre de Pekin, 2003, pp.3–11.

Pope, John Alexander, *Chinese Porcelains from the Ardebil Shrine*, Washington: Freer Gallery of Art, 1956.

Priestman, Seth M.N., *Settlement & Ceramics in Southern Iran: An Analysis of the Sasanian & Islamic Periods in the Williamson Collection*, Durham University: M.A. Thesis, 2005.

Roemer, H.R., "The Safavid Period", in: *Cambridge History of Iran*, vol.VI, Cambridge University Press, 1986, p.339.

Shufeldt, Robert W., *1881–1887: Contributions to Science and Bibliographical Résumé of the Writings of R.W. Shufeldt*, New York, 1887.

Sezgin, Fuat, *Mathematische Geographie und Kartographie im Islam und ihr Fortleben im Abendland*, 4 vols. Frankfurt: Institut für Geschichte der Arabisch-Islamischen Wissenschaften an der Johann Wolfgang Goethe-Universitat, 2000–2007.

Stevenson, Edward Luther, *Willem Janszoon Blaeu, 1571–1638: A Sketch of His Life and Work, with an Especial Reference to His Large World Map of 1605*, New York: De Vinne Press, 1914.

Stiffe, A.W., "The Island of Hormuz (Ormuz)", *The Geographical Magazine* 1 (London, 1874), pp.12–17.

Sjostrand, Sten, "The Xuande wreck ceramics", *Oriental Art Magazine*, XLIII–2, 1997, pp.7–14.

Sjostrand, Sten and Sharipah Lok Lok bt. Syed Idrus, *The Wanli Shipwreck and its Ceramic Cargo*, Department of Museum Malaysia, 2007.

Suarez, Thomas, *Early Mapping of Southeast Asia*, Hong Kong: Periplus Editions (HK) Ltd, 1999.

Tomalin, Victoria et al., "The Thaikkal-Kadakkarappally Boat: an Archaeological Example of Medieval Shipbuilding in the Western Indian Ocean", *The International Journal of Nautical Archaeology*, 33–2, 2004, pp.253–263.

Walter, Lutz (ed.), *Japan: A Cartographic Vision: European Printed Maps from the Early 16th to the 19th Century*, Munich: New York: Prestel Verlag, 1994.

Wiesner, Ulrieh, *Chinesische Keramik auf Hormuz: Spuren einer Handelsmetropole im Persischen Golf*, Cologne: Museum für Ostasiatische Kunst, Kleine Monographien 1., 1979.

Whitehouse, David, "Chinese Porcelain in Medieval Europe", *Medieval Archaeology*, vol.16, 1973.

Yu, Chun-Fang, *Kuan-yin: the Chinese Transformation of Avalokitesvara*, New York: Columbia University Press, 2001.

日文论著译著

本田实信：《回回馆译语》，胡军译，中央民族大学东干研究所，2005，第241—242页。

宫纪子：《〈混一疆理歷代国都之図〉への道》，《モンゴル時代の出版文化》，名古屋大学出版会，2006。

久時：《鉄砲記》，《南浦文集》卷上，寛永二年（1625年）。

鈴木敬：《明代絵畫史研究—浙派》，東京大学出版社/木耳社，1968。

木宫泰彦：《日中文化交流史》，胡锡年译，商务印书馆，1980。

青山定雄：《元代の地図について》，《東方学報》第8卷，東京，1938。

三上次男：《陶瓷之路》，李锡经等译，文物出版社，1984。

杉村棟編：《世界美術大全集　東洋編》第17卷，東京：小学館，1999。

杉山正明：《東西の世界図が語る人類最初の大地平》，《大地の肖像——絵図・地図が語る世界》，京都大学学術出版會，2007。

藤田丰八：《葡萄牙人占据澳门考》，何健民译，《中国南海古代交通丛考》，上海商务印书馆，1936。

小葉田淳：《中世南島通交貿易史の研究》，東京：辺江書院，1968。

岩生成一：《明末日本僑寓支那人甲必丹李旦考》，《東洋学報》第23卷3號，東京，1936。

原田尾山纂：《日本現在支那名畫目錄》，東京：大塚巧芸社，昭和十三年（1938年）。

后 记

2013年,在澳门特别行政区文化局的资助下,我们开启了"大航海时代中外文化交流史"课题研究。这项研究的主要目的是将考古学引入中外关系史研究,为大航海时代中外文化交流史研究开辟一个新的天地。为此,我们多次带研究生赴广东上川岛、浙江舟山六横岛,乃至波斯湾霍尔木兹岛实地考察;同时,考察伦敦大英博物馆、巴黎吉美博物馆、纽约大都会艺术博物馆所藏大航海时代文物藏品。这项研究相继得到香港城市大学中国文化中心主任郑培凯教授、国家文物局水下文化遗产保护中心水下考古研究所姜波所长的大力支持,最终得以圆满完成。承蒙澳门特别行政区文化局将本书纳入2016年度出版计划,我们又根据出版社要求对书稿进行修改和加工整理。北京外国语大学金国平教授对本书修改提出许多具体意见,北京大学考古文博学院研究生黄莹、达吾力江、郝春阳、刘瑞等同学帮助核对资料,校对文字,加工图片,一并在此表达我由衷的感谢。由于本书讨论的问题错综复杂,我们不可能"毕其功于一役",书中的错误自然要由作者负责。

2016年2月13日于京城蓝旗营寓所

图书在版编目(CIP)数据

观沧海：大航海时代诸文明的冲突与交流/林梅村著.—上海：上海古籍出版社，2020.8
ISBN 978-7-5325-9708-6

Ⅰ.①观… Ⅱ.①林… Ⅲ.①文化史—世界—古代 Ⅳ.①K103

中国版本图书馆CIP数据核字(2020)第150874号

此书在澳门特区政府文化局
学术研究课题奖励计划支持下完成

观沧海
——大航海时代诸文明的冲突与交流
林梅村 著
上海古籍出版社出版发行
(上海瑞金二路272号 邮政编码200020)
(1) 网址：www.guji.com.cn
(2) E-mail：guji1@guji.com.cn
(3) 易文网网址：www.ewen.co
上海丽佳制版印刷有限公司印刷
开本787×1092 1/16 印张16.25 插页4 字数316,000
2020年8月第1版 2020年8月第1次印刷
印数1—2,300
ISBN 978-7-5325-9708-6
K·2882 定价：128.00元
如有质量问题，请与承印公司联系